杨立新 郭明瑞 ◎主编

《中华人民共和国民法典·物权编》

释义

丁文 文杰◎编著

人民出版社

总　序

杨立新　郭明瑞

　　2020 年 5 月 28 日,第十三届全国人民代表大会第三次会议通过了《中华人民共和国民法典》(以下简称《民法典》)。这标志着启动 5 次、耗时 66 年、凝聚数代民法人心血与智慧的民法典编纂任务顺利完成。我国由此开启了全新的民法典时代。

　　这是一个具有重大历史意义的时刻。民法典作为社会生活的"百科全书",规范和调整着社会经济生活与家庭生活的方方面面,并在此基础上深入而持久地型构、塑造着一个国家、民族、社会和人民鲜明的整体气质。作为新中国第一部以"法典"命名的法律,民法典是市民社会全体成员的"民事权利宣言书和保障书",其始终以人为焦点,并以人的权利和自由为终极关怀。按照民法典生活,尊严就能够得到尊重,权利就能够得到实现,不仅在一生中生活得更加幸福,而且在其生前和死后都能够得到法律的保护。民法典是我国社会主义法治建设的重大成果,其奠定了民法作为市民生活基本法的地位,有利于从私权角度抵御公权力对公民生活的不当干预。民法典通过将社会主义核心价值观融入法律条文,彰显了鲜明的中国文化特色。作为新时代的法典,民法典紧扣时代脉搏,回应时代需求,体现时代特征。

　　民法典用法典化方式巩固、确认和发展了民事法治建设成果,健全和完善了中国特色社会主义法律体系。民法典的制定充分体现了中国共产党全心全意为人民服务的宗旨,体现了人民至上的理念。民法典的实施将助推国家治理体系和治理能力现代化迈上新的台阶,助推人民生活走上诚信、有爱、团结、奋进的正轨。民法典颁布后的次日,中共中央政治局就"切实实施民法典"举行第二十次集体学习,要求全党切实推动民法典实施:要加强民法典重大意义的宣传教育,讲清楚实施好民法典;要广泛开展民法典普法工作,将其作为"十四五"时期普法工作的重点来抓;要把民法典纳入国民教育体系,加强对青少年民法典教育;要聚焦民法典总则编和各分编需要把握好的核心要义和重点问题,阐释好民法典一系列新规定、新概念和新精神。

为此,人民出版社组织编写了《中华人民共和国民法典》释义系列丛书。丛书由全程参与民法典编纂的著名法学家担纲主编,汇集了国内相关领域的中青年学术骨干,本着积极勤勉的态度、求真务实的精神,按照民法典体例设立总则编(含附则)、物权编、合同编、人格权编、婚姻家庭编、继承编、侵权责任编七册。每册书按照法典章节顺序展开,各章先设导言以提纲挈领,然后逐条阐释条文主旨、立法背景、含义;力图做到紧扣立法原义,通俗易懂、深入浅出,既有利于广大读者掌握法律原义,指导日常生活的方方面面,形成和谐幸福的社会秩序;又可成为私权保障和社会责任实现的重要参考。

目　录

第一分编　通　则

第二分编　所　有　权

前　言

2020 年 5 月 28 日,《中华人民共和国民法典》在十三届全国人民代表大会第三次会议上得以通过,并将于 2021 年 1 月 1 日起施行。《中华人民共和国物权法》被编纂入《民法典》,成为民法典第二编“物权”。全国人民代表大会常务委员会副委员长王晨在立法说明中对“物权编”的编纂情况等进行了概括说明:“物权是民事主体依法享有的重要财产权。物权法律制度调整因物的归属和利用而产生的民事关系,是最重要的民事基本制度之一。2007 年第十届全国人民代表大会第五次会议通过了物权法。草案第二编‘物权’在现行物权法的基础上,按照党中央提出的完善产权保护制度,健全归属清晰、权责明确、保护严格、流转顺畅的现代产权制度的要求,结合现实需要,进一步完善了物权法律制度。”

“物权编”作为《民法典》的重要组成部分,既是维护国家基本经济制度、维护社会主义市场经济秩序的重要法律,又是确认和保护民事主体的物权以及充分发挥物的效用的基本规范。为便于读者能更好地学习和领悟该编的内容,本书遵循了“物权编”的立法体例,依次对“物权编”的“一般规定”“所有权”“用益物权”“担保物权”以及“占有”5 个分编、20 章、258 条进行了系统而深入的阐释。全书以“物权编”的法条规定为解释对象,各章先设导言以提纲挈领,然后一一阐明每个法律条文的立法意旨、立法背景、规范意义并试图揭示法律规范设置的理由或依据。全书语言平实、解释精准、透彻,既不乏理论深度,又通俗易懂。因此,本书的出版,必将有利于《民法典》“物权编”的理解与适用。

第一分编

通　则

第一章 一般规定

本章导言 ▶

本章是《民法典》"物权编"的"一般规定"。该章规定了《民法典》"物权编"的调整对象、立法目的以及基本原则等内容。这些规定,贯穿于本编的各项制度、各项规范,统领本编全部内容的基本精神。

第二百零五条 本编调整因物的归属和利用产生的民事关系。

释 义

本条是关于《民法典》"物权编"调整范围的规定。

本条中所指的"物",仅限于能够作为民事法律关系客体的物,包括不动产和动产。前者是指土地及其定着物,后者是指不动产之外的物。作为民事法律关系客体的物,一般具有以下特征:(1)存在于人体之外。人是民事法律关系的主体,人的身体及组成部分不能成为民事法律关系的客体。但是,与人体分离并独立于人体之外的人体器官和组织可以成为物。(2)能为人力所支配。可支配和控制是物能够成为权利客体的前提。(3)具有独立性。其原因在于:一是确定物权支配客体的范围,使其支配的外部范围明确化;二是便于物权公示,确保交易安全。(4)须有价值。"物"应当能够满足人们生产、生活的需要。但此种价值非以金钱和物质利益为限,精神价值和情感利益也应包含于其中。

本条中所谓"物的归属",是指特定的物归属于特定民事主体所有,由其直接支配,享受其利益,亦即物的所有人是谁。所谓"直接支配"是指物权人可以排除他人的干涉而依照自己的意思对物进行支配。物的归属是物的利用的前提。

本条中所谓"物的利用",是指民事主体在生产、生活中对物的使用价值和交换价值进行利用而发生的法律关系。其中,所有权人享有对物的所有利益,可对物进行占有、使用、收益、处分;用益物权人主要享有的是物的使用价值;担保物权人主要享有的是物的交换价值。

一般而言,"民事关系"包含平等主体的自然人、法人和非法人组织之间的人身关系和财产关系,但本条中的"民事关系"仅指财产关系,这种财产关系主要包括物的归属关系、物的利用关系和物的占有关系等。

第二百零六条 国家坚持和完善公有制为主体、多种所有制经济共同发展,按劳分配为主体、多种分配方式并存,社会主义市场经济体制等社会主义基本经济制度。

国家巩固和发展公有制经济,鼓励、支持和引导非公有制经济的发展。

国家实行社会主义市场经济,保障一切市场主体的平等法律地位和发展权利。

释 义

本条是关于我国基本经济制度与社会主义市场经济原则的规定。

《民法典》"物权编"的调整对象决定了该编是维护国家基本经济制度、维护社会主义市场经济秩序的基本法律规范。而本条中规定的我国的基本经济制度与社会主义市场经济原则,主要是我国《宪法》中规定的相关制度在《民法典》"物权编"中的具体体现和落实。

本条第1款是关于我国基本经济制度的规定。本条中规定的我国基本经济制度包括三个有机组成部分:一是国家坚持和完善公有制为主体、多种所有制经济共同发展;二是按劳分配为主体,多种分配方式并存;三是社会主义市场经济体制。这些规定,既有明确的宪法依据,也有在实践中的创新发展。例如,我国《宪法》第6条规定,国家在社会主义初级阶段,坚持公有制为主体、多种所有制经济共同发展的基本经济制度,坚持按劳分配为主体、多种分配方式并存的分配制度。

本条第2款是关于国家对公有制经济和非公有制经济所采取的相应态度和管理方式的规定。其中,"国家巩固和发展公有制经济"是对《宪法》第7条的体现和落实。我国《宪法》第7条规定,国有经济,即社会主义全民所有制经济,是国民经济中的主导力量。国家保障国有经济的巩固和发展。而"鼓励、支持和引导非公有制经济的发展"是《宪法》第11条旨意的体现。我国《宪法》第11条规定,国家保护个体经济、私营经济等非公有制经济的合法的权利和利益。国家鼓励、支持和引导非公有制经济的发展,并对非公有制经济依法实行监督和管理。

本条第3款是关于社会主义市场经济及其主体平等的规定。本款中的"国家实行社会主义市场经济",是对《宪法》第15条中规定的"国家实行社会主义市场经济"的确认,也是我国基本经济制度的重要内容;而"保障一切市场主体的平等法律地位和发展权利",是实行社会主义市场经济的前提和基础。因此,作为调整财产归属和利用关系的《民法典》"物权编",理应将保障一切市场主体的平等法律地位和发展权利作为基本的任务和目标之一。

第二百零七条 国家、集体、私人的物权和其他权利人的物权受法律平等保护,任何组织或者个人不得侵犯。

释 义

本条是关于物权平等保护原则的规定。

本条规定的所谓"物权平等保护原则",是指物权的主体在法律地位上是平等的,依法享有相同的权利,遵守相同的规定。其享有的物权遭受他人侵害后,应当受到法律的平等保护。物权平等保护原则具体包含以下几个方面的内容:(1)主体法律地位的平等。如前所述,民法是调整平等主体间的法律关系,故物权主体在法律地位上应当一律平等,受到平等对待。(2)纠纷解决规则平等。在发生物权冲突的情况下,物权主体有权适用平等的规则来化解冲突,明确权利义务关系。(3)物权被侵害后的法律保护平等。物权主体在其物权遭受侵害之后,有权请求法律平等保护其物权,使自己受到侵害的权利得到救济。此外,物权保护的范围和力度,也不应该因物权主体的不同而有所区别。亦即,不管是国家、集体还是私人的物权,都应当得到平等的保护和救济。

物权平等保护原则是民法中的平等原则在《民法典》"物权编"中的具体体现。民法作为调整平等主体间民事权利义务关系的法律,平等原则是其应有之义。我国《民法典》将平等作为一项基本原则贯穿于整个民法体系,而本条中的平等保护原则也作为指导《民法典》"物权编"的基本原则体现在整编的法律规范之中。

第二百零八条　不动产物权的设立、变更、转让和消灭,应当依照法律规定登记。动产物权的设立和转让,应当依照法律规定交付。

释　义

本条是关于物权公示原则的规定。

所谓物权公示原则,是指物权的设立、变动必须依据法定的公示方法予以公开,使第三人能够及时了解物权的变动情况。本编确立物权公示原则的原因在于,任何当事人设立、移转物权时,都会涉及第三人的利益,因而物权的设立、移转必须公开、透明,以利于保护第三人的利益,维护交易安全和秩序,这就需要确立公示原则,将物权设立、移转的事实通过一定的公示方法向社会公开,从而使第三人知道物权变动的情况。

根据本条规定,不动产物权变动的公示方式为登记,动产物权变动的公示方式为交付。不动产物权和动产物权变动的公示方式之所以不同,其原因在于:不动产附着于土地且通常价值较高,登记的公示方式依靠有形载体,表达力精准且外部认知性强,并有专门机构审查记录,能够最大限度保护不动产交易安全;而动产天然处于不断流动当中,并且不同的动产,其价值与存在时间差异较大,要求纷繁复杂的动产于某一固定地点登记公示,不可行且没必要。

本条中的登记,是指不动产登记机构根据当事人的申请并审查或依职权将不动产权利归属和其他法定事项登录记载于特定簿册的行为。根据《不动产登记暂行条例》以及《不动产登记暂行条例实施细则》的规定,不动产登记一般程序包括申请、受理、审核、核准登记和发证五个步骤。

本条中的交付,是指当事人一方将物的占有转移给另一方,通过交付而发生占有的移转。交付的形态包括现实交付与观念交付。现实交付又称直接交付,是指一方将物的直接占有移转给另一方的行为。观念交付,是指在特殊情况下,法律允许当事人通过特别的约定采用观念上的方法转移标的物权利的交付方式,观念交付主要包括简易交付、指示交付和占有改定三种形式。

第二章　物权的设立、变更、转让和消灭

本章导言 ▶

　　本章是物权变动的规定。该章规定的物权变动,是指物权的设立、变更、转让和消灭的运动状态。物权变动的方式有两种,即基于民事法律行为而导致的物权变动以及基于非民事法律行为而导致的物权变动,前者为物权变动的主要方式。基于民事法律行为而导致的物权变动,不动产必须登记而动产必须交付;非基于民事法律行为而导致的物权变动,原则上无须登记和交付,但仅限于该章有明确规定的人民法院、仲裁委员会的法律文书,人民政府的征收决定,因继承以及因合法建造、拆除房屋等情形。

第一节　不动产登记

　　第二百零九条　不动产物权的设立、变更、转让和消灭,经依法登记,发生效力;未经登记,不发生效力,但是法律另有规定的除外。

　　依法属于国家所有的自然资源,所有权可以不登记。

释　义

　　本条是关于不动产物权登记生效以及依法属于国家所有的自然资源所有权可以不登记的规定。

　　根据本条规定,原则上登记是不动产物权的法定公示手段,也是不动产物权变动的生效要件,未经登记,不动产物权不发生变动。由此可见,该条明确

了登记生效要件主义应当成为不动产物权变动的基本原则。

同时,本条也规定在例外情形下,不动产物权变动不采登记生效模式而采登记对抗模式。所谓登记对抗模式,是指未经登记,物权的变动在法律上也可有效成立,但不能对抗善意第三人。具体而言,本条中的"法律另有规定的除外",主要包括以下几种情形:(1)根据本法第335条的规定,土地承包经营权互换、转让的,当事人可以向登记机构申请登记;未经登记,不得对抗善意第三人。(2)根据本法第341条的规定,流转期限为五年以上的土地经营权,自流转合同生效时设立。当事人可以向登记机构申请土地经营权登记;未经登记,不得对抗善意第三人。(3)根据本法第374条的规定,地役权自地役权合同生效时设立。当事人要求登记的,可以向登记机构申请地役权登记;未经登记,不得对抗善意第三人。

本条中"依法属于国家所有的自然资源",根据本法第247条、第249条、第250条的规定,主要包括:(1)矿藏、水流、海域;(2)城市的土地、法律规定属于国家所有的农村和城市郊区的土地;(3)属于国家所有的森林、山岭、草原、荒地、滩涂。依照本条规定,这些国家所有的自然资源,所有权可以不登记。其原因在于,上述自然资源的归属关系已经非常明确,只能由国家所有,且这些自然资源的所有权不得转让,即使不登记也不影响权利的归属和交易安全。

第二百一十条 不动产登记,由不动产所在地的登记机构办理。

国家对不动产实行统一登记制度。统一登记的范围、登记机构和登记办法,由法律、行政法规规定。

释 义

本条是关于不动产登记机构以及国家实行统一登记制度的规定。

由于不动产具有不能移动的物理性质,移动会损害其经济价值,为了保护权利人权利、方便权利人申请,故本条第1款规定,不动产登记由不动产所在地的登记机构办理。具体而言,根据我国《不动产登记暂行条例》第7条的规定,"不动产所在地的登记机构办理"主要包括以下几种情形:不动产所在地的县级人民政府不动产登记机构办理本行政区域内的不动产登记;直辖市、设区的市人民政府可以确定本级不动产登记机构统一办理所属各区的不动产登记;跨县级行政区域的不动产登记机构分别办理所跨县级行政区域的不动产登记。

自改革开放以来,我国的不动产登记为分散登记,即不同类型的不动产由不同机构办理登记,例如:集体土地所有权、宅基地使用权等由国土部门登记;房屋所有权和抵押权由住建部门登记;耕地、草地承包经营权由农业部门登记等。同时,各个部门进行登记所依据的法律、法规、规章各不相同,极易造成职责不明晰、管理不当等问题,对市场经济的发展造成阻碍。为了解决分散登记产生的相关问题,本条第 2 款规定了不动产统一登记制度。所谓不动产统一登记,主要是指不动产登记的法律依据、登记范围、登记机构、登记程序、登记效力等原则上应该一致。目前,《不动产登记暂行条例》等行政法规已对不动产登记范围、登记机构以及登记程序等作了统一规定。

第二百一十一条 当事人申请登记,应当根据不同登记事项提供权属证明和不动产界址、面积等必要材料。

释 义

本条是关于当事人申请登记应当提供的必要材料的规定。

"权属证明""不动产界址、面积"等材料,是证明不动产权利归属和权利内容的重要依据,是依法开展不动产登记和资料查询的前提。只有依据这些材料开展登记,才能保证登记行为的准确高效。因此,本条对当事人申请登记应当提供的必要材料,作了原则性规定。而我国《不动产登记暂行条例》则对当事人申请登记应该提供的必要材料,作了更为详细的规定。如该法第 16 条规定,当事人申请登记需要提供的材料包括:(1)登记申请书;(2)申请人、代理人身份证明材料、授权委托书;(3)相关的不动产权属来源证明材料、登记原因证明文件、不动产权属证书;(4)不动产界址、空间界限、面积等材料;(5)与他人利害关系的说明材料;(6)法律、行政法规以及《不动产登记暂行条例实施细则》规定的其他材料等。

此外,根据登记事项的不同,申请人所提交的材料也不相同。如《不动产登记暂行条例实施细则》第30条规定，申请集体土地所有权首次登记的，应提交土地权属来源材料、权籍调查表、宗地图以及宗地界址点坐标及其他必要材料；第31条规定，若农民集体因互换、土地调整等原因导致集体土地所有权转移，申请集体土地所有权转移登记的，除应当提交不动产权属证书，互换、调整协议等集体土地所有权转移的材料外，还需提供本集体经济组织2/3以上成员或者2/3以上村民代表同意的材料；第35条规定，申请国有建设用地使用权及房屋所有权首次登记的，应提交不动产权属证书或者土地权属来源材料、建设工程符合规划的材料、房屋已经竣工的材料、房地产调查或者测绘报告、相关税费缴纳凭证及其他必要材料等。

第二百一十二条 登记机构应当履行下列职责：

（一）查验申请人提供的权属证明和其他必要材料；

（二）就有关登记事项询问申请人；

（三）如实、及时登记有关事项；

（四）法律、行政法规规定的其他职责。

申请登记的不动产的有关情况需要进一步证明的，登记机构可以要求申请人补充材料，必要时可以实地查看。

释 义

本条是关于登记机构职责的规定。

登记机构的职责，是指登记机构在审查申请人提起的登记申请中所承担的一种审查职责，亦称审查义务。登记机构的审查义务，有形式审查和实质审查之分。所谓形式审查，是指登记机构仅仅对当事人所提交的材料进行形式审查。如果确定这些申请登记的材料符合形式要件，就应当认为是合格。所谓实质审查，是指登记机构不仅应当对当事人提交的申请材料进行形式要件的审查，而且应当负责审查申请材料内容的真伪，甚至在特殊情况下对法律关系的真实性也要进行审查。

根据本条规定，登记机构实行的是形式审查与实质审查相结合的审查制度。即登记机构不仅对申请人提交的申请材料进行形式上的审查，而且对申请材料的内容甚至法律关系的真实性等进行实质上的审查。此种审查制度兼顾形式审查与实质审查的优点,既能保证登记效率,又可以确保登记公信力的实现,为不动产物权登记的真实有效性提供了有力保障。具体而言,登记机构的职责包括:(1)查验申请人提供的权属证明和其他必要材料。根据《不动产登记暂行条例》第18条的规定,不动产登记机构受理不动产登记申请的,应当按照下列要求进行查验:①不动产界址、空间界限、面积等材料与申请登记的不动产状况是否一致。②有关证明材料、文件与申请登记的内容是否一致。③登记申请是否违反法律、行政法规规定。(2)就有关登记事项询问申请人。登记机构对申请人就登记事项有关的问题进行询问,意在核对登记材料的真实性。(3)如实、及时登记有关事项。如实是指登记机构在办理登记时,应该按照实际情况准确办理登记;及时是指登记机构在办理登记时,不得无故拖延。(4)法律、行政法规规定的其他职责。由于实践中不动产登记机构的职责较为宽泛,此处无法对登记机构的审查职责范围进行完全列举,因此采用了兜底性规定。除了前3项职责外,如果其他法律、行政法规对登记机构的其他职责作出进一步详细规定的,登记机构同样应当履行。

本条还规定,在申请人提交的证明材料不足以证明申请登记的不动产的有关情况时,登记机构可以要求申请人进一步补充材料,甚至可以实地查看。而《不动产登记暂行条例》第19条第1款规定,属于下列情形之一的,不动产登记机构可以对申请登记的不动产进行实地查看:(1)房屋等建筑物、构筑物所有权首次登记。(2)在建建筑物抵押权登记。(3)因不动产灭失导致的注销登记。(4)不动产登记机构认为需要实地查看的其他情形。

第二百一十三条 登记机构不得有下列行为:

(一)要求对不动产进行评估;

(二)以年检等名义进行重复登记;

(三)超出登记职责范围的其他行为。

释 义

本条是关于登记机构禁止从事的行为的规定。

为保障登记机构充分履行职责,本条规定,登记机构不得有下列行为:

1.要求对不动产进行评估。登记是不动产物权变动的公示方法,而评估是对不动产价值的评议估计,其与公示无关。实践中,部分登记机构要求对不动产进行评估并收取评估费,给申请人增加了沉重的负担,不利于物权登记制度功能的实现。因此登记机构不得要求对不动产进行评估。

2. 以年检等名义进行重复登记。已登记在不动产登记簿上的内容具有公信力。如果未发生不动产物权变动,就不应进行重复登记,更不能以年检等名义为由收取费用。如果发生不动产物权变动,则需要进行新的登记,而非进行重复登记。

3. 超出登记职责范围的其他行为。登记机构不得从事的其他超出登记职责范围的行为,一方面是指登记机构不得超出登记申请人的申请范围从事活动,另一方面是指登记机构不得超出法律规定的职责范围进行活动。

第二百一十四条 不动产物权的设立、变更、转让和消灭,依照法律规定应当登记的,自记载于不动产登记簿时发生效力。

释　义

本条是关于不动产物权登记生效时间的规定。

不动产物权变动是指不动产物权的设立、变更、转让和消灭。不动产物权变动可以分成两类:一是因民事法律行为发生的不动产物权变动,二是非因民事法律行为发生的不动产物权变动。对于因民事法律行为发生的不动产物权变动,一般将登记作为不动产物权变动的生效要件。若未经登记,即使民事法律行为有效,也不发生物权变动的效力。例如,在房屋买卖中,房屋所有权移转的实现需要满足两个条件:其一,有效的房屋买卖合同。其二,双方当事人进行房屋所有权移转登记。对于非因民事法律行为发生的不动产物权变动,登记并非不动产物权变动的生效要件。例如,因人民法院的法律文书导致不动产物权变动的,该不动产物权变动自法律文书生效时发生效力。本条中"依照法律规定应当登记"的不动产物权变动情况,一般是指因民事法律行为发生的不动产物权变动。依据本条规定,该类不动产物权变动生效的具体时间点是"自记载于不动产登记簿时",也就是说,登记的生效时间应当以记载于不动产登记簿的时间为准。

不动产登记簿是由不动产登记机构依照法定程序和标准制定,用于记载不动产的自然状况、权利状况和其他事项的具有法律效力的专用簿册。不动产登记簿具有以下几个主要特点:(1)统一性。统一不动产登记簿,便于不动产登记管理,也有利于降低不动产交易成本。(2)长久性。在现实生活中,不动产一般是权利人的重要财产并能够长期存在。只要不动产未灭失,不动产上所承载的权利类型就需要通过不动产登记簿来反映,这就要求不动产登记簿要长期甚至永久保管。(3)公开性。在市场经济中,人们常常根据不动产登记簿上记录的权利内容与不动产权利人进行交易,这就需要不动产登记簿向社会公开,允许人们查询不动产登记簿并进行复制。(4)官方性。不动产登记簿只能由国家专门机构通过特定程序制定,不能由私人或社会组织制定。

第二百一十五条 当事人之间订立有关设立、变更、转让和消灭不动产物权的合同,除法律另有规定或者当事人另有约定外,自合同成立时生效;未办理物权登记的,不影响合同效力。

释 义

本条是关于合同效力与物权效力区分的规定。

本条在民法上称为"区分原则",即区分合同效力和物权变动的效力。所谓区分原则,是指在因民事法律行为发生的物权变动中,物权变动的原因与物权变动的结果作为两个法律事实,它们的成立生效依据不同的法律根据的原则。这里主要包含两层含义:一是物权变动中原因行为是否成立,应该根据该行为自身的成立要件进行判断,物权变动结果并不是原因行为成立的必要条件;二是一般情况下,物权变动以动产的交付和不动产的登记作为生效要件。

根据本条规定,当事人之间订立有关不动产物权设立、变更、转让、消灭的合同,原则上自合同成立时生效。而"法律另有规定或当事人另有约定"是指合同成立时并不生效的特殊情况。其中,"当事人另有约定"主要包括以下两种情形:(1)当事人在合同中约定把物权登记作为合同的生效要件。根据这种约定,合同自登记完成时生效。(2)当事人在合同中约定其他生效要件(例如,当事人约定以办理公证作为合同生效的要件)。关于合同何时成立、生效,属于当事人意思自治的范畴,因此法律应当尊重当事人的意思自治。而"法律另有规定",也属于除外条件。如原《担保法》第41条规定:"当事人以本法第四十二条规定的财产抵押的,应当办理抵押物登记,抵押合同自登记之日起生效。"

根据本条规定,未办理物权登记的,不影响合同效力。其主要原因在于:一方面,登记直接指向的是物权的变动,而非合同的效力;另一方面,合同是否有效,应当依据民事法律行为有效要件进行判断。只要当事人之间的合同符合合同成立和生效的要件,该合同就应当是有效的,当事人是否办理登记,不应当影响该合同的效力。

第二百一十六条　不动产登记簿是物权归属和内容的根据。

不动产登记簿由登记机构管理。

释　义

本条是关于不动产登记簿的效力及其管理机构的规定。

本条第 1 款规定的是不动产登记簿所具有的推定力,也称"不动产登记簿的推定效力"或"不动产登记簿的正确性推定",是指不动产物权经过登记(即记载于不动产登记簿)之后,即推定不动产登记簿上记载的该物权的归属和内容与真实的物权归属和内容相一致。[1]　不动产登记簿的推定效力,是贯彻物权公示原则的内在要求。不动产登记是我国不动产物权的法定公示方法,且不动产物权变动通常以登记为生效要件。故一般不动产物权变动总是要记载于不动产登记簿。社会一般人会对登记簿产生一定的信赖,并以登记簿所登载的内容判断权利归属。故而,只要一个国家的物权法承认登记为不动产物权变动的公示方法,就势必要承认登记簿的推定效力。因此,不动产登记簿的推定效力,具有维护交易安全、促进交易效率的作用。一方面,登记簿所登载的权利人对登记簿所登载的权利,无须再负证明责任;另一方面,交易相对人基于对登记簿所登载内容真实性的信赖,也无需承担额外的审查义务。而且,即便不动产登记簿所登载的权利与真实的物权状态存在差异,对于善意第三人而言,也应当保护其对不动产登记簿的信赖,从而保障交易的安全与效率。

---

[1]　程啸:《不动产登记簿之推定力》,《法学研究》2010 年第 3 期。

本条第 2 款规定,不动产登记簿由登记机构予以管理。这就意味着,其他任何单位或个人都不得擅自设立或修改不动产登记簿。目前,我国已实行不动产统一登记制度。根据相关规定,自然资源部不动产登记局承担指导监督全国土地登记、房屋登记、林地登记、草原登记、海域登记等不动产登记工作的职责。县级以上地方人民政府应当确定一个部门为本行政区域的不动产登记机构,负责不动产登记工作。

第二百一十七条　不动产权属证书是权利人享有该不动产物权的证明。不动产权属证书记载的事项,应当与不动产登记簿一致;记载不一致的,除有证据证明不动产登记簿确有错误外,以不动产登记簿为准。

释　义

本条是关于不动产登记簿与不动产权属证书关系的规定。

所谓不动产权属证书,是指在依法办理完登记手续后,由登记机构制作并颁发给权利人作为其享有不动产物权的证明,是不动产登记簿所记载内容的外在表现形式。因此本条规定,不动产权属证书记载的事项,应当与不动产登记簿一致。

但不动产权属证书仅是权利人用以证明自己为该不动产物权人的一个凭证,其本身并不能代表不动产物权。在不动产交易过程中,权利人通过不动产权属证书只能初步证明自己为物权人。而买受人则需查阅不动产登记簿,了解不动产相关权利归属,不能仅凭不动产权属证书进行判断。是故,相较于不动产权属证书,不动产登记簿具有更高的效力。故本条规定,当二者记载不一致时,除有证据证明不动产登记簿确有错误外,应当以不动产登记簿为准。其原因在于:(1)不动产登记簿由登记机构管理,不动产权属证书由当事人管理,前者被伪造、涂改的可能性较小。(2)本法已赋予不动产登记簿推定效力,推定不动产登记簿所登载的内容反映真实权利归属,故在没有证据证明不动产登记簿确实存在错误的情况下,其与不动产权属证书内容不一致时,应当推定不动产登记簿所登载内容是真实的。主张不动产登记簿登载错误的人,应当负有证明其有误的证明责任。不动产登记簿所登载的权利人和登记机构,对已经登载的内容不负证明责任。

当事人确有证据证明不动产登记簿记载错误的,可依据相关证明材料申请更正登记;或者提起诉讼,要求登记机构予以更正。

第二百一十八条　权利人、利害关系人可以申请查询、复制不动产登记资料,登记机构应当提供。

释　义

本条是关于不动产登记资料查询、复制的规定。

不动产登记是不动产物权的公示方式,而相关主体能否较为便捷地查询登记内容是能否发挥登记公示效力的前提。如果在登记之后,相关主体非常难以查阅甚至根本无法查阅,登记的公示和公信力就无从谈起。因此,本条规定,权利人、利害关系人有权查询、复制不动产登记资料。

本条规定的查询主体仅包括两种类型,采行的是一种有限查询方式,其意义在于:既满足了安全交易的需要,又能有效地保护被登记人的不动产信息不被泄露。本条中的"权利人",是指不动产登记簿上记载的不动产权利主体;"利害关系人",是指对登记的不动产享有利益的人。通常情况下,利害关系人在查询不动产登记信息时需要提供证据证明其与相关的不动产具有利害关系。具体而言,依据《不动产登记资料查询暂行办法》的规定,符合下列条件的利害关系人可以申请查询有利害关系的不动产登记结果:(1)因买卖、互换、赠与、租赁、抵押不动产构成利害关系的。(2)因不动产存在民事纠纷且已经提起诉讼、仲裁而构成利害关系的。(3)法律法规规定的其他情形。

本条中规定的可以查询、复制的不动产登记资料,主要包括:(1)不动产登记簿等不动产登记结果。(2)不动产登记原始资料,包括不动产登记申请书、申请人身份材料、不动产权属来源、登记原因、不动产权籍调查成果等材料以及不动产登记机构审核材料。

根据本条规定,登记机构负有向有权查阅的权利人和利害关系人提供查阅、复制登记资料的便利的义务,从而促进不动产的交易安全。如果登记机构无正当理由拒绝权利人和利害关系人的查询,并由此造成他人损害,则应当承担责任。

第二百一十九条　利害关系人不得公开、非法使用权利人的不动产登记资料。

释　义

本条是关于保护不动产登记资料的规定。

根据本法第218条的规定，尽管利害关系人有权查询、复制不动产登记资料，但由于不动产登记信息可能涉及登记权利人的隐私或者商业秘密，一旦泄露可能会对登记权利人造成重大不利，为了保护登记权利人的合法权利和相关利益，提高市场的信用，确保权利人的登记信息不会被滥用，需要对有查阅权的利害关系人施加特定的义务。因此，《不动产登记暂行条例》第28条规定，查询不动产登记资料的单位、个人应当向不动产登记机构说明查询目的，不得将查询获得的不动产登记资料用于其他目的；未经权利人同意，不得泄露查询获得的不动产登记资料。

因此，本条中的"不得公开"，是指利害关系人仅能本人使用查询的登记资料，未经权利人同意，不得向第三人或社会公众泄露查询获得的不动产登记资料。本条中规定的"不得非法使用"，是指利害关系人必须将查询获得的登记资料用于已向不动产登记机构说明的"查询目的"，而不得用于"查询目的"之外的其他目的。否则，就构成"非法使用"。

由此可见，本条规定了利害关系人对已查询、复制的不动产登记资料，负有上述特定的不作为义务。如果利害关系人不履行该项义务，则必须承担由此产生的法律后果。

第二百二十条　权利人、利害关系人认为不动产登记簿记载的事项错误的，可以申请更正登记。不动产登记簿记载的权利人书面同意更正或者有证据证明登记确有错误的，登记机构应当予以更正。

不动产登记簿记载的权利人不同意更正的，利害关系人可以申请异议登记。登记机构予以异议登记，申请人自异议登记之日起十五日内不提起诉讼的，异议登记失效。异议登记不当，造成权利人损害的，权利人可以向申请人请求损害赔偿。

释 义

本条是关于不动产更正登记和异议登记的规定。

本条第 1 款是有关更正登记的规定。所谓更正登记,是指权利人、利害关系人认为不动产登记簿记载的事项有错误时,经其申请,由权利人书面同意更正,或者有证据证明登记确有错误的,登记机构对错误事项进行更正的登记。根据该款规定,更正登记主要包括以下两种情形:(1)不动产登记簿记载的权利人书面同意更正。即在办理更正登记的情况下,如果权利人以书面形式同意更正申请,即便申请人尚未提出足够的证据证明登记确有错误,登记机构也应当办理更正登记。(2)有证据证明登记确有错误的。即在办理更正登记的情况下,如果申请人能够提供足够的证据证明登记确有错误,登记机构应当办理更正登记。不动产登记簿作为不动产物权归属和内容的依据,记载了不动产的自然状况、权利状况等事项,其记载错误会危及真正权利人和利害关系人的合法权益。本条规定的"不动产登记簿记载的事项错误",包括以下两种情形:(1)事实状况的记载错误。这种错误体现在不动产的自然状况上,如不动产的面积、所在地等基本信息出现错误。(2)权利事项的错误。即登记簿记载的不动产物权归属、内容出现的错误,如将甲单独所有的房屋记载为甲乙共同所有、未记载不动产上所负担的抵押权等。

本条第 2 款是有关异议登记的规定。所谓异议登记,是指当利害关系人认为不动产登记簿上所记载的事项存在错误,且权利人不同意对此进行更正时,利害关系人向登记机构申请的、旨在中止不动产登记簿公信力并阻却第三人善意取得的一种登记。异议登记的要件包括:(1)利害关系人认为不动产登记簿的记载存在错误;(2)异议登记以不能办理更正登记为前提,即异议登记以利害关系人的更正请求权遭到权利人拒绝为前提。

本条第 2 款还规定了异议登记失效的原因,即申请人自异议登记申请之日起 15 日内不提起诉讼。亦即,在异议登记成立后,利害关系人与权利人之间的纠纷仍需要通过民事诉讼加以解决。15 日的异议登记有效期间虽然较短,但仍可有效督促利害关系人及时对不动产物权进行确权和更正,使得处于争议的财产不至于长期处于不确定的状态。

此外,为防止异议登记的滥用,本条第 2 款还规定了异议登记不当致人损害的赔偿机制。该责任的构成要件包括:(1)异议登记不当,即利害关系人的异议不成立。(2)权利人遭受损害。如权利人欲转让的不动产因不当异议登记导致转让价格降低。(3)权利人的损害是异议登记不当造成的。

第二百二十一条　当事人签订买卖房屋的协议或者签订其他不动产物权的协议,为保障将来实现物权,按照约定可以向登记机构申请预告登记。预告登记后,未经预告登记的权利人同意,处分该不动产的,不发生物权效力。

预告登记后,债权消灭或者自能够进行不动产登记之日起九十日内未申请登记的,预告登记失效。

释 义

本条是关于预告登记的规定。

根据本条第1款规定,所谓预告登记,是指当事人所期待的不动产物权变动所需要的条件缺乏或者尚未成就时,为保障以这一不动产未来发生物权变动为目的的债权请求权的实现,而向登记机构申请办理的预先登记。

预告登记的适用范围,本条第1款对此作了原则性规定,即"买卖房屋的协议"以及"其他不动产物权的协议"这两大类情况。《不动产登记暂行条例实施细则》第85条对此进行了详细规定:"有下列情形之一的,当事人可以按照约定申请不动产预告登记:(一)商品房等不动产预售的;(二)不动产买卖、抵押的;(三)以预购商品房设定抵押权的;(四)法律、行政法规规定的其他情形。"

本条第1款中"为保障将来实现物权"等规定,涉及预告登记的效力问题。从广义上来看,预告登记主要包含以下效力:(1)保障债权实现的效力。所谓保障债权的实现,是指保障预告登记的债权能够在未来顺利转化为物权,并使得未来的物权变动顺利、有序地进行。(2)对抗第三人的效力。所谓预告登记对抗第三人的效力,是指经过预告登记的权利可以对抗第三人,阻止其取得与预告登记的权利相矛盾的物权。这就意味着,预告登记能够使普通债权产生一种对抗第三人的效力。(3)限制物权处分的效力。所谓限制物权处分的效力,是指预告登记之后,原物权人的处分行为(如转移不动产所有权或者设定建设用地使用权、地役权、抵押权等其他物权)受到法律限制。亦即本条规定的,"预告登记后,未经预告登记的权利人同意,处分该不动产的,不发生物权效力"。(4)确定权利顺位的效力。预告登记具有确定权利顺位的效力,是指预告登记在确定权利实现顺序方面的效力,即经过预告登记的权利可以优先于其他权利而实现。[①]

本条第 2 款规定了预告登记失效的主要事由,即"债权消灭"以及"自能够进行不动产登记之日起九十日内未申请登记"。根据《最高人民法院关于适用〈中华人民共和国物权法〉若干问题的解释(一)》第 5 条规定,"债权消灭"的情形包括:(1)买卖不动产物权的协议被认定无效、被撤销、被解除;(2)预告登记的权利人放弃债权。"债权消灭"成为预告登记失效事由的原因在于,预告登记作为一种临时性登记,其本身对于当事人的债权请求权具有一定的从属性,故债权消灭的同时预告登记自然也无法单独存在。而本条规定"自能够进行不动产登记之日起九十日内未申请登记"将导致预告登记失效的原因在于:(1)预告登记没有存在的必要性。(2)督促债权请求权人积极行使请求权。一方面,如果权利人在一定期限内不行使权利,就表明预告登记的权利应当不再受到保护;另一方面,若预告登记的效力一直持续下去,将会对预告登记义务人(即不动产权利人)的权益造成不利影响。

第二百二十二条 当事人提供虚假材料申请登记,造成他人损害的,应当承担赔偿责任。

因登记错误,造成他人损害的,登记机构应当承担赔偿责任。登记机构赔偿后,可以向造成登记错误的人追偿。

释 义

本条是关于登记错误赔偿责任的规定。

不动产登记作为不动产交易的基础,在确定不动产物权归属、保障不动产物权交易安全方面具有重要意义。不动产登记簿是对权利归属的真实记录,对第三人而言具有公信力。但是,在不动产登记过程中,登记簿上记载的不动

---

① 参见王利明:《论民法典物权编中预告登记的法律效力》,《清华法学》2019 年第 3 期。

产物权事项与登记时的真实权利状态可能存在不相符的现象,由此便产生登记错误。登记错误既可能使真正的权利人蒙受损害,也有可能造成善意相对人的损失。因此,在因登记错误而使真正权利人和善意相对人遭受损失时,相关的登记申请人和登记机构应当承担赔偿责任。

本条第1款是有关当事人(登记申请人)赔偿责任的规定。从性质上来讲,该赔偿责任属于过错侵权责任。其构成要件主要包括:(1)当事人存在过错。即申请登记时当事人提供的是"虚假材料"。根据《不动产登记暂行条例》第16条的规定,申请人应当提交的材料包括:登记申请书申请人、代理人身份证明材料、授权委托书;不动产权属来源证明材料、登记原因证明文件、不动产权属证书;不动产界址、空间界限、面积等材料;与他人利害关系的说明材料;以及法律、行政法规和本条例实施细则规定的其他材料。当事人应当对上述材料的真实性负责,若当事人将伪造、变造后的材料提交给登记机构,应当视为当事人存在主观过错。(2)造成他人损害。该条款中的"他人",亦即被侵权人,既有可能是该不动产的真正权利人,也有可能是与登记权利人发生了交易的善意相对人。此处的"损害",不仅包括被侵权人的直接损失,而且也应当包括被侵权人的间接损失(如可期待利益)。

本条第2款是有关登记机构赔偿责任的规定。对于该种责任的性质,不仅存在民事责任和行政责任之争,而且,即便认为该种责任属于民事责任,也还存在过错责任和无过错责任之辩。本书认为,登记机构的赔偿责任不应该定位为行政责任,应属于过错侵权责任。其理由在于:(1)虽然在登记之时,行政机关和当事人之间的地位不平等,但是,在登记错误发生之后,其赔偿责任的承担属于平等主体之间的关系。因此,应当纳入民事责任的范畴。(2)比较而言,定位为民事责任更有利于有效弥补受害人的损害。因为民事责任适用完全赔偿原则,而行政责任只对直接损失给予赔偿。[1] (3)根据本法的相关规定,登记机构对相关材料的审查以形式审查为原则,实质审查为补充。若登记机构在审查的过程中未履行法定义务,如登记机构应当实地查看而未查看而造成登记错误的,即为过错,则需要对利害关系人承担赔偿责任。相反,如果登记机构履行了本法规定的法定职责,即便有他人损害事实的出现,也不应当承担赔偿责任。同时,根据《最高人民法院关于审理房屋登记案

---

[1] 参见王利明:《物权法》,中国人民大学出版社2015年版,第80页。

件若干问题的规定》第 12 条的规定,申请人提供虚假材料办理房屋登记,给原告造成损害,房屋登记机构未尽合理审慎职责的,应当根据其过错程度及其在损害发生中所起作用承担相应的赔偿责任。

根据本条第 2 款的规定,赔偿机构过错侵权责任的构成要件,主要包括:(1)赔偿机构存在过错。即登记机构没有正确履行本法第 212 条规定的下列职责:"(一)查验申请人提供的权属证明和其他必要材料;(二)就有关登记事项询问申请人;(三)如实、及时登记有关事项;(四)法律、行政法规规定的其他职责。申请登记的不动产的有关情况需要进一步证明的,登记机构可以要求申请人补充材料,必要时可以实地查看"。(2)造成他人损害。此处"他人损害"的认定,与本条第 1 款中的"他人损害"的认定方法相同。亦即,该条款中的"他人",既有可能是该不动产的真正权利人,也有可能是与登记权利人发生了交易的善意相对人。此处的"损害",不仅包括被侵权人的直接损失,而且也应当包括被侵权人的间接损失(如可期待利益)。

同时,据本条第 2 款的规定,登记机构承担赔偿责任后,享有向造成登记错误的人进行追偿的权利。

此外,需要说明的是,本条对"因多方主体共同形成的登记错误"致人损害的赔偿责任,缺乏规定。例如,根据《最高人民法院关于审理房屋登记案件若干问题的规定》第 13 条的规定,房屋登记机构工作人员与第三人恶意串通违法登记,侵犯原告合法权益的,房屋登记机构与第三人承担连带赔偿责任。

第二百二十三条　不动产登记费按件收取,不得按照不动产的面积、体积或者价款的比例收取。

释　义

本条是关于登记费用的规定。

根据本条规定,权利人进行不动产登记时需要缴纳一定的费用。不动产登记费用的标准与登记模式存在一定的关联性,各国和地区的不动产登记模式大致可以分为如下两种:(1)权利登记模式。在权利登记模式下,不动产物权变动以登记作为生效要件,登记机构负有实质审查义务。(2)契据登记模式。在契据登记模式下,不动产物权变动以当事人之间签订的合同成立作为生效要件,登记机构负有形式审查义务。与契据登记模式相比,权利登记模式下登记机构承担的审查义务更加严格,审查环节更加繁杂,同时也需要更多的人力、物力、财力来负责机构的正常运作。权利登记模式下的运行成本高于契据登记模式下的运行成本,相对应的,权利登记模式下的登记费用也会高于契据登记模式下的登记费用。

我国不动产登记模式类似于高成本的权利登记模式,并且设立不动产登记收费制度的目的之一也在于填补登记机关的运作成本,保障不动产登记制度的良好运行。在对不同面积的同类不动产物权分别进行登记时,登记机构的处理程序也可能相同,若以不动产的面积、体积或价款作为收费依据,将会使多方当事人在同等运作成本下支付不同的登记费用,从而导致不动产登记收费制度丧失公平性和合理性。因此,我国不动产登记的收费标准与登记机构的运作成本有关,与不动产的面积、体积或者价款无关。是故,本条规定,"不动产登记费按件收取,不得按照不动产的面积、体积或者价款的比例收取"。

为实现不动产登记费用标准规范化、统一化,2016 年国家发展改革委和财政部联合发布的《关于不动产登记收费标准等有关问题的通知》(以下简称《通知》)对此作出了统一的规定,住宅类不动产登记收费标准为每件 80 元,非住宅类不动产登记收费标准为每件 550 元。同时该《通知》明确了不动产登记计费单位,申请人以一个不动产单元提出一项不动产权利的登记申请,并完成一个登记类型登记的为一件。申请人以同一宗土地上多个抵押物办理一笔贷款,申请办理抵押权登记的,按一件收费;非同宗土地上多个抵押物办理一笔贷款,申请办理抵押权登记的,按多件收费。针对免收不动产登记费、只收取不动产权属证书工本费、减半收取不动产登记费的情形,该《通知》进行了列举式规定。由于在不动产登记收费制度中,收费标准不准确容易侵害不动产权利人的合法权益,因此该文件的出台很大程度上弥补了我国不动产登记制度在收费环节的漏洞,真正实现了不动产统一登记工作利民的宗旨。

第二节 动 产 交 付

第二百二十四条 动产物权的设立和转让,自交付时发生效力,但是法律另有规定的除外。

释　义

本条是关于动产物权的设立和转让生效时间的规定。

本条规定的交付是现实交付,又称直接交付,是指权利人将自己占有的物移转给其他人占有的行为。简言之,交付意味着占有的移转。需要指出的是,本法合同编第 598 条、第 599 条、第 601 条、第 602 条中均规定了出卖人的交付义务,但是与本条规定的交付存在差异。本条规定的交付是一种公示手段,强调的是受让人占有动产的事实状态;而合同编相关条款中规定的交付是合同履行的一部分,强调的是履行合同的过程。

本法第 208 条规定,动产物权变动应以交付为公示要件。传统民法理论认为,占有是动产物权静态的公示方式,交付是动产物权动态的公示方式。因此,根据本条规定,当事人要完成物权变动,必须要履行交付的义务。否则,即使合同有效,动产物权也不能设立或发生变动。

而本条中的"法律另有规定",主要是指以下两种情况:(1)动产担保中有关登记的规定。例如,根据本法第 403 条的规定,动产抵押权自抵押合同生效时设立。(2)所有权保留制度中标的物所有权的变动。根据相关法律规定,当事人可以通过特别约定,在出卖人交付标的物后,标的物所有权并不立即发生移转。①

第二百二十五条　船舶、航空器和机动车等的物权的设立、变更、转让和消灭,未经登记,不得对抗善意第三人。

释　义

本条是关于船舶、航空器和机动车等特殊动产物权变动登记的规定。

通常认为,船舶、航空器和机动车因价值超过普通动产,在法律上被视为一种准不动产。准不动产物权变动与普通动产不同。根据本条规定,准不动产物权变动实行登记对抗要件主义,即"交付生效加登记对抗善意第三人"。

---

① 参见王利明:《物权法》,中国人民大学出版社 2015 年版,第 81 页。

本条中的"善意第三人",是指对船舶、航空器和机动车等物的交付不知情、支付了合理对价并办理了登记的第三人。

需要指出的是,本条规定的登记对抗要件主义并非对本法第 224 条的否定,而是对其进行补充。① 以买卖合同为例,当准不动产作为买卖合同标的物时,一经交付,准不动产所有权即发生移转,但是未登记则不能对抗善意第三人。反言之,已经登记过的准不动产,未经交付,其所有权不发生移转。从物权公示效果的角度来讲,登记的公示效果远强于交付的公示效果。因为登记是由法定的国家机关依据法定职权,按照法定程序将物权变动状况予以登记,具有权威性、更为准确可靠的优点。从交易保护的角度来讲,价值远超过普通动产的船舶、航空器和机动车作为准不动产,需要更为严格的登记手段保护交易安全。但是,如果准不动产的物权变动也采用登记成立要件主义,势必损害交易的自由和便利,增加交易的成本(例如,用来交易的汽车已经远离登记地)。因此,为了兼顾交易安全和自由,本条规定准不动产所有权移转实行登记对抗要件主义。②

我国《海商法》第 9 条、第 10 条、第 13 条、第 14 条,《民用航空法》第 11 条、第 12 条、第 14 条、第 16 条、第 33 条具体地规定了登记对抗要件主义。本条规定的登记对抗问题,一般出现在物权多重处分的情形中。现实中准不动产多重处分问题层出不穷,与船舶、航空器和机动车越来越与人们日常生活密不可分有关。

第二百二十六条 动产物权设立和转让前,权利人已经占有该动产的,物权自民事法律行为生效时发生效力。

释 义

本条是关于动产物权简易交付的规定。

本条规定的是动产物权设立或转让的一种特殊情形,即在让与人与受让人就移转动产所有权或设立动产质权达成合意之前,受让人已经事先占有该

① 参见崔建远:《物权:规范与学说》(上册),清华大学出版社 2011 年版,第 76 页。
② 参见汪志刚:《准不动产登记对抗主义的一般法理》,《法商研究》2018 年第 2 期。

动产的情形。此时,受让人对物的事实支配和排他性权利已经提前实现,双方没有必要再行往复移转占有。因此,在当事人之间关于物权变动的协议生效时,即视为已经完成现实交付。例如,甲依据租赁合同取得了对乙的电脑的占有,而后甲欲购买该电脑,遂与乙签订买卖合同。依照本条规定,电脑的所有权在双方达成合意时直接移转至乙。该交付形式即为简易交付。因此,所谓简易交付,是指动产物权设立和转让前,如果权利人已经占有了该动产,就无须再进行实际交付,从民事法律行为发生效力时起直接发生物权变动的效力。

根据本条规定,简易交付必须满足下列两个要件:

一是受让人须于动产物权设立和转让前先占有该动产。这里的"占有"存在多种形态。受让人可以是物的直接占有人,如前述"乙将电脑出租给甲后又将该物出售给甲"之情形。受让人亦可以是物的间接占有人,如甲将手机出租给乙,在乙将手机出租给丙期间,甲将手机出售于乙。① 需要注意的是,简易交付之成立,并不以受让人依法占有该动产为必要。换言之,受让人在所有权转移之前占有的动产若属于盗赃物、遗失物,也可以适用简易交付。其理由在于,纵使受让人无本权占有盗赃物、遗失物,之后出让人确实愿意转让该物于受让人,若予以禁止,势必损害交易便捷,给交易当事人带来诸多不便。②

二是双方达成生效协议,并有移转占有的合意。如甲十分喜爱其代为保管的乙之收藏品,后与乙就转移收藏品的所有权达成合意。从占有的角度来看,这一所有权移转合意包含以下两层意思:(1)让与人乙完全放弃其占有意思;(2)受让人甲的他主占有变为自主占有。③

根据本条规定,物权自民事法律行为生效时发生效力。民事法律行为主要包括动产所有权人与受让人订立的动产转让的协议以及与质权人订立的动产出质协议。由于受让人已经事先占有该动产,在让与人与受让人就移转动产所有权或设立动产质权达成合意时,物权变动公示已经完成(法律意义的交付行为完成),受让人依法对该动产享有直接支配和排他的权利。因此,动

① 参见刘家安:《论动产所有权移转中的交付——若干重要概念及观念的澄清与重构》,《法学》2019 年第 1 期。

② 参见庄加园:《自主占有与简易交付》,《法学》2020 年第 1 期。

③ 参见[德]鲍尔、施蒂尔纳:《德国物权法》(下册),申卫星、王洪亮译,法律出版社 2006 年版,第 364 页。

产物权变动在双方关于物权变动的协议生效时发生效力。

第二百二十七条 动产物权设立和转让前,第三人占有该动产的,负有交付义务的人可以通过转让请求第三人返还原物的权利代替交付。

释 义

本条是关于动产物权指示交付的规定。

本条规定的是动产物权设立或转让的另一种特殊情形,即在让与人与受让人就移转动产所有权或设立动产质权达成合意之前,第三人已经事先占有该动产的情形。此时,让与人可以将其享有的对第三人的返还请求权让与给受让人,以代替现实交付。例如,乙依据租赁合同取得了对甲的手机的占有,甲在租赁期内又将该手机出卖于丙,为使丙取得对手机的所有权,甲可将对乙的返还请求权让与丙,以代交付。该交付方式即为指示交付,与现实交付具有同等效力。因此,所谓指示交付,是指当事人在动产物权设立和转让时,如果该动产已经由第三人占有,负有交付义务的人可以将其对第三人的返还请求权转让给新的权利人,以代替物的实际交付。

根据本条规定,指示交付必须具备下列要件:

一是动产物权设立和转让前,第三人占有该动产。由于动产物权的让与人无法直接支配和控制其转让的动产,现实交付难以进行,因此本条规定的指示交付才有适用的余地。所谓"第三人",是指能够对动产进行直接支配和控制的一方。通常情况下,基于合同关系而产生的能够对动产进行直接支配和控制的一类人,如承租人、保管人、质权人等有权占有人,均属于本条规定的"第三人"。应予注意的是,指示交付之适用,并不以第三人依法占有该动产为必要。换言之,不具备法律上的正当原因而占有动产的无权占有人亦在"第三人"范围之内。如甲在租赁关系结束后,拒绝返还租赁物于出租人乙,并且拒绝延长租赁合同。此时,甲的状态已从有权占有变为无权占有。而丙非常喜欢该租赁物,并且了解该租赁物之上的权属状况。此时,为免去无效率的现实交付,乙可将其对甲的返还请求权让与丙,而甲即为本条所指的"第三人"。

二是转让人应对第三人享有返还请求权。在指示交付中,转让人转让的返还请求权应当是对特定的第三人的返还请求权。关于转让人所让与的返还请求权的性质,因在指示交付中,当事人双方须有所有权移转的合意,故指示交付中的"合意"具有物权合意与债权合意的双重性质,由此决定了转让人所让与的返还请求权兼有物权请求权和债权请求权的双重性质。①

三是双方当事人达成了转让原物请求权的协议。如果双方当事人没有达成转让原物返还请求权的协议,就无法发生指示交付的效力。

关于指示交付是否应以通知第三人为发生物权变动效力的构成要件。根据本条规定,受让人自受让动产返还请求权时取得了该动产的所有权。由此可见,这一动产所有权的取得,并不以通知第三人为前提要件。② 但在当事人之间以指示交付设立动产质权时,根据《最高人民法院关于适用〈中华人民共和国担保法〉若干问题的解释》第 88 条的规定,通知第三人是质权的生效要件。例如,甲将车租给丙,后甲向乙借款,双方约定甲以汽车为乙设立质权以担保前述债务,甲将对丙享有的返还请求权让与乙。在这种情况下,甲与乙之间仅发生返还请求权与间接占有的移转,难以被人们从外部加以识别。为弥补公示性不足,甲或乙需对第三人丙进行出质通知。由此可知,基于指示交付的动产质权设立需要对第三人进行出质通知。

第二百二十八条 动产物权转让时,当事人又约定由出让人继续占有该动产的,物权自该约定生效时发生效力。

释 义

本条是关于动产物权占有改定的规定。

占有改定是指让与人于让与动产物权后,仍继续占有该物,依照当事人之间订立的契约,使受让人因此而取得间接占有,以代交付。③ 实际生活中较为常见的现象是,让与人在出卖动产后,基于生产、生活的需要仍需继续占有动

① 参见杨震:《观念交付制度基础理论问题研究》,《中国法学》2008 年第 6 期。
② 参见孙宪忠主编:《中国物权法:原理释义和立法导读》,经济管理出版社 2008 年版,第 160 页。
③ 参见王泽鉴:《民法物权》,北京大学出版社 2009 年版,第 96 页。

产;或者受让人虽然取得了动产的所有权,但需要从物上获取经济利益,如收取租金。此时,若严格贯彻实际交付原则,并不符合当事人需要,甚至妨碍交易便利。由此,便有本条规定的占有改定适用的余地。当事人之间无须移转直接占有,通过订立借用、租赁等合同,亦可使物权变动发生效力。

根据本条规定,占有改定需满足下列要件:

一是当事人之间关于所有权移转的合意须合法有效。通常情况下,受让人基于买卖或者让与担保取得动产所有权。

二是具有使受让人取得间接占有的法律关系。占有改定中当事人约定的法律关系,借此使得出让人保持直接占有,受让人取得间接占有,在学理上被称为占有媒介关系。① 它的内容表现为,占有媒介人通常只是暂时占有转让物;在将来的某个时刻,间接占有人可以行使返还请求权,重新获得该物的直接占有。② 基于占有改定成立的法律关系主要包括租赁、借用、保管及让与担保等。当事人通过订立上述特定的契约,使受让人取得了间接占有人的地位。

三是让与人取得对标的物的占有。这里的“占有”既可以是直接占有,也可以是间接占有。当让与人为间接占有人时,可能存在多层次的占有关系。例如,甲将其交于乙保管之相机出售给丙,后因甲需继续使用该相机参加比赛,遂与丙签订借用合同,由丙取得间接占有,以代替现实交付,则乙为直接占有人,甲、丙均为间接占有人。

需要说明的是,本条规定的占有改定,仅仅适用于动产物权的转让,而不适用于动产物权的设定。例如,当事人在设定动产质权时,不能通过占有改定的方式来完成公示。这是因为在占有改定的情况下,仍然由转让人继续占有动产,如果允许占有改定也可以设定质权,根据质权的特点,那就根本无法取得质权。③

关于占有改定的情形下能否适用善意取得。依照本法第311条之规定,构成善意取得的要件之一是“转让的不动产或者动产依照法律规定应当登记的已经登记,不需要登记的已经交付给受让人”,而对于动产交付,除现实交付外,本法第226条、第227条、第228条还分别规定了简易交付、指示交付、

---

① 参见王利明:《物权法研究》(下册),中国人民大学出版社2007年版,第726页。
② 庄加园:《间接占有与占有改定下的所有权变动——兼评〈中华人民共和国物权法〉第27条》,《中外法学》2013年第2期。
③ 参见王利明:《物权法》,中国人民大学出版社2015年版,第84页。

占有改定三种观念交付形态。简易交付、指示交付因原占有人均已丧失占有，且占有之变动均得自外部认识，适用善意取得本无争议。① 但占有改定是否为本法第 311 条中的"交付"所涵括，学界存在争议。有意见认为，立法文本所表述的"交付"概念从未涵括占有改定。作为法律拟制产物的占有改定，其物权变动效果不等同于现实交付，与善意取得之间具有不相容性。② 也有意见认为，本法第 311 条所言之"交付"应该包括占有改定。其理由在于，占有改定情形下所有权的移转仅仅是通过当事人的合意在观念中完成的，第三人无从察知物权的变动，所以对于因信赖出让人直接占有动产这一事实状态，而与之交易的第三人就必须通过善意取得制度加以保护。③ 后一种意见渐为通说，本书采之。

第三节 其 他 规 定

第二百二十九条 因人民法院、仲裁机构的法律文书或者人民政府的征收决定等，导致物权设立、变更、转让或者消灭的，自法律文书或者征收决定等生效时发生效力。

释 义

本条是关于因法律文书或者征收决定等导致物权变动的规定。

物权变动是指物权的设立、变更、转让和消灭，它由一定的法律事实引起。引起物权变动的法律事实包括民事法律行为以及民事法律行为之外的事实。因民事法律行为之外的事实引起的物权变动，即非基于民事法律行为的物权变动。非基于民事法律行为的物权变动必须有法律的明确规定，并且无须登记或者交付即可生效。

本条规定了两种非基于民事法律行为导致物权变动的情形：

---

① 参见杨震：《观念交付制度基础理论问题研究》，《中国法学》2008 年第 6 期；王文军：《占有改定作为善意取得要件之辨》，《法律科学（西北政法大学学报）》2015 年第 6 期。

② 参见税兵：《占有改定与善意取得——兼论民法规范漏洞的填补》，《法学研究》2009 年第 5 期。

③ 参见梁慧星、陈华彬编著：《物权法》，法律出版社 2007 年版，第 209 页。

一是人民法院、仲裁机构的法律文书。亦即,当人民法院、仲裁机构的法律文书生效时即可导致物权变动,而无须履行法定的公示方法。根据《最高人民法院关于适用〈中华人民共和国物权法〉若干问题的解释(一)》第7条的规定,本条中规定的人民法院、仲裁机构的法律文书,是指人民法院、仲裁机构在分割共有不动产或者动产等案件中作出的依法生效的改变原有物权关系的判决书、裁决书、调解书,以及人民法院在执行程序中作出的拍卖成交裁定书、以物抵债裁定书。

二是人民政府的征收决定。亦即,当人民政府的征收决定生效时即可导致物权变动,不需要履行法定的公示方法。依照本法以及《土地管理法》等法律的规定,所谓征收,是指国家为了公共利益的需要,依照法律规定的权限和程序,在依法给予补偿后,强制取得集体所有的土地和组织、个人的房屋及其他不动产的行为。由此可见,征收是国家所有权产生的一种特有方式。

此外,需要说明的是,根据本法第232条的规定,不动产物权人非基于民事法律行为取得不动产物权的,在未办理不动产登记之前,处分其不动产物权的,不发生物权效力。根据这一规定,如果权利人基于上述两种情形而取得物权的,在其再次处分该物权时,如果未办理相关的登记手续,则不能发生物权变动的效果,即受让人不能因此而取得物权。

第二百三十条 因继承取得物权的,自继承开始时发生效力。

释 义

本条是关于因继承取得物权的规定。

继承分为法定继承和遗嘱继承。但本条规定的继承仅指法定继承,即根据法律的直接规定,确定继承人的范围、继承顺序、继承份额以及遗产分配原则的一种继承方式。根据本法第1121条的规定,继承从被继承人死亡时开始。亦即,"继承开始时"就是指被继承人死亡之时。而死亡包括生理死亡和宣告死亡。关于生理死亡时间的确定,根据本法第15条的规定,自然人的出生时间和死亡时间,以出生证明、死亡证明记载的时间为准;没有出生证明、死亡证明的,以户籍登记或者其他有效身份登记记载的时间为准。有其他证据足以推翻以上记载时间的,以该证据证明的时间为准。关于被宣告死亡时间的确定,根据本法第 48 条的规定,被宣告死亡的人,人民法院宣告死亡的判决作出之日视为其死亡的日期;因意外事件下落不明宣告死亡的,意外事件发生之日视为其死亡的日期。

根据本条规定,被继承人死亡时,属于被继承人生前所有的不动产无须登记,动产无须交付,所有权和其他物权归属于继承人。被继承人死亡之后,如果依物权变动的一般规则,即不动产须经登记,动产须经交付,那么继承人在被继承人的遗产被登记或交付之前,被继承人的遗产将处于无主状态。倘若他人得任意处置被继承人的无主遗产,将不利于保障遗产的安全,也不利于保护继承人的利益。① 因此,本条规定自被继承人死亡时,即发生物权变动的法律效果。

需要说明的是,因遗嘱继承、受遗赠取得物权的,不属于本条规定的引起物权变动的情形。遗嘱继承是与法定继承相对的,由被继承人以遗嘱指定继承人及遗产的归属的一种继承方式。继承人因被继承人订立遗嘱这一民事法律行为而取得继承人地位。当被继承人死亡时,方能发生遗嘱继承。继承人因遗嘱继承取得被继承人财产上的权利和义务,不属于非基于民事法律行为的物权变动。而遗赠是一种单方民事法律行为,由遗嘱人通过设立合法有效的遗嘱将遗产的全部或者部分赠给法定继承人之外的人。当遗嘱人死亡时,遗赠发生法律效力。受遗赠人因受遗赠取得物权的,亦不属于非基于法律行为的物权变动。② 遗嘱继承和遗赠都是民事法律行为。因此,本条中规定的"继承",仅限于法定继承,不包括遗嘱继承及受遗赠这两种情形。③

此外,根据本法第 232 条的规定,不动产物权人非基于民事法律行为取得不动产物权的,在未办理不动产登记之前,处分其不动产物权的,不发生物权效力。根据这一规定,如果继承人基于继承而取得物权的,在其再次处分该物权时,如果未办理相关的登记手续,则不能发生物权变动的效果,即受让人不能因此而取得物权。

---

① 参见刘耀东:《论基于继承与遗赠发生的不动产物权变动——以〈物权法〉第 29 条为中心》,《现代法学》2015 年第 1 期。

② 参见崔建远:《民法分则物权编立法研究》,《中国法学》2017 年第 2 期。

③ 参见李永军等:《中华人民共和国民法物权编(专家意见稿)》,《比较法研究》2017 年第 4 期。

第二百三十一条　因合法建造、拆除房屋等事实行为设立或者消灭物权的,自事实行为成就时发生效力。

释 义

本条是关于因事实行为而设立或者消灭物权的规定。

事实行为是引起物权变动的原因之一,因事实行为引起的物权变动属于非基于民事法律行为而发生的物权变动。所谓事实行为,是指行为人没有产生一定民事法律后果的意思表示,根据法律规定发生一定民事法律后果的行为①,其不以意思表示为要素,即不考虑行为人是否有产生一定民事法律后果的意思表示,只要有法律规定的某种事实行为存在,便直接产生相应的法律效果。

根据本条规定,"自事实行为成就时发生效力",是指因事实行为引起的物权变动,不需要遵循一般物权变动的公示方法。而本条中的"成就",是指房屋建造、拆除行为完成;本条中的"发生效力",是指发生物权变动的效果,即行为人自动取得房屋所有权或自动丧失房屋所有权。

根据本条规定,在合法建造房屋的情形下,房屋建成之时即由房屋建造人取得该房屋的所有权。法律作出如此规定的原因在于:如果房屋建造人需要在进行不动产登记之后才能取得该房屋的所有权,那么在房屋建成之后、不动产登记完成之前,该房屋将处于无主状态。如此,不仅与事实不符,而且还容易发生混乱。因此,该规定不仅能够有效地克服出现权利真空的问题,而且还可以方便取得物权的人早日利用其物,更有利于相关当事人利益的保护。此外,根据本条规定,拆除房屋也可导致物权变动。此种变动的原因在于:所有权的客体灭失,导致房屋所有权的丧失。

需要说明的是,根据本法第 232 条的规定,不动产物权人非基于民事法律行为取得不动产物权的,在未办理不动产登记之前,处分其不动产物权的,不发生物权效力。根据这一规定,如果行为人基于合法建造而取得物权的,在其再次处分该物权时,如果未办理相关的登记手续,则不能发生物权变动的效果,即受让人不能因此而取得物权。

---

① 参见魏振瀛:《民法》,北京大学出版社 2017 年版,第 34 页。

第二百三十二条　处分依照本节规定享有的不动产物权,依照法律规定需要办理登记的,未经登记,不发生物权效力。

释　义

本条是关于非依民事法律行为享有的不动产物权变动的规定。

本条规定的"依照本节规定享有的不动产物权",是指非基于民事法律行为引起的不动产物权变动所享有的不动产物权。如前所述,非基于民事法律行为引起的不动产物权变动,不以登记为变动要件。具体而言,即根据本法第229条至第231条的规定,不动产物权的变动可因法院判决、政府征收决定、继承以及合法建造、拆除房屋等,直接发生效力,而不需要遵循不动产物权变动的一般公示方法,即无须进行不动产登记便可完成物权变动。

根据本条规定,"依照本节规定享有的不动产物权"的物权人"处分"该不动产物权,未依法履行法定的公示方式,则不发生物权变动的效力。即法律上不承认受让人因此而取得物权。本条之所以如此规定,其原因在于:毕竟按照公示原则,需要登记的物权在发生变动时,必须办理登记。只有在登记的情况下才能够产生公信力,从而保障交易安全。如果在未办理登记之前,就允许此类新的权利人可以随意处分自己的物权,将影响到整个交易的秩序,也可能会因财产多次转手而导致许多产权纠纷。① 因此,非基于民事法律行为取得不动产物权的人为了能够处分其不动产,就需要办理不动产登记,这样就间接强制了实际物权人进行不动产登记,从而弥补实际物权人与不动产登记簿的登记人不一致的情形,非基于民事法律行为的不动产物权变动也能从外部加以识别。

---

① 参见王利明:《物权法》,中国人民大学出版社2015年版,第62页。

第三章　物权的保护

本章是"物权的保护"的规定。该章旨在从物权的效力和物权的特殊规则出发,对物权人提供充分保障。从保护途径上来看,物权人有权选择和解、调解、仲裁、诉讼等途径保护物权;从保护方式上看,物权人可以通过行使"物权确认请求权""返还原物请求权""排除妨害与消除危险请求权""修理、重作、更换或者恢复原状请求权"以及"损害赔偿与其他民事责任请求权"等方式保护物权。

第二百三十三条　物权受到侵害的,权利人可以通过和解、调解、仲裁、诉讼等途径解决。

释　义

本条是关于物权保护途径的规定。

根据本条规定,当物权受到侵害时,物权人有权选择和解、调解、仲裁等途径进行救济,也可以依法向人民法院提起诉讼。

所谓"和解",是指当事人在自愿平等的基础上协商达成协议,以解决纠纷的一种方式。作为权利主体依靠自身手段保护和实现权利的方式,和解在纠纷解决过程中具有自治性和自主性。本条中的"和解",是指物权人和侵权人自愿达成纠纷解决协议的行为。

所谓"调解",是指由第三人居中主持协调当事人利益,并促使双方当事人自愿达成纠纷解决协议的一种活动。双方达成的调解协议虽然不具有法律强制力,但对当事人仍具有一定的约束力。本条中的"调解",是指第三人调停解决物权人和侵权人之间的物权纠纷的行为。

所谓"仲裁",是指当事人通过仲裁协议选定仲裁机构,并由仲裁机构裁决解决争议的一种活动。仲裁机构依照法律规定作出仲裁裁决,其裁决程序简易、处理争议迅速,兼具自治性和准司法性的特点。本条中的"仲裁",是指当事人之间发生物权侵害纠纷后,可以根据事前或者事后达成的仲裁协议直接向仲裁机构申请仲裁。

所谓"诉讼",是指在法院主持下依照法定程序,审理案件、解决纠纷的一种活动,包括民事、行政、刑事三大诉讼类型。诉讼以国家强制力作为保障,故具有公信力和权威性。因而,法院作出的判决具有法律强制效力。本条中的"诉讼",主要是指提起民事诉讼。即物权受到侵害后,权利人以提起民事诉讼的方式对物权进行保护。

第二百三十四条　因物权的归属、内容发生争议的,利害关系人可以请求确认权利。

释　义

本条是关于物权确认请求权的规定。

本条规定的"物权确认请求权",是指利害关系人就物权的归属、内容发生争议时,享有的请求有关机关或者法院对物权归属、权利内容予以确认的权利。物权确认请求权发挥着确认产权、定分止争的作用,是物权保护的一项重要内容。从性质上来看,物权确认请求权不属于物权请求权的范畴,而是与其并列的一种物权保护方法。其原因如下:一是产生基础不同。物权请求权以物权的存在为基础,是权利人在其物权受到侵害后的救济手段;而物权确认请求权是在权利状态不清的前提下产生的,此时利害关系人并不当然享有物权,故物权确认请求权的行使要先于物权请求权。二是权利的行使方式不同。物权请求权的行使可以通过私力救济的方式由权利人直接向义务人主张,也可以提起诉讼;而物权确认请求权只能向国家机关主张,不能采取私力救济的方式。

本条中的"物权确认请求权",包括以下两个方面的内容:

一是"对物权归属的确认"。所谓物权归属的确认,就是确认物权的权利主体,即确认对特定的物权享有直接支配和排他权利的权利人。具体而言,物权归属的确认,包括:(1)对所有权归属的确认。所有权的确认是保护所有权的前提。在所有权的权利状态不清的情况下,返还原物、排除妨害等物权请求权就丧失了所有权这一实体权利基础,所有权的保护方式将无从适用。(2)对他物权归属的确认。物权确认请求权也适用于对他物权的确认。例如,若被抵押的房屋在拍卖时发生抵押权争议,此时抵押权人有权提起担保物权确认之诉,请求法院对其抵押权的归属予以确认。

二是"对物权内容的确认"。所谓物权内容的确认,是指当事人在对物权的内容发生争议时,有权请求有关机关或者法院对物权的内容加以确认。例如,登记机构将他人房屋的面积登记错误,或者将抵押权所担保的债权数额错误记载,权利人在向登记机构提出更正登记遭到拒绝后,有权请求法院确认其物权。

根据本条规定,物权确认请求权的权利主体仅限于"利害关系人"。本条中的"利害关系人",包括真正权利人、对物主张权利的人,以及与他们具有债权债务关系的人。本条将物权确认请求权的主体限定为利害关系人,其原因在于:如果任何人都可以主张确认权利,那么会增加法院的诉讼负担,也将不利于财产秩序的稳定。

第二百三十五条 无权占有不动产或者动产的,权利人可以请求返还原物。

释 义

本条是关于返还原物请求权的规定。

所谓"返还原物请求权",是指权利人对无权占有或侵夺其物的人,有权请求其返还占有物。该项请求权是由所有权所派生的请求权,并且是所有权效力的直接体现,只要他人无权占有或侵夺权利人的财产,权利人都可以通过行使该项请求权而恢复其物权的圆满状态。

本条规定的"返还原物请求权",其适用条件为:(1)返还原物请求权的主体即请求权人,应为失去对物的占有的物权人。既包括所有权人,也包括他物权人。例如,当抵押物被第三人非法侵占时,所有权人(抵押人)可以请求返还原物,抵押权人也可以基于抵押权而请求第三人返还原物。(2)须有他人无权占有或侵夺物权人的物的事实。所谓无权占有,通常是指缺乏占有的本源,换言之,是指相对人无法律和合同的依据而占有所有人的财产。① 所谓侵夺,是指违背物权人的意思而强行取得并占有物权人的物。(3)须有无权占有物的相对人。返还原物请求权的相对人应为现实即在权利人提出请求时占有其物的人,即现在占有人,包括直接占有人和间接占有人。亦即,物权人只有向现在的占有人提出请求,才能使标的物实际返还给所有人。(4)须以原物的存在为前提。因为返还原物请求权的目的就是为了保护物权的圆满状态,如果原物已经灭失,实际上物权因其客体的灭失而消灭,此时物权人只能要求无权占有人承担违约赔偿责任或侵权赔偿责任。如果原物仍然存在,但是遭受了损毁,则物权人可以请求无权占有人返还,并承担修理、恢复原状的责任;如果物权人遭受了损失,还可以要求无权占有人承担侵权赔偿责任。此外,返还原物不仅包括返还原标的物,还包括返还孳息。(5)请求权人须就对标的物享有物权的事实负举证责任。亦即,应由权利人就其所享有的合法物权进行举证;如果权利人对这一点不能举证证明,则不论相对人就占有和抢夺事实有无抗辩,请求人均应受败诉的判决。

本条规定的返还原物请求权,旨在要求相对人返还所有物,故从效力上来看,此种请求权行使的直接法律效力就是标的物占有的移转。但除标的物的移转外,行使此项请求权还涉及孳息返还、赔偿损失及费用补偿等问题。②

对于本条规定的返还原物请求权是否适用诉讼时效的问题,存在争议。根据本法第196条的规定,停止侵害、排除妨碍或者消除危险请求权不适用诉讼时效;而对同属物权请求权的返还原物请求权仅规定为,不动产物权和登记的动产物权的权利人请求返还财产的不适用诉讼时效。因此,对于普通未进行登记的动产物权的权利人请求返还原物是否适用诉讼时效,就成为争议的重点。本书认为,从文义解释上来看,只有未登记的动产物权人享有的返还原物请求权适用诉讼时效。

第二百三十六条 妨害物权或者可能妨害物权的,权利人可

① 参见王利明:《物权法》,中国人民大学出版社2015年版,第42页。
② 参见王利明:《物权法》,中国人民大学出版社2015年版,第43页。

以请求排除妨害或者消除危险。

释　义

本条是关于排除妨害与消除危险请求权的规定。

根据本条规定,当物权的圆满状态受到除占有以外的方式妨害或有被妨害的危险时,物权人得以请求行为人排除妨害或消除危险,以恢复其物权的圆满状态。此时,物权人享有的请求权包括:

一是排除妨害请求权。所谓排除妨害请求权,是指当物权的享有和行使受到占有以外的方式妨害时,物权人对妨害人享有请求其排除妨害,使自己的权利恢复圆满状态的权利。该项请求权的行使必须符合以下构成要件:(1)请求权的主体为该标的物的物权人。不仅包括所有权人,还包括他物权人。(2)须有妨害行为的发生。所谓"妨害",是指以占有以外的方法,影响物权人正常行使其物权。从形态上来看,妨害一般包括以下几种情况:其一,行为人非法利用他人财产致使物权人不能对其财产行使物权。其二,非法为所有权设定负担,如擅自在他人不动产上设定抵押权。其三,其他妨害行为。(3)妨害须为不法或超出了正常的容忍限度。亦即,行为人实施的"妨害"没有法律上的依据。换言之,如果行为人实施某种行为具有法律上或合同上的依据(如承租人正当使用房屋、某人紧急避险而给所有人造成妨害),则尽管对物权人构成妨害,物权人也不得请求行为人排除妨害。所谓"超出了正常的容忍限度",是指物权人应当容忍他人轻微的、正当的妨害。在他人实施了轻微的妨害的情况下,物权人不得请求予以排除。至于轻微妨害的判断,一是要看妨害是否超出了一个合理的人能够容忍的范围;二是需要考虑所有人容忍此种妨害是否将使其所有权不能得到正常行使。[1]

二是消除危险请求权。消除危险请求权也称妨害防止请求权、妨害预防请求权,是指物权虽未受到现实妨害,但在面对将要发生的侵害或者有受到妨害的危险时,物权人有请求相对人为一定行为或者不为一定行为,以消除既存危险并避免侵害发生的权利。该项请求权的行使必须符合以下构成要件:(1)请求权的主体为该标的物的物权人。不仅包括所有权人,还包括他物权

---

[1]　参见王利明:《物权法》,中国人民大学出版社2015年版,第47页。

人。(2)须有"危险"行为的存在。本条中的"危险",是指他人的行为或者设施可能造成自己占有物的损害。危险的判断标准为:其一,危险必须是可以合理预见的,而不是主观臆测的。例如,房屋倒塌必须是按照一般的社会观念或者工程建设领域普通技术人员的认识,其确有可能倒塌。其二,危险必须是确实存在且有对他人财产造成损害的可能。如邻人的大树有可能倾倒,砸坏自己的房屋。①

第二百三十七条　造成不动产或者动产毁损的,权利人可以依法请求修理、重作、更换或者恢复原状。

释　义

本条是关于修理、重作、更换或者恢复原状请求权的规定。

根据本条规定,不动产或者动产毁损的,权利人可以依法请求修理、重作、更换;能够恢复原状的,权利人可以依法请求恢复原状。修理、重作、更换和恢复原状还作为民事责任的承担方式被规定在本法第179条第1款中。由此可见,修理、重作、更换以及恢复原状是物权保护的基本方式。

本条中的"修理",是指由于物本身产生缺陷而对受损坏之物进行加工,以去除缺陷并使其恢复原来的形状或作用的行为。例如,风扇扇叶因受损而影响其使用,权利人可以主张修理扇叶达到风扇可正常使用的效果。

本条中的"重作",是指依照原有规格重新制作一个新物的行为。一般而言,"重作"的原因在于,原物通过"修理"仍然无法恢复其原状和功能。否则,就无须"重作"。

本条中的"更换",是指用另一同等物替换原物的行为。"更换"与"重作"虽然均由新物代替了原物,但两者还是存在差异:"更换"中的新物与原物关系不大,只是相同的种类物;而"重作"出的新物,与原物关系密切,是依原物而作的特定物,是原物的替代物。

本条中的"恢复原状",是指使用修理之外的其他手段恢复物原来的完好状态的行为。恢复原状请求权通常是在权利人的动产或者不动产造成损毁的

---

① 参见王利明:《物权法》,中国人民大学出版社2015年版,第48页。

情况下被采用的。一般来说,财产被损毁之后,在经济上可以利用,并且权利人可以继续利用,行为人应当采取措施以恢复财产的原状。但如果财产已经造成了灭失或者无法恢复原状,或者恢复原状费用过高,而权利人又不愿意修补,则权利人只能够采取损害赔偿的方式,而不能采取恢复原状的方法。

对于本条中规定的"修理、重作、更换"与"恢复原状"的关系,学说上存在争议。例如,有的学者认为,修理、重作、更换有别于恢复原状,它们不仅各自含义不同,而且适用不同情形。修理适用于物本身发生缺陷需要修补的情形,重作、更换适用于原物已无法达到所期功用的情形,恢复原状适用于物无缺陷但原状被改变的情形,它们之间是并列的关系。而有的学者则认为,修理、重作和更换本质上也属于恢复原状①,在目的上都追求恢复物的原状或功能。本书认为,从体系和文义解释上看,"修理、重作、更换"与"恢复原状"有别。两者在适用的范围、条件以及目的等方面均存在较大差别。

此外,对于本条规定的修理、重作、更换或者恢复原状请求权的性质,认识上也存在分歧。一种观点认为,修理、重作、更换或者恢复原状请求权为物权请求权,是物权人所享有的物权救济权;而另一种观点认为,修理、重作、更换或者恢复原状请求权属于债权请求权,所谓的物权请求权仅包括返还原物请求权、排除妨害请求权、消除危险请求权等。本书认为,从民法传统理论以及本法侵权责任编的相关规定来看,本条中规定的上述请求权不属于物权请求权的范畴。

第二百三十八条　侵害物权,造成权利人损害的,权利人可以依法请求损害赔偿,也可以依法请求承担其他民事责任。

释　义

本条是关于损害赔偿和其他民事责任请求权的规定。

根据本条规定,物权受到侵害,给权利人造成损害的,物权人依法享有请求侵权人进行损害赔偿的权利。实际上,这种规定在我国原有的民事法律中

---

① 参见尹志强:《侵权法的地位及与民法典各编关系的协调》,《华东政法大学学报》2019 年第 2 期。

较为普遍。例如,《民法通则》第 117 条规定,侵占国家的、集体的财产或者他人财产的,应当返还财产,不能返还财产的,应当折价赔偿。损坏国家的、集体的财产或者他人财产的,应当恢复原状或者折价赔偿。受害人因此遭受其他重大损失的,侵害人并应当赔偿损失。赔偿损失还作为民事责任的承担方式被规定在《民法通则》第 134 条第 1 款和本法第 179 条第 1 款中。由此可见,本条规定的"损害赔偿"请求权是物权保护的基本方式。

根据本条规定,该种"损害赔偿请求权"的行使要件主要包括三点:一是须有侵害物权行为的发生。亦即,加害人已经实施了侵害物权的行为。二是须有损害事实的存在。亦即,物权遭受的损害已经发生,物权人的财产损失客观存在。三是加害人须有过错。亦即,遭受损害的物权人要主张权利就必须举证证明加害人具有过错。如不能证明加害人具有过错,则加害人不负损害赔偿责任。

关于本条中损害赔偿请求权的性质问题,学界争议很大,而它的性质问题又与物权保护方式这一问题息息相关。关于物权保护方式,学界主要有三种观点。第一种观点主张用侵权请求权取代物权请求权,引致侵权责任法去落实物权保护。在这种方式下,请求损害赔偿实际就变成了请求承担侵权责任,它的成立就需要满足侵权责任法中的要件要求,权利人损害赔偿的主张要受到诉讼时效的限制。第二种观点主张应回归传统民法,仅认可返还原物请求权、排除妨害请求权、消除危险请求权为物权请求权,将侵权责任承担方式限定为损害赔偿,同时认可独立于侵权请求权的物权请求权,二者结合完成对物权进行保护的使命,此时损害赔偿请求权仍是侵权法上的债权请求权。第三种观点是双重保护,既认可侵权责任模式也认可独立的物权请求权,共同完成保护物权的任务,二者在一定范围内属于竞合关系。这种情况下,返还原物、排除妨害、消除危险、损害赔偿请求权等并非是绝对的债权请求权。[①] 本书赞成第二种观点,即本条规定的损害赔偿请求权不属于物权请求权,而应为侵权请求权。

此外,根据本条规定,权利人除了可以请求赔偿损失以外,"也可以依法请求承担其他民事责任"。而根据本法第 179 条第 1 款规定,承担民事责任的方式主要有:(一)停止侵害;(二)排除妨碍;(三)消除危险;(四)返还财产;

[①] 参见王轶:《民法典如何保护物权》,《中国法律评论》2019 年第 1 期。

(五)恢复原状;(六)修理、重作、更换;(七)继续履行;(八)赔偿损失;(九)支付违约金;(十)消除影响、恢复名誉;(十一)赔礼道歉。因此,本条中的"也可以依法请求承担其他民事责任",具体包括:(1)物权正在受妨害的,权利人可以请求侵权人停止侵害行为、排除妨碍,也可以请求有关机关制止侵权行为、排除妨碍。(2)物权可能受妨害的,权利人可以消除危险。(3)无权占有动产或不动产的,权利人可以请求返还原物。(4)造成物毁损的,权利人可以请求修理、重作、更换或者恢复原状。

第二百三十九条 本章规定的物权保护方式,可以单独适用,也可以根据权利被侵害的情形合并适用。

释 义

本条是关于物权保护方式适用的规定。

如上所述,本章规定了在不同情形下权利人可主张的物权保护方式。例如,当物权归属、内容发生争议时,权利人可以请求确认物权;当侵害人无权占有动产或不动产时,权利人可以请求返还原物;当物权受妨害或者可能受妨害时,权利人可以请求排除妨害或者消除危险;当侵害人造成物毁损的,权利人可以请求修理、重作、更换或者恢复原状。

根据本条规定,上述物权保护方式并不是相互对立排斥的。权利人根据物权受侵害的具体情形等实际情况,可以选择单独适用一种物权保护模式,也可以选择合并适用几种物权保护模式。物权保护方式的单独适用和合并适用,其目的是一致的,即让物权人的物权能够得到保护。当然,如果物权人择一适用即可实现物权保护的目的,就无须合并适用物权保护方式。

第二分编

所　有　权

第四章 一般规定

　　本章是所有权的"一般规定"。该章规定了所有权的含义;所有权与用益物权、担保物权的关系;专属于国家的财产所有权的保护;征收及其补偿;对耕地实行的特殊保护;征用及其补偿等内容。所有权的一般规定是对所有权编中的共同问题和重要问题所作的规定。本章关于所有权的含义、所有权与用益物权、担保物权的关系的规定,属于所有权编中的共同性规定,适用于所有权编的其他各章。本章关于专属于国家的财产所有权的保护、征收及其补偿、对耕地实行的特殊保护、征用及其补偿等内容的规定,是对所有权编中的重要问题所作的规定。

　　第二百四十条　所有权人对自己的不动产或者动产,依法享有占有、使用、收益和处分的权利。

释　义

　　本条是关于所有权含义的规定。

　　根据本条规定,所谓所有权,是指所有人对自己的不动产或者动产依法享有占有、使用、收益、处分的权利。所有权是物权的一种最典型的法律形态,具有物权的一般特征。所有权与其他物权相比较,具有以下法律特征:

　　1.完全性。所有权人对自己的不动产或者动产,在法律允许的范围内全面地享有占有、使用、收益、处分的权利。因此,所有权是完全物权,是他物权的基础和源泉。而土地承包经营权、建设用地使用权、地役权、宅基地使用权、居住权、抵押权、质权和留置权等他物权都只能在一定范围内支配标的物,他物权人只享有所有权的某一项或者某几项权能。所以,他物权又称限制物权。

2. 单一性。所有权人对自己的不动产或者动产的支配,不是占有、使用、收益、处分权能的简单相加,而是具有统一的、整体的支配力。正是由于所有权具有单一性,所以,所有权本身不能在时间上或者内容上进行分割。在所有的不动产或者动产上设立一项用益物权或者担保物权,不是将所有权的一部分加以转让,而是属于创设一项独立的物权。

3. 恒久性。所有权的存在没有期限限制。任何对所有权存续期限的约定,都是无效的。这一点与他物权不同。他物权是有期限的,即只能在法定或约定的期限内存在,期限届满后权利即消灭。

4. 弹力性。由于他物权的设立,所有权的占有、使用、收益、处分权能与作为整体的所有权相分离。例如,在国家所有的土地上设立建设用地使用权,建设用地使用权人依法对国家所有的土地享有占有、使用和收益的权利。同时,这种分离是暂时的,当他物权消灭时,所有权便恢复至它的圆满状态。例如,建设用地使用权终止时,国家对土地的占有、使用、收益和处分权能便复归原位。

根据本条规定,所有权具有以下四项权能:

1. 占有。占有是指对不动产或动产的实际掌握、控制。占有是对不动产或动产进行使用的前提。占有作为所有权的一项基本权能,所有权人可以合法地占有自己的不动产或动产。当然,非所有人也可以基于合法的原因取得他人不动产或动产的占有权能。

2. 使用。使用是指对不动产或动产进行利用,以实现不动产或动产的使用价值。该使用权能是以对不动产或动产的占有为前提的。但是,使用权能仍是一项独立的权能,在某些情形下,享有物的占有权能不一定就享有物的使用权能。例如,质权人、保管人就只能对标的物进行占有而不能对标的物进行使用。

3. 收益。收益是指收取由标的物产生出来的经济价值。由标的物所产生的经济价值,包括由标的物产生的孳息(天然孳息和法定孳息),以及使用标的物产生的利润等。收益权能是所有权的一项重要权能,但它可以与所有权分离。例如,国家将国有土地使用权出让给有关单位,有关单位对国有土地享有占有、使用和收益的权能,而土地的所有权属于国家。

4. 处分。处分是指依法对不动产或动产进行处置。处分有法律上的处分与事实上的处分两种形式。法律上的处分是依照所有权人的意愿,对不动产或动产进行的处置。例如,所有权人将自己的不动产或动产转让给他人、为他人的债务设定担保等。事实上的处分是对不动产或动产的物质形态进行变更或消灭。例如,将房屋拆除、食品被吃掉等。

第二百四十一条 所有权人有权在自己的不动产或者动产上设立用益物权和担保物权。用益物权人、担保物权人行使权利,不得损害所有权人的权益。

释 义

本条是关于设立他物权的规定。

根据本条规定,所有权人在自己的不动产或动产上设立用益物权和担保物权,是所有权人行使所有权的具体表现。依据本法第 323 条的规定,用益物权是对他人所有的不动产或者动产,依法享有占有、使用和收益的权利。可见,所有权人通过在自己的不动产或动产上设立用益物权,将不动产或动产的占有、使用、收益权能交由用益物权人行使。例如,集体土地所有权人在自己的土地上为农户设立土地承包经营权,那么土地承包经营权人便对集体所有的土地享有占有、使用、收益的权利。依据本法第 386 条的规定,担保物权是在债务人不履行到期债务或者发生当事人约定的实现担保物权的情形,依法享有就担保财产优先受偿的权利。据此,所有权人可以将自己的不动产或动产为自己的债务或他人的债务向债权人提供担保。当所有权人或债务人不履行到期债务或发生当事人约定的情形时,债权人有权就用于担保的不动产或动产卖得价款优先受偿。

根据本条规定,用益物权人、担保物权人可以依法对他人所有的不动产或动产享有用益物权、担保物权。但用益物权人、担保物权人行使权利,不得损害所有权人的权益。例如,土地承包经营权人应当依法保护和合理利用土地,不得给土地造成永久性损害。以动产设立质权的,质权人应当妥善保管该动产,不得造成该动产损毁、灭失,否则,应当承担赔偿责任。

第二百四十二条 法律规定专属于国家所有的不动产和动

产,任何组织或者个人不能取得所有权。

释 义

本条是关于专属于国家的财产所有权的规定。

根据宪法、本法和其他法律的规定,下列财产属于国家所有:

1.城市的土地,以及法律规定属于国家所有的农村土地和城市郊区的土地。

2.矿藏、水流、海域。

3.森林、山岭、草原、荒地、滩涂等自然资源,但是法律规定属于集体所有的除外。

4.法律规定属于国家所有的野生动植物资源。

5.无线电频谱资源。

6.法律规定属于国家所有的文物。

7.国防资产。

8.铁路、公路、电力设施、电信设施和油气管道等基础设施,依照法律规定为国家所有的,属于国家所有。

9.专属于国家所有的其他财产。

专属于国家的不动产或动产范围十分广泛,不限于上述法律所列举的不动产或动产类型。本条规定,专属于国家所有的不动产和动产,任何组织或者个人不能取得所有权。这是因为:国家所有权本质上是社会主义全民所有制在法律上的表现。由于现阶段不可能由社会全体成员直接占有社会生产资料,单个社会成员也不可能代表全体社会成员支配生产资料,因此,必须由国家来实现对全民生产资料的支配。公有制的建立,使社会主义国家能够按照全体人民的共同利益,对全民所有制领域的经济活动进行统一领导和必要管理。社会主义全民所有制在法律上表现为国家所有权,有其客观必然性。①正是基于此,专属于国家的不动产和动产,任何组织或个人均不得据为己有。

第二百四十三条 为了公共利益的需要,依照法律规定的权

---

① 参见王利明:《物权法教程》,中国政法大学出版社 2003 年版,第 131 页。

限和程序可以征收集体所有的土地和组织、个人的房屋以及其他
不动产。

　　征收集体所有的土地,应当依法及时足额支付土地补偿费、
安置补助费以及农村村民住宅、其他地上附着物和青苗等的补偿
费用,并安排被征地农民的社会保障费用,保障被征地农民的生
活,维护被征地农民的合法权益。

　　征收组织、个人的房屋以及其他不动产,应当依法给予征收
补偿,维护被征收人的合法权益;征收个人住宅的,还应当保障被
征收人的居住条件。

　　任何组织或者个人不得贪污、挪用、私分、截留、拖欠征收补
偿费等费用。

释 义

　　本条是关于征收的规定。

　　本条规定的征收,是指国家以行政命令方式取得他人财产所有权的行为。
从性质上来看,征收是国家取得所有权的一种特殊形式,也是对他人财产所有
权的一种限制。因此,本条第 1 款规定,国家征收集体所有的土地和组织、个
人的房屋以及其他不动产,必须是为了公共利益的需要。这与我国宪法的规
定是一致的。《宪法》第 10 条第 3 款规定:"国家为了公共利益的需要,可以
依照法律规定对土地实行征收或者征用并给予补偿。"第 13 条第 3 款规定:
"国家为了公共利益的需要,可以依照法律规定对公民的私有财产实行征收
或者征用并给予补偿。"马克思指出:"正是由于私人利益和公共利益之间的
这种矛盾,公共利益才以国家的姿态而采取一种和实际利益(不论是单个的
还是共同的)脱离的独立形式,也就是说采取一种虚幻的共同体的形式。"①而
对公共利益的含义,在理论上存在着不同的观点。在不同国家和地区的不同
发展阶段,公共利益的界定也有所不同。鉴于此,本法对公共利益的概念没有
作出统一的具体界定。

　　而 2011 年国务院颁布的《国有土地上房屋征收与补偿条例》第 8 条中对

---

① 《马克思恩格斯全集》第 3 卷,人民出版社 1960 年版,第 37—38 页。

公共利益的范围进行了规定,具体如下:(1)国防和外交的需要。根据《国防法》的有关规定,国防是指国家为防备和抵抗侵略,制止武装颠覆,保卫国家的主权、统一、领土完整和安全所进行的军事活动,以及与军事有关的政治、经济、外交、科技、教育等方面的活动,是国家生存与发展的安全保障。外交通常是指一个国家为了实现其对外政策,通过互相在对方首都设立使馆,派遣或者接受特别使团,领导人访问,参加联合国等国际组织,参加政府性国际会议,用谈判、通讯和缔结条约等方法,处理其国际关系的活动。就征收而言,国防需要主要是建设国防设施的需要,外交需要主要是建设使馆的需要等。(2)由政府组织实施的能源、交通、水利等基础设施建设的需要。依据《划拨用地目录》(国土资源部令第9号)的规定,能源、交通、水利等基础设施包括石油天然气设施;煤炭设施;电力设施;水利设施;铁路交通设施;公路交通设施;水路交通设施;民用机场设施;等等。(3)由政府组织实施的科技、教育、文化、卫生、体育、环境和资源保护、防灾减灾、文物保护、社会福利、市政公用等公共事业的需要。(4)由政府组织实施的保障性安居工程建设的需要。依照《国务院办公厅关于促进房地产市场平稳健康发展的通知》(国办发〔2010〕4号)的规定,保障性安居工程主要包括:城市棚户区改造;廉租住房及经济适用住房;限价商品住房、公共租赁住房;农村危房;等等。(5)由政府依照城乡规划法有关规定组织实施的对危房集中、基础设施落后等地段进行旧城区改建的需要。《城乡规划法》第31条规定:"旧城区的改建,应当保护历史文化遗产和传统风貌,合理确定拆迁和建设规模,有计划地对危房集中、基础设施落后等地段进行改建。"由政府依据该法的规定进行的旧城区改建,属于公共利益的需要。(6)法律、行政法规规定的其他公共利益的需要。这是一项兜底条款,公共利益的范围还包括法律、行政法规规定的其他方面。此外,《土地管理法》第45条对公共利益也进行了规定,具体是指:(1)军事和外交需要用地的;(2)由政府组织实施的能源、交通、水利、通信、邮政等基础设施建设需要用地的;(3)由政府组织实施的科技、教育、文化、卫生、体育、生态环境和资源保护、防灾减灾、文物保护、社区综合服务、社会福利、市政公用、优抚安置、英烈保护等公共事业需要用地的;(4)由政府组织实施的扶贫搬迁、保障性安居工程建设需要用地的;(5)在土地利用总体规划确定的城镇建设用地范围内,经省级以上人民政府批准由县级以上地方人民政府组织实施的成片开发建设需要用地的;(6)法律规定为公共利益需要可以征收农民集体所有的土地的其他情形。

根据本条规定,征收应当依照法律规定的权限和程序进行。《土地管理法》第46条对征收集体所有的土地的权限和程序作了明确规定。征收下列土地的,由国务院批准:(1)永久基本农田;(2)永久基本农田以外的耕地超过三十五公顷的;(3)其他土地超过七十公顷的。征收上述规定以外的土地的,由省、自治区、直辖市人民政府批准。征收农用地的,应当依照规定先行办理农用地转用审批。其中,经国务院批准农用地转用的,同时办理征地审批手续,不再另行办理征地审批;经省、自治区、直辖市人民政府在征地批准权限内批准农用地转用的,同时办理征地审批手续,不再另行办理征地审批,超过征地批准权限的,应当依照规定另行办理征地审批。《国有土地上房屋征收与补偿条例》第二章对征收国有土地上的房屋的权限与程序也加以了规定。具体如下:(1)确需征收房屋的各项建设活动,应当符合国民经济和社会发展规划、土地利用总体规划、城乡规划和专项规划。保障性安居工程建设、旧城区改建,应当纳入市、县级国民经济和社会发展年度计划。(2)房屋征收部门拟定征收补偿方案,报市、县级人民政府。市、县级人民政府应当组织有关部门对征收补偿方案进行论证并予以公布,征求公众意见。征求意见期限不得少于30日。(3)市、县级人民政府作出房屋征收决定前,应当按照有关规定进行社会稳定风险评估;房屋征收决定涉及被征收人数量较多的,应当经政府常务会议讨论决定。作出房屋征收决定前,征收补偿费用应当足额到位、专户存储、专款专用。

本条第2款是关于征收集体所有土地进行补偿的规定。为了保护集体和农民个人的权益,本法规定征收集体所有的土地,依法及时足额支付土地补偿费、安置补助费以及农村村民住宅、其他地上附着物和青苗等的补偿费用,并安排被征地农民的社会保障费用,保障被征地农民的生活,维护被征地农民的合法权益。根据《土地管理法》第48条的规定,征收农用地的土地补偿费、安置补助费标准由省、自治区、直辖市通过制定公布区片综合地价确定。制定区片综合地价应当综合考虑土地原用途、土地资源条件、土地产值、土地区位、土地供求关系、人口以及经济社会发展水平等因素,并至少每三年调整或者重新公布一次。征收农用地以外的其他土地、地上附着物和青苗等的补偿标准,由省、自治区、直辖市制定。县级以上地方人民政府应当将被征地农民纳入相应的养老等社会保障体系。被征地农民的社会保障费用主要用于符合条件的被征地农民的养老保险等社会保险费补贴。被征地农民社会保障费用的筹集、管理和使用办法,由省、自治区、直辖市制定。

本条第 3 款是关于征收组织、个人的房屋及其他不动产予以补偿的规定。为了保障组织、个人的权益,本法规定征收组织、个人的房屋及其他不动产,应当依法给予征收补偿;征收个人住宅的,还应当保障被征收人的居住条件。《国有土地上房屋征收与补偿条例》第三章对征收国有土地上房屋的补偿范围作了具体规定。即作出房屋征收决定的市、县级人民政府对被征收人给予的补偿包括:(1)被征收房屋价值的补偿;(2)因征收房屋造成的搬迁、临时安置的补偿;(3)因征收房屋造成的停产停业损失的补偿。《土地管理法》第 48 条规定,征收农村村民住宅,应当按照先补偿后搬迁、居住条件有改善的原则,尊重农村村民意愿,采取重新安排宅基地建房、提供安置房或者货币补偿等方式给予公平、合理的补偿,并对因征收造成的搬迁、临时安置等费用予以补偿,保障农村村民居住的权利和合法的住房财产权益。

征收补偿费用属于集体、有关组织或个人所有。为了避免现实生活中出现征收补偿费用不到位、侵占补偿费用等行为,本条第 4 款规定,任何组织或者个人不得贪污、挪用、私分、截留、拖欠征收补偿费等费用。

第二百四十四条 国家对耕地实行特殊保护,严格限制农用地转为建设用地,控制建设用地总量。不得违反法律规定的权限和程序征收集体所有的土地。

释 义

本条是关于对耕地实行特殊保护的规定。

耕地作为人类赖以生存和利用的基础性资源,是社会永续发展的命脉。中国耕地资源总量居世界第 4 位,但国土广袤并不能遮盖人均耕地少、高质量耕地少和后备资源少的窘境。根据自然资源部发布的《2017 中国土地矿产海洋资源统计公报》,2016 年年末,全国共有农用地 64512.66 万公顷,其中耕地 13492.10 万公顷(20.24 亿亩)。2016 年,全国因建设占用、灾毁、生态退耕、农业结构调整等减少耕地面积 34.50 万公顷,通过土地整治、农业结构调整等增加耕地面积 26.81 万公顷,年内净减少耕地面积 7.69 万公顷。为了切实保护耕地,本条作了原则性规定。

早在 20 世纪 80 年代,中央政府就开始高度重视对耕地的保护,并出台了相关政策。1986 年《中共中央国务院关于加强土地管理、制止乱占耕地的通知》首次提出"十分珍惜和合理利用每寸土地,切实保护耕地"的基本国策;1998 年《土地管理法》确立了耕地保护基本国策的法律地位。根据《土地管理法》等法律法规的规定,对耕地特殊保护的制度如下:

1. 国家保护耕地,严格控制耕地转为非耕地。国家实行占用耕地补偿制度。非农业建设经批准占用耕地的,按照"占多少,垦多少"的原则,由占用耕地的单位负责开垦与所占用耕地的数量和质量相当的耕地;没有条件开垦或者开垦的耕地不符合要求的,应当按照省、自治区、直辖市的规定缴纳耕地开垦费,专款用于开垦新的耕地。省、自治区、直辖市人民政府应当制定开垦耕地计划,监督占用耕地的单位按照计划开垦耕地或者按照计划组织开垦耕地,并进行验收。

2. 县级以上地方人民政府可以要求占用耕地的单位将所占用耕地耕作层的土壤用于新开垦耕地、劣质地或者其他耕地的土壤改良。

3. 国家实行永久基本农田保护制度。下列耕地应当根据土地利用总体规划划为永久基本农田,实行严格保护:(1)经国务院农业农村主管部门或者县级以上地方人民政府批准确定的粮、棉、油、糖等重要农产品生产基地内的耕地;(2)有良好的水利与水土保持设施的耕地,正在实施改造计划以及可以改造的中、低产田和已建成的高标准农田;(3)蔬菜生产基地;(4)农业科研、教学试验田;(5)国务院规定应当划为永久基本农田的其他耕地。各省、自治区、直辖市划定的永久基本农田一般应当占本行政区域内耕地的百分之八十以上,具体比例由国务院根据各省、自治区、直辖市耕地实际情况规定。

4. 非农业建设必须节约使用土地,可以利用荒地的,不得占用耕地;可以利用劣地的,不得占用好地。禁止占用耕地建窑、建坟或者擅自在耕地上建房、挖砂、采石、采矿、取土等。禁止占用永久基本农田发展林果业和挖塘养鱼。

5. 禁止任何单位和个人闲置、荒芜耕地。已经办理审批手续的非农业建设占用耕地,一年内不用而又可以耕种并收获的,应当由原耕种该耕地的集体或者个人恢复耕种,也可以由用地单位组织耕种;一年以上未动工建设的,应当按照省、自治区、直辖市的规定缴纳闲置费;连续二年未使用的,经原批准机关批准,由县级以上人民政府无偿收回用地单位的土地使用权;该幅土地原为农民集体所有的,应当交由原农村集体经济组织恢复耕种。

此外,征收集体所有的土地,必须符合法律规定的权限和程序。对此,本法第243条和《土地管理法》已作了明确规定。

第二百四十五条　因抢险救灾、疫情防控等紧急需要,依照法律规定的权限和程序可以征用组织、个人的不动产或者动产。被征用的不动产或者动产使用后,应当返还被征用人。组织、个人的不动产或者动产被征用或者征用后毁损、灭失的,应当给予补偿。

释　义

本条是关于征用的规定。

征用是指国家因抢险救灾、疫情防控等紧急需要而强制使用组织、个人的不动产或者动产的行为。我国《宪法》《土地管理法》《国家安全法》《传染病防治法》等法律都对征用作了规定。例如,《宪法》第10条第3款规定:"国家为了公共利益的需要,可以依照法律规定对土地实行征收或者征用并给予补偿。"第13条第3款规定:"国家为了公共利益的需要,可以依照法律规定对公民的私有财产实行征收或者征用并给予补偿。"《土地管理法》第2条第4款规定:"国家为了公共利益的需要,可以依法对土地实行征收或者征用并给予补偿。"

依据本条的规定,征用具有以下特征:

1. 征用是国家通过行使行政权,对组织和个人财产权的限制。正是由于征用发生的前提是国家因抢险救灾、疫情防控等紧急需要,所以征用他人的财产不需要征得其同意,这实际上是对财产权人权利的限制。不过,征收与征用有所不同。征收将导致被征收人所有权移转,征收人取得被征收财产的所有权;而征用仅引起使用权的移转,主要表现为对所有权的限制,而不发生所有权的移转。征用只是临时使用他人的财产,征用结束后应将被征用的不动产或动产返还给他人。

2. 征用的目的是抢险救灾、疫情防控等紧急需要。在抢险救灾、疫情防控等紧急状态下,国家需要动用一切人力、物力进行救助,因此,法律允许国家以行政命令征用组织、个人的不动产或者动产。

3. 征用必须符合法律规定的权限和程序。之所以这样规定,是因为:一方面,为了保护组织、个人财产权的需要。征用是对组织、个人财产权在一定期限内的限制。为防止损害被征用人的利益,必须强调要遵循法定的程序,通过程序来保障财产权人的合法权益。另一方面,有利于政府依法行政,避免滥用职权。例如,《传染病防治法》第45条规定:"传染病暴发、流行时,根据传染病疫情控制的需要,国务院有权在全国范围或者跨省、自治区、直辖市范围内,县级以上地方人民政府有权在本行政区域内紧急调集人员或者调用储备物资,临时征用房屋、交通工具以及相关设施、设备。"

4. 被征用人有获得补偿的权利。由于征用实施后,合理解决财产权人的补偿问题是维护公民财产权益、保持社会稳定的重要步骤,所以本条规定单位、个人的不动产或者动产被征用或者征用后毁损、灭失的,应当给予补偿。

第五章 国家所有权和集体所有权、私人所有权

▌本章导言 ▶

本章是所有权类型的规定。根据主体不同,本章规定了"国家所有权""集体所有权"以及"私人所有权"等三种类型,并分别对这三种类型的所有权的含义、客体范围、所有权的行使及其保护等内容进行了规定。

第二百四十六条 法律规定属于国家所有的财产,属于国家所有即全民所有。

国有财产由国务院代表国家行使所有权。法律另有规定的,依照其规定。

释 义

本条是关于国家所有权及其行使的规定。

本条第 1 款是对国家所有的财产范围的规定。本法第 247 条至第 254 条对属于国家所有的财产进行了规定。矿藏、水流、海域、无居民海岛、城市的土地、无线电频谱资源、国防资产属于国家所有。法律规定属于国家所有的农村和城市郊区的土地、森林、山岭、草原、荒地、滩涂、野生动植物资源、文物以及铁路、公路、电力设施、电信设施和油气管道等基础设施,属于国家所有。国家所有权的主体具有特殊性。国家所有权的主体只能是国家,任何组织和个人都负有不侵害国有财产的义务。任何组织和个人都不能以国有财产属于全民所有为由,而在法律上主张对国有财产享有所有权。

本条第 2 款规定了除法律另有规定之外,国务院代表国家行使国有财产

的所有权。由于国有财产具有广泛性,国家对所有国有财产直接行使占有、使用、收益和处分的权利是不可能的,因此,由国务院代表国家对国有财产行使所有权,有利于对国有财产的统一管理。当然,依照法律规定,国有财产也可由地方人民政府等行使有关权利。

第二百四十七条　矿藏、水流、海域属于国家所有。

释　义

本条是关于矿藏、水流、海域的国家所有权的规定。

一、矿藏属于国家所有

所谓矿藏,是指由地质作用形成的,具有利用价值的,呈固态、液态、气态的自然资源。矿藏属于国家所有,表明了国家对矿藏享有占有、使用、收益和处分的权利。由于矿产资源的稀缺性和不可再生性,只有国家这样一个特殊主体才能对这种财产进行合理利用和保护。如果私人个体成为矿产资源的所有权人,他们在行使所有权的过程中,必然为追求经济利益的最大化而造成对矿产资源的浪费和破坏。

根据我国《矿产资源法》的规定,国家保障矿产资源的合理开发利用。勘查、开采矿产资源,必须依法分别申请,经批准取得探矿权、采矿权,并办理登记;但是,已经依法申请取得采矿权的矿山企业在划定的矿区范围内为本企业的生产而进行的勘查除外。国家实行探矿权、采矿权有偿取得的制度;除法律规定可以转让外,探矿权、采矿权不得转让。

二、水流属于国家所有

所谓水流,包括地表水和地下水。水是人类生存和发展必不可少的自然资源。在我国,水资源短缺已经成为经济社会发展的主要制约因素;洪涝灾害频繁、水环境恶化已成为不容忽视的重要问题。因此,国家需要加强对水资源的管理。根据我国《水法》的规定,国家鼓励单位和个人依法开发、利用水资源,并保护其合法权益。开发、利用水资源的单位和个人有依法保护水资源的义务。国家对水资源依法实行取水许可制度和有偿使用制度,但是,农村集体经济组织及其成员使用本集体经济组织的水塘、水库中的水的除外。

三、海域属于国家所有

所谓海域,是指中华人民共和国内水、领海的水面、水体、海床和底土。内水,是指中华人民共和国领海基线向陆地一侧至海岸线的海域。领海,是指沿着国家的海岸、受国家主权支配和管辖下的一定宽度的海水带。我国领海的宽度从领海基线量起为12海里。海域的所有权属于国家。我国是海洋大国,拥有近三百万平方公里的管辖海域。正是由于有了丰富的海洋资源,有了辽阔的海域,国家需要实施海域使用管理。我国《海域使用管理法》规定,任何单位或者个人不得侵占、买卖或者以其他形式非法转让海域。单位和个人使用海域,必须依法取得海域使用权。

第二百四十八条 无居民海岛属于国家所有,国务院代表国家行使无居民海岛所有权。

释 义

本条是关于无居民海岛的国家所有权的规定。

海岛是指四面环海水并在高潮时高于水面的自然形成的陆地区域,包括有居民海岛和无居民海岛。无居民海岛是指不属于居民户籍管理的住址登记地的海岛,相对于有居民海岛,一般面积小,远离大陆,散落在浩瀚的大海上。无居民海岛大部分由裸露的岩礁构成,其价值主要体现在与周围海域共同组成的海岛生态整体性价值方面,传统的陆地资源(土地、林业、农业)价值很低,需要立法加以重点保护。本条规定,无居民海岛的所有权属于国家,由国务院代表国家行使无居民海岛的所有权。

我国《海岛保护法》专门对无居民海岛的保护进行了规定。主要包括:(1)未经批准利用的无居民海岛,应当维持现状;禁止采石、挖海砂、采伐林木以及进行生产、建设、旅游等活动。(2)严格限制在无居民海岛采集生物和非生物样本;因教学、科学研究确需采集的,应当报经海岛所在县级以上地方人民政府海洋主管部门批准。(3)从事全国海岛保护规划确定的可利用无居民海岛的开发利用活动,应当遵守可利用无居民海岛保护和利用规划,采取严格的生态保护措施,避免造成海岛及其周边海域生态系统的破坏。(4)经批准开发利用无居民海岛的,应当依法缴纳使用金。但是,因国防、公务、教学、防灾减灾、非经营性公用基础设施建设和基础测绘、气象观测等公益事业使用无居民海岛的除外。

第二百四十九条　城市的土地,属于国家所有。法律规定属于国家所有的农村和城市郊区的土地,属于国家所有。

释　义

本条是关于国家所有土地的范围的规定。

城市的土地以及法律规定属于国家所有的农村和城市郊区的土地,属于国家所有。根据《土地管理法实施条例》第2条的规定,下列土地属于全民所有即国家所有:(1)城市市区的土地;(2)农村和城市郊区中已经依法没收、征收、征购为国有的土地;(3)国家依法征收的土地;(4)依法不属于集体所有的林地、草地、荒地、滩涂及其他土地;(5)农村集体经济组织全部成员转为城镇居民的,原属于其成员集体所有的土地;(6)因国家组织移民、自然灾害等原因,农民成建制地集体迁移后不再使用的原属于迁移农民集体所有的土地。

由于我国土地国家所有实质上是全民所有,因此,对于国家所有的土地的占有、使用、收益和处分应当反映人民的意志,并为人民的整体利益服务。同时,只有国家才能成为国有土地所有权的主体,其他组织和个人均不得充当国有土地所有权的主体。

第二百五十条　森林、山岭、草原、荒地、滩涂等自然资源,属于国家所有,但是法律规定属于集体所有的除外。

释　义

本条是关于森林、山岭、草原、荒地、滩涂等自然资源国家所有权的规定。

森林、山岭、草原、荒地、滩涂等都是重要的自然资源,是国民经济和社会发展的重要物质基础。根据本条规定,森林、山岭、草原、荒地、滩涂等自然资源的所有权属于国家,但是,若法律规定森林、山岭、草原、荒地、滩涂等自然资源的所有权属于集体的,则集体对这些自然资源享有所有权。

根据我国《森林法》的规定,林地和林地上的森林、林木的所有权、使用权,由不动产登记机构统一登记造册,核发证书;国务院确定的国家重点林区的森林、林木和林地,由国务院自然资源主管部门负责登记。国家所有的林地和林地上的森林、林木可以依法确定给林业经营者使用;林业经营者依法取得的国有林地和林地上的森林、林木的使用权,经批准可以转让、出租、作价出资等。

根据我国《草原法》规定,依法确定给全民所有制单位、集体经济组织等使用的国家所有的草原,由县级以上人民政府登记,核发使用权证,确认草原使用权。未确定使用权的国家所有的草原,由县级以上人民政府登记造册,并负责保护管理。集体所有的草原,由县级人民政府登记,核发所有权证,确认草原所有权。国家所有的草原,可以依法确定给全民所有制单位、集体经济组织等使用。使用草原的单位,应当履行保护、建设和合理利用草原的义务。

第二百五十一条 法律规定属于国家所有的野生动植物资源,属于国家所有。

释 义

本条是关于野生动植物资源国家所有的规定。

野生动植物资源是稀缺的资源,它们与人类的生存与发展具有密切的关系。根据本条规定,法律规定属于国家所有的野生动植物资源,国家对这些野生动植物资源享有所有权。这样规定有利于保护野生动植物资源,维护生物的多样性和生态平衡。

我国《野生动物保护法》第 2 条第 2 款规定,受保护的野生动物是指珍贵、濒危的陆生、水生野生动物和有重要生态、科学、社会价值的陆生野生动物。该法第 3 条还规定,野生动物资源属于国家所有。国家保障依法从事野生动物科学研究、人工繁育等保护及相关活动的组织和个人的合法权益。

我国《野生植物保护条例》第 2 条第 2 款规定,受保护的野生植物,是指原生地天然生长的珍贵植物和原生地天然生长并具有重要经济、科学研究、文

化价值的濒危、稀有植物。该条例第 9 条还规定,国家保护野生植物及其生长
环境。禁止任何单位和个人非法采集野生植物或者破坏其生长环境。

第二百五十二条　无线电频谱资源属于国家所有。

释　义

本条是关于无线电频谱资源国家所有权的规定。

无线电频谱资源是具有重要战略意义的国家稀缺资源,是推动信息化发
展的重要载体。为了充分、合理、有效地利用无线电频谱,保证各种无线电业
务的正常运行,本条规定无线电频谱资源的所有权属于国家。《无线电管理
条例》第 3 条也规定:"无线电频谱资源属于国家所有。国家对无线电频谱资
源实行统一规划、合理开发、有偿使用的原则。"我国《无线电频率划分规定》
第一章第一节明确规定,无线电是对无线电波使用的通称,指频率规定在
3000GHz 以下,不用人造波导而在空间传播的电磁波。无线电频谱是无线电
波的全部频率范围内,电磁频谱中 3000GHz 以下的部分,因此,无线电频谱是
指可被利用的无线电频率的组合,一般指 3000GHz 以下频率范围内发射无线
电波的无线电频率的总称。

无线电频谱资源具有以下特征:(1)无线电频谱资源具有非耗竭性。民
法上的物可分为消耗物和不可消耗物。自然资源大多数是消耗物,但也确实
存在着不可消耗物。无线电频谱资源与矿产、森林、草原等自然资源不同,它
可以被人类利用,但不会被耗竭,限制不使用它或者使用不当都是对无线电频
谱资源的浪费。(2)无线电频谱资源具有无体性。民法上的物一般是有体物,
即占有一定的空间而有形存在的物体,如固体、液体、气体等。随着现代科学技
术的发展,物的范围也不断扩大,一些虽然无体但能被感知的物质,如声、光、电
等也开始成为人类支配的对象。因此,我们对物的理解不能再拘泥于"有形"之
意。无线电频谱资源是一种无形的、能够被人类感知和控制的物。(3)无线电
频谱资源具有特定性。无线电波的确存在着不同于传统自然资源的属性,如无
形、不占有空间、没有质量等,但无线电波总是具有特定的波长、频率、带宽等
属性。正是这些属性,使得无线电波可以被特定化,我们可以依据这些属性而
将某一种无线电波与其他的无线电波相区分。(4)无线电频谱资源具有排他

性。无线电频谱资源在一定时间、空间内被使用,其他设备就不能再使用。

第二百五十三条　法律规定属于国家所有的文物,属于国家所有。

释　义

本条是关于文物国家所有权的规定。

本条规定,只有法律规定属于国家所有的文物,国家才对这些文物享有所有权。文物的所有权主体可以是国家之外的其他民事主体。《文物保护法》第5条规定,中华人民共和国境内地下、内水和领海中遗存的一切文物,属于国家所有。古文化遗址、古墓葬、石窟寺属于国家所有。国家指定保护的纪念建筑物、古建筑、石刻、壁画、近代现代代表性建筑等不可移动文物,除国家另有规定的以外,属于国家所有。国有不可移动文物的所有权不因其所依附的土地所有权或者使用权的改变而改变。下列可移动文物,属于国家所有:(1)中国境内出土的文物,国家另有规定的除外;(2)国有文物收藏单位以及其他国家机关、部队和国有企业、事业组织等收藏、保管的文物;(3)国家征集、购买的文物;(4)公民、法人和其他组织捐赠给国家的文物;(5)法律规定属于国家所有的其他文物。属于国家所有的可移动文物的所有权不因其保管、收藏单位的终止或者变更而改变。国有文物所有权受法律保护,不容侵犯。

国家对国有的文物享有所有权,表明国家对其所有的文物具有占有、使用、收益和处分的权利。例如,《文物保护法》第40条规定,文物收藏单位应当充分发挥馆藏文物的作用,通过举办展览、科学研究等活动,加强对中华民族优秀的历史文化和革命传统的宣传教育。国有文物收藏单位之间因举办展览、科学研究等需借用馆藏文物的,应当报主管的文物行政部门备案;借用馆藏一级文物的,应当同时报国务院文物行政部门备案。

第二百五十四条　国防资产属于国家所有。

铁路、公路、电力设施、电信设施和油气管道等基础设施,依照法律规定为国家所有的,属于国家所有。

释　义

本条是关于国防资产的国家所有权以及铁路、公路、电力设施、电信设施和油气管道等基础设施的国家所有权的规定。

1. 国防资产属于国家所有。

《国防法》第 37 条规定,国家为武装力量建设、国防科研生产和其他国防建设直接投入的资金、划拨使用的土地等资源以及由此形成的用于国防目的的武器装备和设备设施、物资器材、技术成果等属于国防资产。国防资产归国家所有。国防资产在国防建设中具有重大意义,例如,军队资产是军队训练、作战、生活的物质依托,尤其是军事基地、军事设施、武器装备、军事工程、仓库、营房等,在军事活动中起着物质支撑作用;国防科技工业资产,是研究、试制、生产武器装备及其他军用物资的物质保证,同时对于国民经济的发展也具有重要意义。

2. 铁路、公路、电力设施、电信设施和油气管道等基础设施的国家所有权。

本条规定,依照法律规定为国家所有的铁路、公路、电力设施、电信设施和油气管道等基础设施,属于国家所有。据此,并不是所有的铁路、公路、电力设施、电信设施和油气管道等基础设施的所有权都属于国家,只有法律规定为国家所有的基础设施,国家才对其享有所有权。

我国《铁路法》第 2 条规定,铁路包括国家铁路、地方铁路、专用铁路和铁路专用线。国家铁路是指由国务院铁路主管部门管理的铁路。地方铁路是指由地方人民政府管理的铁路。专用铁路是指由企业或者其他单位管理,专为本企业或者本单位内部提供运输服务的铁路。铁路专用线是指由企业或者其他单位管理的与国家铁路或者其他铁路线路接轨的岔线。《公路法》第 2 条规定,公路包括公路桥梁、公路隧道和公路渡口。该法第 4 条还规定,各级人民政府应当采取有力措施,扶持、促进公路建设。公路建设应当纳入国民经济和社会发展计划。国家鼓励、引导国内外经济组织依法投资建设、经营公路。

第二百五十五条　国家机关对其直接支配的不动产和动产,享有占有、使用以及依照法律和国务院的有关规定处分的权利。

释　义

本条是关于国家机关的物权的规定。

本法第97条对机关法人的地位作了规定,即有独立经费的机关和承担行政职能的法定机构从成立之日起,具有机关法人资格,可以从事为履行职能所需要的民事活动。国家机关从事各种行政管理工作时,不是以机关法人的身份出现的,它与有关组织、个人之间是领导与被领导、管理与被管理的关系。它在管理职权范围内的行为及其结果,都应归属于国家。但国家机关因行使职权的需要而从事民事活动时,例如购置办公用品、租用房屋或交通工具等,便是以机关法人的身份进行活动的。在这种情况下,国家机关就会对其直接支配的不动产和动产,进行占有、使用、处分。需要注意的是,国家机关对其直接支配的不动产和动产的处分权是受限制的,只能依照法律和国务院的有关规定进行处分。例如,《森林法》第20条第1款规定:"国有企业事业单位、机关、团体、部队营造的林木,由营造单位管护并按照国家规定支配林木收益。"《国防法》第39条第2款规定:"禁止任何组织或者个人破坏、损害和侵占国防资产。未经国务院、中央军事委员会或者国务院、中央军事委员会授权的机构批准,国防资产的占有、使用单位不得改变国防资产用于国防的目的。国防资产经批准不再用于国防目的的,依照有关法律、法规的规定管理。"

第二百五十六条　国家举办的事业单位对其直接支配的不动产和动产,享有占有、使用以及依照法律和国务院的有关规定收益、处分的权利。

释　义

本条是关于国家举办的事业单位的物权的规定。

本法第88条对事业单位法人的地位作了规定,即具备法人条件,为适应经济社会发展需要,提供公益服务设立的事业单位,经依法登记成立,取得事业单位法人资格;依法不需要办理法人登记的,从成立之日起,具有事业单位法人资格。国家举办的事业单位,是从事非营利性的、各项公益事业的单位,包括从事文化、教育、体育、卫生、新闻等公益事业的单位。当这些事业单位因履行职能的需要而从事民事活动时,例如,购买办公用品、办公用房等,其是以事业单位法人的名义进行活动的。依据本条的规定,国家举办的事业单位对其直接支配的不动产和动产,享有占有、使用以及依照法律和国务院的有关规定的收益、处分的权利。这对国家举办的事业单位从事民事活动时的物权进行了规定。值得注意的是,国家举办的事业单位对其直接支配的不动产和动产享有的收益权、处分权受到限制,其必须依照法律和国务院的有关规定行使收益、处分的权利。这是为了加强对国有财产的保护,防止有的事业单位擅自处置国有财产。例如,《高等教育法》第38条规定:"高等学校对举办者提供的财产、国家财政性资助、受捐赠财产依法自主管理和使用。高等学校不得将用于教学和科学研究活动的财产挪作他用。"

第二百五十七条 国家出资的企业,由国务院、地方人民政府依照法律、行政法规规定分别代表国家履行出资人职责,享有出资人权益。

释 义

本条是关于国家出资的企业出资人权益的规定。

首先,根据《企业国有资产法》第5条的规定,国家出资的企业,是指国家出资的国有独资企业、国有独资公司,以及国有资本控股公司、国有资本参股公司。可见,国家出资的企业分为两种情形:一是国家单独出资,设立国有独资企业、国有独资公司;二是国家作为出资人之一,与其他出资人共同设立国有资本控股公司、国有资本参股公司。

其次,本条规定,国务院和地方人民政府依照法律、行政法规的规定,分别代表国家对国家出资企业履行出资人职责。根据《企业国有资产法》的规定,国务院确定的关系国民经济命脉和国家安全的大型国家出资企业,重要基础设施和重要自然资源等领域的国家出资企业,由国务院代表国家履行出资人职责。其他的国家出资企业,由地方人民政府代表国家履行出资人职责。国务院国有资产监督管理机构和地方人民政府按照国务院的规定设立的国有资产监督管理机构,根据本级人民政府的授权,代表本级人民政府对国家出资企业履行出资人职责。国务院和地方人民政府根据需要,可以授权其他部门、机构代表本级人民政府对国家出资企业履行出资人职责。

最后,出资人职责、出资人权益的内容。履行出资人职责的机构对国家出资企业依法享有资产收益、参与重大决策和选择管理者等出资人权利。具体而言,履行出资人职责的机构有权制定或者参与制定国家出资企业的章程;委派股东代表参加国有资本控股公司、国有资本参股公司召开的股东会会议、股东大会会议,提出提案、发表意见、行使表决权;依照法律、行政法规以及企业章程的规定,任免或者建议任免国家出资企业的工作人员;可以委托会计师事务所对国有独资企业、国有独资公司的年度财务会计报告进行审计,维护出资人权益;等等。履行出资人职责的机构应当依照法律、行政法规以及企业章程履行出资人职责,保障出资人权益,防止国有资产损失。履行出资人职责的机构应当维护企业作为市场主体依法享有的权利,除依法履行出资人职责外,不得干预企业经营活动。

第二百五十八条 国家所有的财产受法律保护,禁止任何组织或者个人侵占、哄抢、私分、截留、破坏。

释 义

本条是关于保护国家所有财产的规定。

国家所有的财产即全民所有的财产,包括矿藏、水流、海域、无居民海岛、城市土地、无线电频谱资源、国防资产等。《宪法》第7条规定:"国有经济,即社会主义全民所有制经济,是国民经济中的主导力量。国家保障国有经济的巩固和发展。"为了加强对国有财产的保护和管理,防止国有财产的流失,巩固和壮大国有经济,本条规定禁止任何组织或者个人侵占、哄抢、私分、截留、破坏国家所有的财产。

本条中的"侵占",是指非经国家的授权或者国家机关的同意,而占有国有财产。例如,未经批准而占有、使用国有土地或其他自然资源等。"哄抢"是指故意以非法手段强行抢夺国有财产。"私分"是指违反国家有关国有财产分配的规定,将国有财产分配给个人或者组织所有。例如,违反国家关于国有财产分配的规定,给单位、个人滥发奖金等。"截留"是指违反国家有关国有资金管理的规定,将国有资金保留在自己手中或者挪作他用。"破坏"是指以非法手段直接损害国有财产,如滥伐林木、捕杀珍稀野生动物、毁损国家文物等。上述各种违法行为,都侵害了国有财产的所有权,应当依法追究行为人的民事责任甚至刑事责任。

第二百五十九条　履行国有财产管理、监督职责的机构及其工作人员,应当依法加强对国有财产的管理、监督,促进国有财产保值增值,防止国有财产损失;滥用职权,玩忽职守,造成国有财产损失的,应当依法承担法律责任。

违反国有财产管理规定,在企业改制、合并分立、关联交易等过程中,低价转让、合谋私分、擅自担保或者以其他方式造成国有财产损失的,应当依法承担法律责任。

释　义

本条是关于国有财产管理的法律责任的规定。

本条第 1 款规定了国有财产管理、监督机构及其工作人员应依法履行职责。这里的"履行国有财产管理、监督职责的机构"包括国务院国有资产监督管理委员会和地方人民政府国有资产监督管理委员会、财政部门、审计部门等。其中,国务院国有资产监督管理委员会的主要职责如下:(1)根据国务院授权,依照《中华人民共和国公司法》等法律和行政法规履行出资人职责,监管中央所属企业(不含金融类企业)的国有资产,加强国有资产的管理工作。(2)承担监督所监管企业国有资产保值增值的责任。建立和完善国有资产保值增值指标体系,制订考核标准,通过统计、稽核对所监管企业国有资产的保值增值情况进行监管,负责所监管企业工资分配管理工作,制定所监管企业负责人收入分配政策并组织实施。(3)指导推进国有企业的改革和重组,推进国有企业的现代企业制度建设,完善公司治理结构,推动国有经济布局和结构的战略性调整。(4)通过法定程序对所监管企业负责人进行任免、考核并根据其经营业绩进行奖惩,建立符合社会主义市场经济体制和现代企业制度要求的选人、用人机制,完善经营者激励和约束制度。(5)负责组织所监管企业上交国有资本收益,参与制定国有资本经营预算有关的管理制度和办法,按照有关规定负责国有资本经营预决算编制和执行等工作。(6)按照出资人职责,负责督促检查所监管企业贯彻落实国家安全生产方针政策及有关法律法规、标准等工作。(7)负责企业国有资产基础管理,起草国有资产管理的法律法规草案,制定有关规章、制度,依法对地方国有资产管理工作进行指导和监督。(8)承办国务院交办的其他事项。本条还规定,如果履行国有财产管理、监督职责的机构的工作人员滥用职权、玩忽职守,造成国有财产损失的,应依法承担法律责任。

本条第2款规定了其他情形下造成国有财产损失的,应依法承担法律责任。在企业改制、合并分立、关联交易等过程中,造成国有财产损失的情形主要包括:(1)低价转让国有财产。例如,国家出资企业的关联方(关联方是指本企业的董事、监事、高级管理人员及其近亲属,以及这些人员所有或者实际控制的企业)与国家出资企业之间的交易(即关联交易),国家出资企业压低转让财产的价格,为关联方谋取不当利益,造成国有财产的损失。(2)合谋私分国有财产。例如,在企业改制(包括国有独资企业改为国有独资公司;国有独资企业、国有独资公司改为国有资本控股公司或者非国有资本控股公司;国有资本控股公司改为非国有资本控股公司等情形)过程中,有的企业工作人员合谋将国有财产私分占为己有。(3)擅自以国有财产为他人履行债务提供担保。有的企业未经法定程序,擅自将国有财产为他人的债务提供担保,造成国有财产的损失。

第二百六十条 集体所有的不动产和动产包括:

(一)法律规定属于集体所有的土地和森林、山岭、草原、荒地、滩涂;

(二)集体所有的建筑物、生产设施、农田水利设施;

(三)集体所有的教育、科学、文化、卫生、体育等设施;

(四)集体所有的其他不动产和动产。

释 义

本条是关于集体所有财产的范围的规定。

我国《宪法》第6条规定,中华人民共和国的社会主义经济制度的基础是生产资料的社会主义公有制,即全民所有制和劳动群众集体所有制。劳动群众集体所有,可以分为农村集体所有和城镇集体所有两种不同的类型。所谓集体所有权,是指集体组织对其财产享有的占有、使用、收益和处分的权利。集体所有权是集体所有制在法律上的表现。根据法律规定,集体所有的财产包括:

1. 法律规定属于集体所有的土地和森林、山岭、草原、荒地、滩涂。我国《宪法》《土地管理法》《森林法》《草原法》等法律对集体所有的土地、森林、山岭、草原、荒地、滩涂作了明确规定。例如,《土地管理法》第9条第2款规定:"农村和城市郊区的土地,除由法律规定属于国家所有的以外,属于农民集体所有;宅基地和自留地、自留山,属于农民集体所有。"《草原法》第11条第3款规定:"集体所有的草原,由县级人民政府登记,核发所有权证,确认草原所有权。"

2. 集体所有的建筑物、生产设施、农田水利设施。这里的建筑物包括厂房、仓库等;生产设施包括机器设备、农业生产工具等;农田水利设施包括灌溉排水设施、水库等。

3. 集体所有的教育、科学、文化、卫生、体育等设施。为集体成员从事教育、科学、文化、卫生、体育等活动需要而建设的相应设施,是集体组织正常运行的保障。上述这些设施的所有权属于集体。

4. 集体所有的其他不动产和动产。这是一个兜底性条款。除了上述三项不动产和动产属于集体所有之外,集体所有的财产还包括集体企业所有的原材料、产品,集体所有的现金、银行存款等流动资产,集体经济组织接受捐赠、资助等形成的资产等。

第二百六十一条　农民集体所有的不动产和动产,属于本集体成员集体所有。

下列事项应当依照法定程序经本集体成员决定:

(一)土地承包方案以及将土地发包给本集体以外的组织或者个人承包;

(二)个别土地承包经营权人之间承包地的调整;

(三)土地补偿费等费用的使用、分配办法;

(四)集体出资的企业的所有权变动等事项;

(五)法律规定的其他事项。

释　义

本条是关于农民集体所有财产的归属以及集体决定事项的规定。

1. 本条第 1 款规定了农民集体所有的财产,属于本集体成员集体所有。在我国学界,集体所有的性质如何,存在着较大争议。本条采纳了"成员集体所有"的表述。成员集体所有不同于共有,共有注重集体组织中成员所享有的权利。如果将集体所有权等同于一般的共有,无论是按份共有还是共同共有,都有可能导致集体财产完全私有化以及集体财产的不稳定性。首先,共有财产并不脱离单个的共有人而存在,如果共有人是单个的自然人,那么共有财产在性质上应属于私人所有,这显然与集体所有权的性质不符合。其次,在共有的情况下,共有人加入或退出共有组织,或他人加入共有组织,都有可能影响到共有组织的存在并会导致对共有财产的分割。因此,以共有来解释集体所有权制度,也不利于集体财产的稳定。① 在性质上,成员集体所有类似于总有。总有是欧洲中世纪日耳曼村落共同体的所有权形态。这种总有制度的法律构造是:村落的村民对土地(总有土地)仅有使用和收益的经济权利,而无管理和处分的支配权利;各村民在取得村民资格时便取得对土地的使用、收益的经济权利,而丧失村民的资格时,也就当然丧失相应的权利;村民对总有土地无应有部分,也无权请求分割;村落共同体对总有土地享有支配权利。② 我国的成员集体所有与总有具有诸多类似之处。例如,农民作为集体成员才能享有的权利,具有身份性;集体财产的管理、处分应由集体依法定程序决定;农民对集体所有的财产不能请求分割;等等。

2. 本条第 2 款规定了依法定程序由本集体成员决定的事项。这些事项如下:

(1) 土地承包方案以及将土地发包给本集体以外的组织或者个人承包。我国《农村土地承包法》规定,农民集体所有的土地依法属于村农民集体所有的,由村集体经济组织或者村民委员会发包;已经分别属于村内两个以上农村集体经济组织的农民集体所有的,由村内各该农村集体经济组织或者村民小

---

① 参见王利明、周友军:《论我国农村土地权利制度的完善》,《中国法学》2012 年第 1 期。
② 参见梁慧星、陈华彬:《物权法》(第四版),法律出版社 2007 年版,第 153 页。

组发包。承包方案应当依法经本集体经济组织成员的村民会议三分之二以上成员或者三分之二以上村民代表的同意。发包方将农村土地发包给本集体经济组织以外的单位或者个人承包,应当事先经本集体经济组织成员的村民会议三分之二以上成员或者三分之二以上村民代表的同意,并报乡(镇)人民政府批准。

(2)个别土地承包经营权人之间承包地的调整。我国《农村土地承包法》规定,承包期内,因自然灾害严重毁损承包地等特殊情形对个别农户之间承包的耕地和草地需要适当调整的,必须经本集体经济组织成员的村民会议三分之二以上成员或者三分之二以上村民代表的同意,并报乡(镇)人民政府和县级人民政府农业农村、林业和草原等主管部门批准。

(3)土地补偿费等费用的使用、分配办法。本法第243条第2款规定,征收集体所有的土地,应当依法及时足额支付土地补偿费、安置补助费以及农村村民住宅、其他地上附着物和青苗等的补偿费。这些费用涉及本集体成员的重大利益,需要本集体成员决定。

(4)集体出资的企业的所有权变动等事项。集体出资企业的财产所有权转让、抵押等事项,关系到集体成员的重要利益,因此,应经过本集体成员共同决定,而不能由该企业的负责人等个人进行决定。

(5)法律规定的其他事项。这是一个兜底性条款,如果法律对其他事项应经过集体成员决定另有规定的,则按照其规定。我国《村民委员会组织法》第24条规定,涉及村民利益的下列事项,经村民会议讨论决定方可办理:从村集体经济所得收益的使用;村集体经济项目的立项、承包方案;宅基地的使用方案;以借贷、租赁或者其他方式处分村集体财产;等等。

第二百六十二条　对于集体所有的土地和森林、山岭、草原、荒地、滩涂等,依照下列规定行使所有权:

(一)属于村农民集体所有的,由村集体经济组织或者村民委员会依法代表集体行使所有权;

(二)分别属于村内两个以上农民集体所有的,由村内各该集体经济组织或者村民小组依法代表集体行使所有权;

(三)属于乡镇农民集体所有的,由乡镇集体经济组织代表集体行使所有权。

释 义

本条是关于农民集体所有权行使的规定。

根据本条规定,关于集体所有的土地和森林、山岭、草原、荒地、滩涂等,按照如下规定行使所有权。

1. 属于村农民集体所有的,由村集体经济组织或者村民委员会依法代表集体行使所有权。集体经济组织是集体设立的专门从事经济活动的组织,例如集体合作组织、农工商公司、集体集团等。我国《村民委员会组织法》第 2 条规定,村民委员会是村民自我管理、自我教育、自我服务的基层群众性自治组织,实行民主选举、民主决策、民主管理、民主监督。在现实经济生活中,大多数农民集体都是由村民委员会代表本集体成员集体行使所有权,而没有再设立集体经济组织;即使有的集体设立了所谓的集体经济组织,也基本上是与村民委员会一套人马两个牌子,或者就是村民委员会经济管理职能的执行机构。只有在一些集体经济十分发达、集体经济事务繁多的集体,才可能设立独立的集体经济组织。[①]

2. 分别属于村内两个以上农民集体所有的,由村内各该集体经济组织或者村民小组依法代表集体行使所有权。我国《村民委员会组织法》第 3 条规定,村民委员会可以根据村民居住状况、集体土地所有权关系等分设若干村民小组。我国《土地管理法》《农村土地承包法》等法律对村内集体经济组织、村民小组代表集体行使所有权的方式进行了规定。即农民集体所有的土地已经分别属于村内两个以上农村集体经济组织的农民集体所有的,由村内各该农村集体经济组织或者村民小组经营、管理;农民集体所有的土地已经分别属于村内两个以上农村集体经济组织的农民集体所有的,由村内各该农村集体经济组织或者村民小组发包。

3. 属于乡镇农民集体所有的,由乡镇集体经济组织代表集体行使所有权。我国《土地管理法》第 11 条也规定,已经属于乡(镇)农民集体所有的,由乡(镇)农村集体经济组织经营、管理。

---

① 参见韩松:《农民集体所有权主体的明确性探析》,《政法论坛》2011 年第 1 期。

第二百六十三条　城镇集体所有的不动产和动产,依照法律、行政法规的规定由本集体享有占有、使用、收益和处分的权利。

释　义

本条是关于城镇集体所有权的规定。

城镇集体所有制经济是我国社会主义公有制经济的一个基本组成部分,国家鼓励和扶持城镇集体所有制经济的发展。依据本条规定,城镇集体所有权的主体为城镇集体,其内容表现为对本集体的不动产和动产依照法律和行政法规的规定享有占有、使用、收益和处分的权利。

我国《城镇集体所有制企业条例》第4条规定,城镇集体所有制企业(以下简称集体企业)是财产属于劳动群众集体所有、实行共同劳动、在分配方式上以按劳分配为主体的社会主义经济组织。前款所称劳动群众集体所有,应当符合下列中任一项的规定:(1)本集体企业的劳动群众集体所有;(2)集体企业的联合经济组织范围内的劳动群众集体所有;(3)投资主体为两个或者两个以上的集体企业,其中前(1)(2)项劳动群众集体所有的财产应当占主导地位。本项所称主导地位,是指劳动群众集体所有的财产占企业全部财产的比例,一般情况下应不低于51%,特殊情况经过原审批部门批准,可以适当降低。该条例第21条还规定,集体企业在国家法律、法规的规定范围内对其全部财产享有占有、使用、收益和处分的权利,拒绝任何形式的平调。

第二百六十四条　农村集体经济组织或者村民委员会、村民小组应当依照法律、行政法规以及章程、村规民约向本集体成员公布集体财产的状况。集体成员有权查阅、复制相关资料。

释　义

本条是关于集体财产公开的规定。

集体财产的状况是涉及村民重大利益的事项。本条规定,农村集体经济组织或者村民委员会、村民小组应当依照法律、行政法规以及章程、村规民约的规定,将集体财产的状况向本集体成员公布。依据我国《村民委员会组织法》第 30 条规定,村民委员会实行村务公开制度。村民委员会应当对由村民会议、村民代表会议讨论决定的事项及其实施情况等事项及时公布,接受村民的监督。一般事项至少每季度公布一次;集体财务往来较多的,财务收支情况应当每月公布一次;涉及村民利益的重大事项应当随时公布。

为了保障集体成员对集体财产进行民主管理和民主监督,本条还规定集体成员有权查阅、复制相关资料。我国《村民委员会组织法》第 30 条、第 31 条规定,村民委员会应当保证所公布事项的真实性,并接受村民的查询。村民委员会不及时公布应当公布的事项或者公布的事项不真实的,村民有权向乡、民族乡、镇的人民政府或者县级人民政府及其有关主管部门反映,有关人民政府或者主管部门应当负责调查核实,责令依法公布;经查证确有违法行为的,有关人员应当依法承担责任。

第二百六十五条 集体所有的财产受法律保护,禁止任何组织或者个人侵占、哄抢、私分、破坏。

农村集体经济组织、村民委员会或者其负责人作出的决定侵害集体成员合法权益的,受侵害的集体成员可以请求人民法院予以撤销。

释 义

本条是关于集体所有财产的保护的规定。

1.集体所有的财产受法律保护。本法第 260 条规定了集体所有的不动产和动产的范围。无论是农村集体所有的财产还是城镇集体所有的财产,均受法律保护。任何组织或者个人不得侵占、哄抢、私分、破坏集体所有的财产。这里的"侵占",是指以非法占有为目的、故意将集体所有的财产非法占为己有的行为。"哄抢"是指故意以非法手段强行抢夺集体所有的财产。"私分"是指违反有关集体财产分配的规定,将集体所有的财产分配给个人或者组织所有。例如,有的村委会成员违反关于集体所有财产分配的规定,将集体所有的收益在少数人之间进行分配或者用于个人消费。"破坏"是指以非法手段直接损害集体所有的财产。

2.农村集体经济组织、村民委员会或者其负责人作出的决定侵害集体成

员合法权益的,受侵害的集体成员可以请求人民法院予以撤销。本条的这一
规定赋予了集体成员向人民法院提起撤销之诉的权利。我国《村民委员会组
织法》第36条规定,村民委员会或者村民委员会成员作出的决定侵害村民合
法权益的,受侵害的村民可以申请人民法院予以撤销,责任人依法承担法律责
任。村民委员会不依照法律、法规的规定履行法定义务的,由乡、民族乡、镇的
人民政府责令改正。乡、民族乡、镇的人民政府干预依法属于村民自治范围事
项的,由上一级人民政府责令改正。值得注意的是,农民集体成员的撤销权不
同于债的保全的撤销权,二者的区别在于:农民集体成员撤销权是基于物权的
撤销权,而不是基于债权的撤销权;农民集体成员撤销权是以其作为集体成员
的合法权益受到损害为成立条件的,而不是以因有害于债权为条件的;农民集
体成员撤销权撤销的对象是集体经济组织、村民委员会或者其负责人的决定,
该决定的事项是应由村民或者集体成员民主决定的事项,而不是集体经济组
织、村民委员会或者其负责人可以不经民主程序(尽管有的决定是未依法经
民主程序决定的)自行决定的处分财产给他人的行为;农民集体成员撤销权
的行使结果不涉及第三人取得财产如何处置,而债权人撤销权的行使涉及第
三人取得的财产的返还。①

第二百六十六条　私人对其合法的收入、房屋、生活用品、生
产工具、原材料等不动产和动产享有所有权。

释　义

本条是关于私人所有财产范围的规定。

私人所有权是指私人对其所有的财产依法享有的占有、使用、收益和处分
的权利。我国《宪法》第13条规定:"公民的合法的私有财产不受侵犯。国家
依照法律规定保护公民的私有财产权和继承权。"本法秉承《宪法》的立法精
神,对私人财产所有权进行了具体规定。

1. 私人所有权的主体是私人。这里的"私人"不仅包括具有中华人民共
和国国籍的人,而且包括外国人和无国籍人。外国人、无国籍人在我国取得的

① 参见郭明瑞:《物权法实施以来的疑难案例研究》,中国法制出版社2011年版,第53页。

合法财产,也受法律保护。

2.私人所有的财产包括不动产和动产。本条列举了几种主要的私有财产,具体如下:(1)收入。收入是指自然人在法律允许的范围内,用自己的劳动或其他方法所取得的收入,包括劳动收入、利息、租金、接受赠与的财产等。对于非法收入,本法不予以保护。(2)房屋。房屋是指私人拥有的住宅、店铺、厂房等。房屋是私人重要的不动产。(3)生活用品。生活用品是指私人用于日常生活需要的物品,例如机动车、电器等。(4)生产工具、原材料。生产工具、原材料是指私人从事生产经营活动使用的各种工具、基础材料,例如机器设备、煤炭、木材等。

第二百六十七条 私人的合法财产受法律保护,禁止任何组织或者个人侵占、哄抢、破坏。

释 义

本条是关于私有财产的保护的规定。

私人的合法财产,是指私人的合法收入、房屋、生活用品、生产工具、原材料等不动产和动产。私人的合法财产受法律保护;而私人的非法财产、非法所得等,是不受法律保护的。对于私人的合法财产,任何组织或者个人都不得侵占、哄抢、破坏。例如,未经法定程序而查封、扣押、冻结或者没收私人的合法财产,都是法律所禁止的。如果私人的合法财产所有权受到侵害,受害人可以要求侵权人停止侵害、返还原物、赔偿损失等。

本条之所以规定私有财产受法律保护,其理由在于:(1)保护私有财产有助于鼓励交易、发展市场。一个正常的市场,要求主体对其交换的财产享有所有权,否则就不能就该项财产进行交换。在我国社会主义市场经济条件下,如果私有财产不能得到充分保护,必将妨碍正常的市场交易活动。(2)保护私有财产有助于鼓励公平竞争。每个交易者能够根据自身的意志,在平等基础上进行竞争,这样才能促进市场经济的发展。保护私有财产,有助于私人财产所有者在平等的条件下进入市场,参与公平竞争。(3)保护私有财产有助于激发社会财富的创造。社会主义要达到共同富裕的目的,应当增进效益、提高生产力、增加社会财富。为此,就需要保护私人财产所有权,鼓励私人从事各种有利于国计民生的经营活动,促进社会财富的迅速增长。①

　　第二百六十八条　国家、集体和私人依法可以出资设立有限责任公司、股份有限公司或者其他企业。国家、集体和私人所有的不动产或者动产投到企业的,由出资人按照约定或者出资比例享有资产收益、重大决策以及选择经营管理者等权利并履行义务。

释　义

　　本条是关于企业出资人的权利义务的规定。

　　1.国家、集体和私人依法可以出资设立有限责任公司、股份有限公司或者其他企业。根据本条的规定,国家、集体和私人可以依法将其所有的财产用于出资设立公司或者其他企业。我国《公司法》规定了有限责任公司和股份有限公司两种公司形式。有限责任公司是指股东出资设立,每个股东以其所认缴的出资额为限对公司承担有限责任,公司法人以其全部资产对公司债务承担全部责任的经济组织。有限责任公司包括国有独资公司以及其他有限责任公司。由国家单独出资、由国务院或者地方人民政府授权本级人民政府国有资产监督管理机构履行出资人职责的有限责任公司,称为国有独资公司。股份有限公司是指公司资本分为等额股份,股东以其所认购的股份为限对公司承担有限责任,公司法人以其全部资产对公司债务承担全部责任的经济组织。除了公司形式之外,国家、集体和私人依法可以出资设立其他企业。例如,国家可以设立国有独资企业,私人可以设立个人独资企业、合伙企业等。

　　2.国家、集体和私人所有的不动产或者动产投到企业的,由出资人按照约定或者出资比例享有资产收益、重大决策以及选择经营管理者等权利。根据本条的规定,国家、集体、私人将其所有的财产投入企业后,其以出资人的身份享有资产收益、重大决策、选择经营管理者等权利。具体而言:

　　(1)享有资产收益的权利。如果国家、集体、私人的财产投资设立公司的,那么,依照《公司法》的规定,国家、集体、私人作为股东,享有分取红利的

──────────

① 参见王利明:《物权法教程》,中国政法大学出版社2003年版,第153—154页。

权利。对有限责任公司而言,股东按照实缴的出资比例分取红利,但是,全体股东约定不按照出资比例分取红利的除外。对股份有限公司而言,按照股东持有的股份比例分配利润,但股份有限公司章程规定不按持股比例分配利润的除外。如果国家、集体、私人的财产投资设立其他企业的,则按照约定或者出资比例分取利润。

(2)享有参与重大决策的权利。若国家、集体、私人的财产投资设立公司的,那么,依照《公司法》的规定,国家、集体、私人作为股东,享有参与股东会或股东大会的权利。股东会或股东大会是公司的权力机构。股东有权参与股东会或股东大会,并按照其出资比例或持有的股份对重大事项行使表决权。这些重大事项包括:决定公司的经营方针和投资计划;选举和更换非由职工代表担任的董事、监事,决定有关董事、监事的报酬事项;审议批准董事会的报告;审议批准监事会或者监事的报告;审议批准公司的年度财务预算方案、决算方案;审议批准公司的利润分配方案和弥补亏损方案;对公司增加或者减少注册资本作出决议;对发行公司债券作出决议;对公司合并、分立、解散、清算或者变更公司形式作出决议;修改公司章程;等等。如果国家、集体、私人的财产投资设立其他企业的,则按照约定或者出资比例参与企业的重大决策。

(3)享有选择经营管理者的权利。根据我国《公司法》的规定,股东有权参加股东会或者股东大会,选举和更换董事、监事。由董事会决定聘任或者解聘公司经理及其报酬事项,并根据经理的提名决定聘任或者解聘公司副经理、财务负责人及其报酬事项。若国家、集体、私人出资设立其他企业,则按照约定或者出资比例享有选择经营管理者的权利。

3.国家、集体、私人应当履行出资人的义务。根据我国《公司法》的规定,股东的义务主要如下:(1)遵守法律、行政法规和公司章程,不得滥用股东权利损害公司或者其他股东的利益;不得滥用公司法人独立地位和股东有限责任损害公司债权人的利益。(2)股东应当按期足额缴纳公司章程中规定的各自所认缴的出资额。股东以货币出资的,应当将货币出资足额存入公司在银行开设的账户;以非货币财产出资的,应当依法办理其财产权的转移手续。(3)公司成立后,股东不得抽逃出资。如果国家、集体、私人出资设立其他企业的,也应当履行出资人相应的义务。

第二百六十九条　营利法人对其不动产和动产依照法律、行政法规以及章程享有占有、使用、收益和处分的权利。

营利法人以外的法人,对其不动产和动产的权利,适用有关法律、行政法规以及章程的规定。

释　义

本条是关于法人财产权的规定。

1.本条第 1 款规定,营利法人对其不动产和动产依照法律、行政法规以及章程享有占有、使用、收益和处分的权利。根据本法第 76 条的规定,营利法人是以取得利润并分配给股东等出资人为目的成立的法人。尽管营利法人成立时的财产是由出资人出资或认购的,但营利法人一旦成立,就具有了独立的人格,拥有了独立的财产,这是营利法人独立享有权利、履行义务的物质基础。营利法人的财产主要由两类财产构成:一类是营利法人成立时的财产;另一类是营利法人成立后取得的财产。营利法人对其拥有的财产享有占有、使用、收益和处分的权利,这也是营利法人对外独立承担民事责任、股东等出资人对营利法人的债务仅负有限责任的逻辑前提。

2.本条第 2 款规定,营利法人以外的法人,对其不动产和动产的权利,适用有关法律、行政法规以及章程的规定。营利法人以外的法人,包括非营利法人(事业单位、社会团体、基金会、社会服务机构等)、特别法人(机关法人、农村集体经济组织法人、城镇农村的合作经济组织法人、基层群众性自治组织法人)。非营利法人和特别法人对其财产享有的使用、收益等权利,应适用有关法律、行政法规以及章程的规定。例如,《事业单位登记管理暂行条例》第 15 条规定:"事业单位开展活动,按照国家有关规定取得的合法收入,必须用于符合其宗旨和业务范围的活动。事业单位接受捐赠、资助,必须符合事业单位的宗旨和业务范围,必须根据与捐赠人、资助人约定的期限、方式和合法用途使用。"

第二百七十条　社会团体法人、捐助法人依法所有的不动产和动产,受法律保护。

释 义

本条是关于社会团体法人、捐助法人合法财产保护的规定。

社会团体法人是指具备法人条件,基于会员共同意愿,为公益目的或者会员共同利益等非营利目的设立的社会团体。《社会团体登记管理条例》对社会团体财产的保护作了具体规定,这主要包括:(1)社会团体的资产来源必须合法,任何单位和个人不得侵占、私分或者挪用社会团体的资产。(2)社会团体的经费,以及开展章程规定的活动按照国家有关规定所取得的合法收入,必须用于章程规定的业务活动,不得在会员中分配。(3)社会团体接受捐赠、资助,必须符合章程规定的宗旨和业务范围,必须根据与捐赠人、资助人约定的期限、方式和合法用途使用。社会团体应当向业务主管单位报告接受、使用捐赠、资助的有关情况,并应当将有关情况以适当方式向社会公布。

捐助法人是指具备法人条件,为公益目的以捐助财产设立的基金会、社会服务机构等。捐助法人依法所有的财产,受法律保护。例如,《基金会管理条例》规定,基金会的财产及其他收入受法律保护,任何单位和个人不得私分、侵占、挪用。基金会应当根据章程规定的宗旨和公益活动的业务范围使用其财产;捐赠协议明确了具体使用方式的捐赠,根据捐赠协议的约定使用。

第六章　业主的建筑物区分所有权

本章导言 ▶

　　本章是对"业主的建筑物区分所有权"的规定。业主的建筑物区分所有权由专有部分的所有权、共有部分的共有权、共同管理的权利构成。本章对以下内容进行了明确规定:建筑物专有部分所有权的内容;共有部分共有权的内容;建筑区划内的道路、绿地、其他公共场所、公用设施和物业服务用房归属;车位、车库归属;车位、车库首先满足业主需要;业主大会、业主委员会的设立;业主共同管理权利;住宅改为经营性用房;业主大会、业主委员会决定的效力;建筑物及其附属设施的维修资金的归属、使用;业主共有部分产生的收入归属;建筑物及其附属设施的费用分摊、收益分配;业主对建筑物及其附属设施管理权利;物业服务企业或者其他管理人权利义务;业主的义务以及对业主合法权益保护;业主有权请求建设单位、物业服务企业或者其他管理人以及其他业主承担民事责任;等等。

　　第二百七十一条　业主对建筑物内的住宅、经营性用房等专有部分享有所有权,对专有部分以外的共有部分享有共有和共同管理的权利。

释　义

　　本条是关于建筑物区分所有权基本内容的规定。

　　根据本条的规定,业主的建筑物区分所有权包括以下三项内容:一是业主对建筑物内的住宅、经营性用房等专有部分享有所有权;二是业主对专有部分以外的共有部分享有共有的权利;三是业主对共有部分享有共同管理的权利。

业主的建筑物区分所有权具有以下特征：

1. 复合性。业主的建筑物区分所有权由专有部分的所有权、对共有部分享有的共有权和共同管理的权利构成。而一般的不动产所有权,其构成是单一的,所有权人对不动产享有占有、使用、收益和处分的权利。

2. 专有部分所有权的主导性。没有专有部分的所有权,就无法产生业主对共有部分的共有权以及共同管理的权利。业主对专有部分所有权的权利范围决定了其对共有部分的共有权以及共同管理权利的范围。在业主进行权利登记时,只需要对专有部分所有权进行登记,而共有部分的共有权和共同管理的权利无须单独登记。

3. 整体性和不可分割性。构成业主建筑物区分所有权的三项内容是一个权利集合体,三种权利是紧密结合的整体,不可分割。业主不能对建筑物区分所有权进行分割转让、抵押或继承。

4. 业主身份的多样性。建筑物区分所有权的业主具有多重权利人的身份。就其为专有部分的所有权主体而言,业主为专有所有权人。就其对共有部分享有所有权而言,业主为共有权人。就其对区分所有的建筑物行使管理权而言,业主为管理权人或成员权人。而一般的不动产所有权中,权利人主体的身份是单一的,要么是所有权人,要么是共有权人,不得同时兼有所有权人和共有权人的双重身份。

第二百七十二条　业主对其建筑物专有部分享有占有、使用、收益和处分的权利。业主行使权利不得危及建筑物的安全,不得损害其他业主的合法权益。

释　义

本条是关于业主对专有部分享有所有权的规定。

所谓专有部分,是指具有构造上以及使用上的独立性,并能够成为分别所有权客体的部分。构成建筑物的专有部分,应当具备三个要件:一是构造上的独立性,又称"物理上的独立性"。这意味着一个专有部分与另一个专有部分在建筑物构造上能够客观地区分其范围。二是使用上的独立性,又称"机能上的独立性"。三是能够登记成为特定业主所有权的客体。各个区分部分应当与一般独立的建筑物相同,具有能够满足一般生活目的的独立机能。① 关于专有部分的范围,即专有部分相互间或与共用部分相互间的分隔部分究竟至何处界线为止,大陆法系各国建筑物区分所有权理论上存在四种学说:中心说、空间说、最后粉刷表层说及壁心和最后粉刷表层说。通说为第四种学说,即壁心和最后粉刷表层说。② 业主对其建筑物专有部分享有所有权,依据本条规定,就是指业主对其建筑物专有部分享有占有、使用、收益和处分的权利。例如,业主可以对专有部分进行装修、将专有部分出租、抵押等。

根据本条规定,业主对专有部分行使所有权,不得危及建筑物的安全,不得损害其他业主的合法权益。由于各个专有部分在构造上相互关联,使用上形成密切的关系,各个业主就形成了一定的共同利益,因此,业主行使专有部分的所有权时,应履行相应的义务。例如,业主对专有部分进行装修时,不得拆除建筑物内的承重墙;业主在专有部分不得从事任意排放污染物、制造噪音等损害其他业主合法权益的行为。若其他业主的权益受到侵害,受害人可以要求行为人停止侵害、排除妨碍、恢复原状、赔偿损失等。

第二百七十三条　业主对建筑物专有部分以外的共有部分,享有权利,承担义务;不得以放弃权利为由不履行义务。

业主转让建筑物内的住宅、经营性用房,其对共有部分享有的共有和共同管理的权利一并转让。

释　义

本条是关于业主对共有部分权利义务的规定。

业主对共有部分享有共有权。这种权利具有以下特点:(1)主体人数众多,且身份具有复合性。在现代高层建筑中,一栋建筑物内的业主人数众多。而且这些业主既是共有权人,又是专有部分的所有权人和管理团体中成员。(2)客体范围广泛。共有部分的客体范围包括:建筑物区划内的道路(但属于

---

① 参见梁慧星、陈华彬:《物权法》(第四版),法律出版社2007年版,第167—168页。
② 参见陈华彬:《论建筑物区分所有权的构成》,《清华法学》2008年第2期。

城镇公共道路的除外);建筑区划内的绿地(但属于城镇公共绿地或者明示属于个人的除外);建筑区划内的其他公共场所、公用设施和物业服务用房;占用业主共有的道路或者其他场地用于停放汽车的车位;地基、电梯、屋顶平台等。(3)共有权的取得、变更与丧失决定于专有所有权。业主取得专有部分的所有权,自然就取得了共有部分的所有权;专有部分的所有权转让,自然就导致共有部分所有权的转让。

业主对共有部分既享有权利,又负有义务。例如,电梯不得作为专门的运输工具而使用,而应当用于行人的上下楼使用;停车场是用于停放车辆的,不得用作堆放杂物;等等。本条第1款规定,业主不得以放弃权利为由不履行义务。例如,业主不得以不使用电梯为由,不缴纳电梯的维修费用。

本条第2款规定,业主转让建筑物内的住宅、经营性用房,其对共有部分享有的共有和共同管理的权利一并转让。业主的建筑物区分所有权是由专有部分所有权、共有部分共有权、共同管理的权利构成的。在业主的建筑物区分所有权的构成中,专有部分所有权具有主导地位。业主转让专有部分(住宅、经营性用房)的所有权,其对共有部分的共有权和共同管理的权利也同时转让。受让人在受让专有部分的所有权时,也必须同时取得共有部分的共有权、共同管理的权利。

第二百七十四条 建筑区划内的道路,属于业主共有,但是属于城镇公共道路的除外。建筑区划内的绿地,属于业主共有,但是属于城镇公共绿地或者明示属于个人的除外。建筑区划内的其他公共场所、公用设施和物业服务用房,属于业主共有。

释 义

本条是关于建筑区划内的道路、绿地、其他公共场所、公用设施和物业服务用房归属的规定。

第一,关于建筑区划内的道路的归属。根据本条规定,建筑区划内的道路属于业主共有,但是属于城镇公共道路的除外。这里的道路归业主共有,不是指道路的土地所有权归业主共有,而是道路作为土地上的附着物归业主共有。

第二,关于建筑区划内的绿地的归属。这里所谓"建筑区划内的绿地",是指作为土地上附着物的绿地。在我国,土地所有权禁止交易,因此,绿地的土地所有权自不是本条所称"属于业主共有"或"属于个人"绿地权利的范围。对于建筑区划内绿地的归属,本条规定,其属于业主共有,但是属于城镇公共绿地或者明示属于个人的除外。

第三,关于建筑区划内的其他公共场所、公用设施和物业服务用房的归属。建筑区划内的其他公共场所、公用设施、物业服务用房是建筑区划内环境配套服务所必需的,也是建筑区划内居住质量保障所必需的。

因此,本条规定,建筑区划内的其他公共场所、公用设施和物业服务用房属于业主共有。

第二百七十五条 建筑区划内,规划用于停放汽车的车位、车库的归属,由当事人通过出售、附赠或者出租等方式约定。

占用业主共有的道路或者其他场地用于停放汽车的车位,属于业主共有。

释 义

本条是关于车位、车库归属的规定。

近年来,随着家庭购买私车数量的迅猛增长,小区的停车问题越来越成为人们关注的焦点问题,由此,住宅小区的车位、车库相关纠纷也日渐增多。本条第1款规定,建筑区划内,规划用于停放汽车的车位、车库的归属,由当事人通过出售、附赠或者出租等方式约定。本款所指"车位",是指住宅小区内在地上或地下设置的以停放机动车辆为目的的开放式的场所;"车库",是指在住宅小区内设置的以停放机动车辆为目的的具有封闭空间的场所。本款规定的约定方式包括"出售""附赠""出租"等三种形式。其中"出售""附赠"方式移转的是车位、车库的所有权;而"出租"方式移转的仅是债权意义上的使用权,或称租赁权。这一规定的理由主要如下:(1)遵循私法自治原则的体现。只有当事人才是自身利益的最佳判断者,法律不能越俎代庖地替当事人进行选择。对车位、车库的归属应当根据约定确定,正是体现了私法自治的要求。(2)符合市场经济的内在要求。通过约定解决归属,实质上是通过市场机制解决纠纷。在市场经济条件下,将此问题交给市场来解决,通过交易,在车位、车库的归属上实现各方利益的最大化。(3)有利于鼓励开发商修建车位、车库。多年来,我国城市建设忽略了车位、车库的建设,造成了目前城市车位、车库紧张的状况,停车难的问题非常突出。这就有必要刺激投资,使开发商从利益驱动考虑为小区业主提供必要的、合理的车位、车库。①

本条第2款规定,占用业主共有的道路或者其他场地用于停放汽车的车位,属于业主共有。这是因为业主共有的道路或者其他场地本身就是业主享有的建筑物区分所有权中的共有部分,业主对其享有共有权。

第二百七十六条 建筑区划内,规划用于停放汽车的车位、车库应当首先满足业主的需要。

释 义

本条是关于车位、车库首先满足业主需要的规定。

在实践中,存在着开发商将小区内的车位、车库高价卖给业主以外的第三人的现象。为了维护业主的权益,本条规定,建筑区划内,规划用于停放汽车的车位、车库应当首先满足业主的需要。这里的"首先"用语,旨在将开发商、业主群体、业主以外的第三人的利益进行比较,以突出业主群体的利益优先于其他两种利益得到保护。

值得注意的是,如果建设单位已经按照规划确定的建筑区划内规划用于停放汽车的车位、车库与专有部分的比例,将车位、车库以出售、附赠或者出租等方式处分给业主的,应当认定其行为已符合本条"应当首先满足业主的需要"的规定。其原因在于,规划确定的配置比例(即规划确定的建筑区划内规划用于停放汽车的车位、车库与房屋套数的比例)具有法定性和确定性,业主在购买专有部分的时候对此也是明知的。只要业主已经按照配置比例购置或者租赁到车位、车库,就应当认为其需要已经得到了"首先满足"。否则,将有可能出现特定业主对车位、车库提出过度主张。

---

① 参见高圣平:《住宅小区车位、车库的性质及其权利归属研究》,《法学家》2008年第6期。

第二百七十七条 业主可以设立业主大会,选举业主委员会。业主大会、业主委员会成立的具体条件和程序,依照法律、法规的规定。

地方人民政府有关部门、居民委员会应当对设立业主大会和选举业主委员会给予指导和协助。

释 义

本条是关于业主大会、业主委员会设立的规定。

本条第 1 款规定,业主可以设立业主大会,选举业主委员会。关于成立业主大会、业主委员会的具体条件和程序,依照法律、法规的规定。国务院颁发的《物业管理条例》、住房和城乡建设部制定的《业主大会和业主委员会指导规则》(建房〔2009〕274 号)对此作了明确规定。具体如下:(1)物业管理区域内全体业主组成业主大会。一个物业管理区域成立一个业主大会。物业管理区域的划分应当考虑物业的共用设施设备、建筑物规模、社区建设等因素。(2)同一个物业管理区域内的业主,应当在物业所在地的区、县人民政府房地产行政主管部门或者街道办事处、乡镇人民政府的指导下成立业主大会,并选举产生业主委员会。但是,只有一个业主的,或者业主人数较少且经全体业主一致同意,决定不成立业主大会的,由业主共同履行业主大会、业主委员会职责。(3)业主委员会应当自选举产生之日起 30 日内,向物业所在地的区、县人民政府房地产行政主管部门和街道办事处、乡镇人民政府备案。业主委员会委员应当由热心公益事业、责任心强、具有一定组织能力的业主担任,由 5 至 11 人单数组成。业主委员会主任、副主任在业主委员会成员中推选产生。

本条第 2 款规定,地方人民政府有关部门、居民委员会应当对设立业主大会和选举业主委员会给予指导和协助。例如,《业主大会和业主委员会指导规则》规定,符合成立业主大会条件的,区、县房地产行政主管部门或者街道办事处、乡镇人民政府应当在收到业主提出筹备业主大会书面申请后 60 日内,负责组织、指导成立首次业主大会会议筹备组;首次业主大会会议筹备组由业主代表、建设单位代表、街道办事处、乡镇人民政府代表和居民委员会代表组成;筹备组成员人数应为单数,其中业主代表人数不低于筹备组总人数的一半,筹备组组长由街道办事处、乡镇人民政府代表担任;筹备组中业主代表的产生,由街道办事处、乡镇人民政府或者居民委员会组织业主推荐;筹备组应当将成员名单以书面形式在物业管理区域内公告;业主对筹备组成员有异议的,由街道办事处、乡镇人民政府协调解决;等等。

第二百七十八条 下列事项由业主共同决定:

(一)制定和修改业主大会议事规则;

(二)制定和修改管理规约;

(三)选举业主委员会或者更换业主委员会成员;

(四)选聘和解聘物业服务企业或者其他管理人;

(五)使用建筑物及其附属设施的维修资金;

(六)筹集建筑物及其附属设施的维修资金;

(七)改建、重建建筑物及其附属设施;

(八)改变共有部分的用途或者利用共有部分从事经营活动;

(九)有关共有和共同管理权利的其他重大事项。

业主共同决定事项,应当由专有部分面积占比三分之二以上的业主且人数占比三分之二以上的业主参与表决。决定前款第六项至第八项规定的事项,应当经参与表决专有部分面积四分之三以上的业主且参与表决人数四分之三以上的业主同意。决定前款其他事项,应当经参与表决专有部分面积过半数的业主且参与表决人数过半数的业主同意。

释 义

本条是关于业主共同管理权利的规定。

本条第1款规定了由业主共同决定的事项。这些事项包括:

1.制定和修改业主大会议事规则。业主大会议事规则是业主大会组成、运作的规则,对全体业主具有重大影响,因此,应由业主共同决定。依据《业主大会和业主委员会指导规则》的规定,业主大会议事规则应当对下列主要事项作出规定:业主大会名称及相应的物业管理区域;业主委员会的职责;业主委员会议事规则;业主大会会议召开的形式、时间和议事方式;业主投票权

数的确定方法;业主代表的产生方式;业主大会会议的表决程序;业主委员会
委员的资格、人数和任期等;业主委员会换届程序、补选办法等;业主大会、业
主委员会工作经费的筹集、使用和管理;业主大会、业主委员会印章的使用和
管理。

2.制定和修改管理规约。管理规约又称业主公约、业主规约或简称为规
约,是规范区分所有建筑物(商品房住宅、公寓)的管理、使用乃至所有关系的
自治规则。区分所有建筑物的管理规约,是业主为谋共同利益,确保良好的生
活环境,由全体业主通过业主大会而就物业的管理、使用、维护与所有关系等
制定的规则。它如同公司的章程、国家的宪法,具有业主团体根本自治法规的
性质,系业主团体的最高自治规则和业主基于意思自治精神而对小区物业管
理所作出的自律约定。①《物业管理条例》第 17 条对管理规约的内容作了具
体规定:"管理规约应当对有关物业的使用、维护、管理,业主的共同利益,业
主应当履行的义务,违反管理规约应当承担的责任等事项依法作出约定。"

3.选举业主委员会或者更换业主委员会成员。业主委员会由业主大会选
举产生,是执行业主大会决定事项的机构。依据《业主大会和业主委员会指
导规则》的规定,有下列情况之一的,业主委员会委员资格自行终止:因物业
转让、灭失等原因不再是业主的;丧失民事行为能力的;依法被限制人身自由
的;法律、法规以及管理规约规定的其他情形。业主委员会委员有下列情况之
一的,由业主委员会 1/3 以上委员或者持有 20% 以上投票权数的业主提议,业
主大会或者业主委员会根据业主大会的授权,可以决定是否终止其委员资格:
以书面方式提出辞职请求的;不履行委员职责的;利用委员资格谋取私利的;
拒不履行业主义务的;侵害他人合法权益的;因其他原因不宜担任业主委员会
委员的。

4.选聘和解聘物业服务企业或者其他管理人。业主的建筑物区分所有权
是各个业主的专有部分所有权、共有权和共同管理权利的结合。因此,各个业
主应当有权决定对其财产的管理。业主委员会应当与业主大会选聘的物业服
务企业订立书面的物业服务合同。物业服务合同应当对物业管理事项、服务
质量、服务费用、双方的权利义务、专项维修资金的管理与使用、物业管理用
房、合同期限、违约责任等内容进行约定。

---

① 参见陈华彬:《论区分所有建筑物的管理规约》,《现代法学》2011 年第 4 期。

5.使用建筑物及其附属设施的维修资金。建筑物及其附属设施的维修资金的使用,关系到全体业主的利益,因此,需要由业主共同决定。

6.筹集建筑物及其附属设施的维修资金。建筑物及其附属设施的维修资金的募集,与每个业主息息相关,因此,需要由业主共同决定。《物业管理条例》也规定,住宅物业、住宅小区内的非住宅物业或者与单幢住宅楼结构相连的非住宅物业的业主,应当按照国家有关规定交纳专项维修资金。

7.改建、重建建筑物及其附属设施。对建筑物进行改建、重建,不仅需要付出有关费用,而且关系业主对建筑物及其附属设施的使用,因此,需要业主共同决定。

8.改变共有部分的用途或者利用共有部分从事经营活动。建筑物的共有部分属于全体业主共有,若需要改变该部分的用途,或者利用该部分从事经营活动,事关全体业主的切身利益,因此,需要业主共同决定。

9.有关共有和共同管理权利的其他重大事项。这是一个兜底性条款。除了上述八项事项之外,其他有关共有和共同管理权利的重大事项也需要由业主共同决定。

本条第2款规定了业主共同决定的重大事项的表决权。具体如下:

1.由业主共同决定的事项,应当由专有部分面积占比2/3以上的业主并且人数占比2/3以上的业主参与表决。本条款中的"专有部分面积",按照不动产登记簿记载的面积计算;尚未进行物权登记的,暂按测绘机构的实测面积计算;尚未进行实测的,暂按房屋买卖合同记载的面积计算。"专有部分面积占比",是指每个专有部分面积与按照上述统计的各个专有部分面积的总和。本条款中的"人数",按照专有部分的数量计算,一个专有部分按一人计算;但建设单位尚未出售和虽已出售但尚未交付的部分,以及同一买受人拥有一个以上专有部分的,按一人计算。

2.决定筹集建筑物及其附属设施的维修资金,改建、重建建筑物及其附属设施,改变共有部分的用途或者利用共有部分从事经营活动的,应当经参与表决专有部分面积3/4以上的业主并且参与表决人数3/4以上的业主同意。

3.除了筹集建筑物及其附属设施的维修资金,改建、重建建筑物及其附属设施,改变共有部分的用途或者利用共有部分从事经营活动的事项之外,决定其他事项,应当经参与表决专有部分面积过半数的业主并且参与表决人数过半数的业主同意。

第二百七十九条 业主不得违反法律、法规以及管理规约,将住宅改变为经营性用房。业主将住宅改变为经营性用房的,除遵守法律、法规以及管理规约外,应当经有利害关系的业主一致同意。

释 义

本条是关于住宅改为经营性用房的规定。

将住宅改变为经营性用房,在实践中又称为"住改商"。将原来用于居住的住宅改变为从事经营性活动的用房,会产生诸多不良影响。例如,业主利用屋顶平台开餐馆,扰乱了相邻业主的正常生活;住宅改为经营性用房必然造成建筑区划内的进出人员增多,共用的电梯、车位都会受到影响。因此,本条规定,"住改商"行为的合法性需要满足两个条件:遵守法律、法规以及管理规约;应当经有利害关系的业主一致同意。如果业主将住宅改变为经营性用房,未按照本条的规定经有利害关系的业主一致同意,有利害关系的业主有权请求排除妨害、消除危险、恢复原状或者赔偿损失。那么,如何确定有利害关系业主的范围呢?有利害关系业主的范围原则上确定为在本栋建筑物之内,该范围基本上有效涵盖了与"住改商"行为有利害关系的业主,在实务中也比较容易掌握和操作。此外,实践中确实有可能出现建筑区划内本栋建筑物之外的业主也与"住改商"行为存在利害关系的情况,但这部分业主的范围难以统一划定,为防止利害关系业主范围的无限制泛化,其应证明利害关系的存在,即其房屋价值、生活质量受到或者可能受到不利影响。

第二百八十条 业主大会或者业主委员会的决定,对业主具有法律约束力。

业主大会或者业主委员会作出的决定侵害业主合法权益的,受侵害的业主可以请求人民法院予以撤销。

释 义

本条是关于业主大会、业主委员会决定的效力的规定。

业主大会由物业管理区域内的全体业主组成,是一个自治性质的组织。业主大会作为业主团体的意思机关,依法作出的决定,体现了大多数业主的意愿。业主委员会是业主大会的执行机构,负责执行业主大会的决定。因此,本条第1款规定,业主大会或者业主委员会的决定,对全体业主都具有法律约束力。须注意的是,对全体业主具有约束力的业主大会或者业主委员会的决定,必须是依法设立的业主大会或者业主委员会作出的,且必须是业主大会或者业主委员会依据法定程序作出的,同时应符合法律、法规及规章的规定,不违背社会公德,不损害社会公共利益、国家利益和他人的合法权益的决定,才对全体业主具有法律约束力,否则该决定便没有法律约束力。

本条第2款规定,业主大会或者业主委员会作出的决定侵害业主合法权益的,受侵害的业主可以请求人民法院予以撤销。这里的"侵害业主合法权益",不仅包括侵害业主的实体权利,例如,决定将明确属于某特定业主的绿地作为全体业主共有的停车位等,也包括作出决定的程序违反法律规定。另外,最高人民法院《关于审理建筑物区分所有权纠纷案件具体应用法律若干问题的解释》规定,受侵害的业主请求人民法院撤销业主大会或者业主委员会决定的,应当在知道或者应当知道业主大会或者业主委员会作出决定之日起一年内行使。此处行使撤销权的1年的期间在性质上为除斥期间,其不存在中止、中断和延长的问题,属于不变的固定期间。如此规定,既可以督促受侵害的业主及时行使权利,也有利于尽量维护业主共同生活秩序的稳定。

第二百八十一条 建筑物及其附属设施的维修资金,属于业主共有。经业主共同决定,可以用于电梯、屋顶、外墙、无障碍设施等共有部分的维修、更新和改造。建筑物及其附属设施的维修资金的筹集、使用情况应当定期公布。

紧急情况下需要维修建筑物及其附属设施的,业主大会或者业主委员会可以依法申请使用建筑物及其附属设施的维修资金。

释 义

本条是关于建筑物及其附属设施的维修资金的归属、使用的规定。

维修资金用于对建筑物及其附属设施的维护、修缮,这是对业主共同利益的保护。虽然维修资金的来源是各个业主按份缴纳的资金,但是一旦缴纳后就形成专用的维修资金,各个业主只能对其共同行使权利,而不能按照各自缴纳的份额享有权利。因此,本条第 1 款规定,建筑物及其附属设施的维修资金,属于业主共有。关于维修资金的用途,本条第 1 款列举了电梯、屋顶、外墙、无障碍设施等共有部分的维修、更新和改造。为了保障业主对维修资金的知情权,依法监督维修资金的使用,对建筑物及其附属设施的维修资金的筹集、使用情况应当定期予以公布。《住宅专项维修资金管理办法》对维修资金的信息公开作了具体规定,即直辖市、市、县人民政府建设(房地产)主管部门,负责管理公有住房住宅专项维修资金的部门及业主委员会,应当每年至少一次与专户管理银行核对住宅专项维修资金账目,并向业主、公有住房售房单位公布下列情况:(1)住宅专项维修资金交存、使用、增值收益和结存的总额;(2)发生列支的项目、费用和分摊情况;(3)业主、公有住房售房单位分户账中住宅专项维修资金交存、使用、增值收益和结存的金额;(4)其他有关住宅专项维修资金使用和管理的情况。

本条第 2 款规定,紧急情况下需要维修建筑物及其附属设施的,业主大会或者业主委员会可以依法申请使用建筑物及其附属设施的维修资金。这里的"紧急情况",应指发生危及房屋使用安全或公共安全等事项,不立即展开维修,则会损害业主或者社会公共利益。例如,电梯存在严重事故隐患,可能发生危及人身或者财产安全的紧急情况;消防部门认定需要立即整改的消防设施故障;屋面或者外墙渗漏水;供水或排水设施堵塞、爆裂等。依《住宅专项维修资金管理办法》的规定,住宅专项维修资金划转业主大会管理后,紧急情况下需要使用住宅专项维修资金的,按照以下程序办理:(1)物业服务企业持有关材料向业主委员会提出列支住宅专项维修资金;(2)业主委员会依据使用方案审核同意,并报直辖市、市、县人民政府建设(房地产)主管部门备案;(3)业主委员会向专户管理银行发出划转住宅专项维修资金的通知;(4)专户管理银行将所需住宅专项维修资金划转至维修单位。

第二百八十二条　建设单位、物业服务企业或者其他管理人等利用业主的共有部分产生的收入,在扣除合理成本之后,属于业主共有。

释 义

本条是关于业主共有部分产生的收入归属的规定。

实践中,很多小区的开发商、物业服务企业往往未经业主大会或者业主委员会同意,在小区的电梯、道路、外墙、健身设施等业主共有空间中安置大量广告牌或者从事其他经营行为;其收益状况也从不向业主大会或者业主委员会报告。这些都无疑是对业主权益的侵害。有鉴于此,本条规定,建设单位、物业服务企业或者其他管理人等利用业主的共有部分产生的收入,在扣除合理成本之后,属于业主共有。本条的这一规定,对于维护业主的共同权益具有重要意义。《物业管理条例》第54条也规定,利用物业共用部位、共用设施设备进行经营的,应当在征得相关业主、业主大会、物业服务企业的同意后,按照规定办理有关手续;业主所得收益应当主要用于补充专项维修资金,也可以按照业主大会的决定使用。

第二百八十三条 建筑物及其附属设施的费用分摊、收益分配等事项,有约定的,按照约定;没有约定或者约定不明确的,按照业主专有部分面积所占比例确定。

释 义

本条是关于建筑物及其附属设施的费用分摊、收益分配的规定。

对建筑物及其附属设施的养护、维修,会带来费用的负担问题;将建筑物及其附属设施授权他人使用或者经营,将会获得收益。这些费用如何分摊、收益如何分配,关系到每个业主的利益。本条规定,建筑物及其附属设施的费用分摊、收益分配等事项,有约定的,按照约定;没有约定或者约定不明确的,按照业主专有部分面积所占比例确定。这是基于对意思自治的尊重而允许当事人之间进行约定。如果对建筑物及其附属设施的费用分摊、收益分配等事项没有约定或者约定不明确的,则按照每一个业主专有部分的面积与全体业主专有部分的总面积的比例来确定。这里的"专有部分面积",应按照不动产登记簿记载的面积计算;尚未进行物权登记的,暂按测绘机构的实测面积计算;

尚未进行实测的,暂按房屋买卖合同记载的面积计算。

　　第二百八十四条　业主可以自行管理建筑物及其附属设施,也可以委托物业服务企业或者其他管理人管理。

　　对建设单位聘请的物业服务企业或者其他管理人,业主有权依法更换。

释　义

　　本条是关于业主对建筑物及其附属设施管理权利的规定。

　　业主对建筑物及其附属设施的管理方式有自行管理与委托管理之分。所谓自行管理,是指业主自主执行管理业务或彼此构成一个管理团体执行管理业务。在业主人数较少时,由各业主直接管理。在业主人数较多时,相互间构成一个管理团体,管理并维持共同事务及共有部分。① 所谓委托管理,是指业主将管理业务概括地委托物业服务企业或其他管理人管理。此时,业主与管理人之间属于一种委托关系。

　　在业主、业主大会选聘物业服务企业或其他管理人之前,应由建设单位选聘物业服务企业或其他管理人,并签订书面的前期物业服务合同。《物业管理条例》规定,国家提倡建设单位按照房地产开发与物业管理相分离的原则,通过招投标的方式选聘物业服务企业。住宅物业的建设单位,应当通过招投标的方式选聘物业服务企业;投标人少于3个或者住宅规模较小的,经物业所在地的区、县人民政府房地产行政主管部门批准,可以采用协议方式选聘物业服务企业。业主大会成立之后,可以对建设单位选聘的物业服务企业或其他管理人进行更换。因此,本条第2款规定,对建设单位聘请的物业服务企业或者其他管理人,业主有权依法更换。

　　第二百八十五条　物业服务企业或者其他管理人根据业主的委托,依照本法第三编有关物业服务合同的规定管理建筑区划内的建筑物及其附属设施,接受业主的监督,并及时答复业主对

---

① 参见陈华彬:《建筑物区分所有权研究》,法律出版社2007年版,第253页。

物业服务情况提出的询问。

　　物业服务企业或者其他管理人应当执行政府依法实施的应急处置措施和其他管理措施,积极配合开展相关工作。

释 义

　　本条是关于物业服务企业或者其他管理人权利义务的规定。

　　本法第三编对物业服务合同设专章进行了规定。物业服务企业或者其他管理人按照物业服务合同的约定,享有管理建筑区划内的建筑物及其附属设施的权利。同时,其也应履行相应的义务。这些义务主要包括:

　　1.应当按照约定和物业的使用性质,妥善维修、养护、清洁、绿化和经营管理物业服务区域内的业主共有部分,维护物业服务区域内的基本秩序,采取合理措施保护业主的人身、财产安全。

　　2.接受业主的监督。物业服务企业或者其他管理人应当定期将服务的事项、负责人员、质量要求、收费项目、收费标准、履行情况,以及维修资金使用情况、业主共有部分的经营与收益情况等以合理方式向业主公开并向业主大会、业主委员会报告。

　　3.及时答复业主对物业服务情况提出的询问。如果业主对物业服务的有关情况提出询问的,物业服务企业或者其他管理人应及时予以答复。这样,有利于保障业主的知情权。

　　4.执行政府依法实施的应急处置措施和其他管理措施,积极配合开展相关工作。

　　第二百八十六条　业主应当遵守法律、法规以及管理规约,相关行为应当符合节约资源、保护生态环境的要求。对于物业服务企业或者其他管理人执行政府依法实施的应急处置措施和其他管理措施,业主应当依法予以配合。

　　业主大会或者业主委员会,对任意弃置垃圾、排放污染物或者噪声、违反规定饲养动物、违章搭建、侵占通道、拒付物业费等损害他人合法权益的行为,有权依照法律、法规以及管理规约,请求行为人停止侵害、排除妨碍、消除危险、恢复原状、赔偿损失。

业主或者其他行为人拒不履行相关义务的,有关当事人可以向有关行政主管部门报告或者投诉,有关行政主管部门应当依法处理。

释 义

本条是关于业主的义务以及对业主合法权益保护的规定。

本条第 1 款规定,遵守法律、法规和管理规约是业主基本的义务。业主的相关行为应当符合节约资源、保护生态环境的要求。对于物业服务企业或者其他管理人执行政府依法实施的应急处置措施和其他管理措施,业主有义务予以配合。

如果在建筑区划内出现对任意弃置垃圾、排放污染物或者噪声、违反规定饲养动物、违章搭建、侵占通道、拒付物业费等损害他人合法权益的行为,业主大会或者业主委员会应追究行为人的民事责任,以维护业主的权益。业主或者其他行为人违反法律、法规、国家相关强制性标准、管理规约,或者违反业主大会、业主委员会依法作出的决定,实施下列行为的,可以认定为本条第 2 款所称的其他"损害他人合法权益的行为":(1)损害房屋承重结构,损害或者违章使用电力、燃气、消防设施,在建筑物内放置危险、放射性物品等危及建筑物安全或者妨碍建筑物正常使用;(2)违反规定破坏、改变建筑物外墙面的形状、颜色等损害建筑物外观;(3)违反规定进行房屋装饰装修;(4)违章加建、改建,侵占、挖掘公共通道、道路、场地或者其他共有部分。根据本条第 2 款的规定,业主大会或者业主委员会追究损害他人合法权益的行为人的方式包括:请求行为人停止侵害、排除妨碍、消除危险、恢复原状、赔偿损失。

本条第 3 款规定,如果损害他人合法权益的业主或者其他行为人拒不履行相关义务的,有关业主可以向行政主管部门报告或者投诉,有关行政主管部门应当依法处理。

第二百八十七条 业主对建设单位、物业服务企业或者其他管理人以及其他业主侵害自己合法权益的行为,有权请求其承担民事责任。

释　义

本条是关于业主有权请求建设单位、物业服务企业或者其他管理人以及其他业主承担民事责任的规定。

在实践中,建设单位、物业服务企业或者其他管理人侵害业主合法权益的情形时有发生。例如,建设单位或者其他行为人擅自占用、处分业主共有部分,改变其使用功能或者进行经营性活动,便侵害了业主的共有权。有的业主任意弃置垃圾、排放污染物或者噪声、违反规定饲养动物、违章搭建、侵占通道等行为,也造成了其他业主权益的损害。为了保护业主的合法权益,本条规定业主对建设单位、物业服务企业或者其他管理人以及其他业主侵害自己合法权益的行为,有权请求其承担民事责任。

第七章　相　邻　关　系

本章导言 ▶

本章是对"相邻关系"的规定。该章对处理相邻关系的原则,处理相邻关系的依据,用水、排水相邻关系,相邻关系中的通行权,利用相邻土地、建筑物,相邻建筑物的通风、采光和日照,相邻不动产之间排放、施放污染物,相邻不动产安全保护,使用相邻不动产时避免造成损害等内容进行了规定。

第二百八十八条　不动产的相邻权利人应当按照有利生产、方便生活、团结互助、公平合理的原则,正确处理相邻关系。

释　义

本条是关于相邻关系处理原则的规定。

所谓相邻关系,是指相邻近的不动产所有人或利用人之间,一方所有人或利用人的支配力与他方所有人或利用人的排他力相互冲突时,为调和其冲突以谋共同利益,而由法律直接规定的权利义务关系。[1] 相邻关系具有以下特征:

1. 相邻关系的主体是两个以上相邻不动产的所有人或利用人。相邻关系的主体无论是自然人还是法人、非法人组织,都必须是相邻不动产的所有权人或使用权人。此处的不动产,不仅包括土地,而且包括房屋。

2. 相邻关系是由于不动产的毗邻关系而产生的。所谓毗邻,是指地理位置相邻。毗邻的不动产既包括相互连接的不动产,也包括相互邻近的不动产。

---

[1]　参见史尚宽:《物权法论》,中国政法大学出版社2000年版,第79页。

3. 相邻关系的客体是行使不动产权利所体现的利益。相邻各方在行使权利时,一方面可以实现自己的利益,另一方面也应为相邻方提供便利,尊重他人的合法权益。因此,相邻关系的客体不是不动产本身,而是行使不动产权利所体现的利益。

4. 相邻关系的主要内容是相邻一方有权要求他方提供必要的便利,他方应给予必要方便。所谓必要方便,是指不动产权利人必须获得这种方便,才能正常地行使自己的权利。例如,相邻人在无其他道路可走的情形下,有权要求从相邻人的土地上通行。

相邻关系依存于不动产的所有权关系或使用权关系,其本质是相邻不动产所有权或使用权的适当扩展或限制。在相邻关系中,相邻各方依法享有权利,同时履行法定的义务。本法调整相邻关系,旨在使相邻各方为对方行使不动产所有权或使用权给予必要的便利,协调不动产的利用关系,以充分发挥不动产的使用效益。

本条规定,处理相邻关系应当遵循以下原则:

1. 有利生产、方便生活。相邻关系是相邻各方在生产、生活中,对于毗邻的不动产行使所有权或使用权而发生的权利义务关系。因此,处理相邻关系,应以有利生产、方便生活为原则。例如,相邻水流关系要求水源地的所有人或使用人不得垄断对水的使用权,应允许相邻各方使用。

2. 团结互助、公平合理。相邻各方在行使不动产所有权或使用权时,应团结互助,兼顾相邻人的利益,而不能损人利己。在相邻各方发生纠纷时,应互谅互让,采取协商的办法解决;若协商不成的,国家行政机关、人民法院在解决纠纷时应遵循公平合理的原则,妥善处理。

第二百八十九条 法律、法规对处理相邻关系有规定的,依照其规定;法律、法规没有规定的,可以按照当地习惯。

释 义

本条是关于处理相邻关系依据的规定。

处理相邻关系,首先应依据法律、法规的规定。例如,我国《水法》对水事纠纷的处理作了具体规定。该法第56条规定:"不同行政区域之间发生水事

纠纷的,应当协商处理;协商不成的,由上一级人民政府裁决,有关各方必须遵
照执行。在水事纠纷解决前,未经各方达成协议或者共同的上一级人民政府
批准,在行政区域交界线两侧一定范围内,任何一方不得修建排水、阻水、取水
和截(蓄)水工程,不得单方面改变水的现状。"第57条规定:"单位之间、个人
之间、单位与个人之间发生的水事纠纷,应当协商解决;当事人不愿协商或者
协商不成的,可以申请县级以上地方人民政府或者其授权的部门调解,也可以
直接向人民法院提起民事诉讼。县级以上地方人民政府或者其授权的部门调
解不成的,当事人可以向人民法院提起民事诉讼。在水事纠纷解决前,当事人
不得单方面改变现状。"

　　如果法律、法规对处理相邻关系没有规定的,可以按照当地习惯。民事
习惯历来是世界各国法律的重要渊源之一,尤其在相邻关系领域,民事习惯
更是得到许多国家和地区制定法的确认。本法第10条规定:"处理民事纠
纷,应当依照法律;法律没有规定的,可以适用习惯,但是不得违背公序良
俗。"这一条将习惯正式作为法律渊源规定在民法典之中。一般认为,习惯
应当具有全面性、长期性、普遍性和抽象性,即为广大地域的社会民众普遍
认知并长期遵循、接受其约束的行为方式。民事习惯是在长期的社会生活
中自发形成的,只有具备较长时间性的民事习惯才会为当地人民认可,并具
备约束力。任何民事习惯都必须存在于一定的地域并约束着当地人们的行
为。"十里不同风,百里不同俗"。例如,在广东省潮汕地区的农村有"滴水
距离"的建房习惯,即在建造房屋时,应当保持与周围房屋的距离在20公
分以上,以解决滴水、维修、采光等问题,而这一民事习惯就会产生相邻人
的权利义务关系。值得注意的是,本条规定"可以按照当地习惯"处理相
邻关系,这是一个选择性条款,意味着法官在审理相邻关系案件时具有自
由裁量权,可以按照民事习惯进行裁决,也可以不按照民事习惯进行
裁决。

　　第二百九十条　不动产权利人应当为相邻权利人用水、排水
提供必要的便利。

　　对自然流水的利用,应当在不动产的相邻权利人之间合理分
配。对自然流水的排放,应当尊重自然流向。

释 义

本条是关于用水、排水相邻关系的规定。

相邻各方基于用水、排水产生的相邻关系较为普遍,且容易发生有关用水、排水的纠纷。此外,如何处理好自然流水的利用关系,对于相邻各方具有重要的意义。因此,本条对用水、排水相邻关系进行了明确规定。

本条第 1 款规定了用水、排水相邻关系。在我国,水资源属于国家所有。《水法》第 48 条规定:"直接从江河、湖泊或者地下取用水资源的单位和个人,应当按照国家取水许可制度和水资源有偿使用制度的规定,向水行政主管部门或者流域管理机构申请领取取水许可证,并缴纳水资源费,取得取水权。但是,家庭生活和零星散养、圈养畜禽饮用等少量取水的除外。"由此可见,相邻各方均可取得水流的使用权。依据本条第 1 款的规定,相邻各方应当为彼此用水提供必要的便利,不能因为自己用水而剥夺或损害相邻方用水的权利。对于相邻一方必须使用另一方的土地排水的,应当予以准许;但应在必要限度内使用并采取适当的保护措施排水,如仍造成损失的,由受益人合理补偿。相邻一方可以采取其他合理的措施排水而未采取,向他方土地排水毁损或者可能毁损他方财产,他方要求致害人停止侵害、消除危险、恢复原状、赔偿损失的,应当予以支持。处理相邻房屋滴水纠纷时,对有过错的一方造成他方损害的,应当责令其排除妨碍、赔偿损失。

本条第 2 款规定了自然流水的利用。一方面,对自然流水的利用,应当在不动产的相邻权利人之间合理分配。任何一方不得为自身利益而任意改变水路、截阻水流、独占水流。一方擅自堵截或独占自然流水影响他方正常生产、生活的,他方有权请求排除妨碍;造成他方损失的,应负赔偿责任。此外,我国《水法》第 45 条还对水资源的配置制度作了明确规定:"调蓄径流和分配水量,应当依据流域规划和水中长期供求规划,以流域为单元制定水量分配方案。跨省、自治区、直辖市的水量分配方案和旱情紧急情况下的水量调度预案,由流域管理机构商有关省、自治区、直辖市人民政府制订,报国务院或者其授权的部门批准后执行。其他跨行政区域的水量分配方案和旱情紧急情况下的水量调度预案,由共同的上一级人民政府水行政主管部门商有关地方人民政府制订,报本级人民政府批准后执行。水量分配方案和旱情紧急情况下的水量调度预案经批准后,有关地方人民政府必须执行。在不同行政区域之间的边界河流上建设水资源开发、利用项目,应当符合该流域经批准的水量分配方案,由有关县级以上地方人民政府报共同的上一级人民政府水行政主管部门或者有关流域管理机构批准。"另一方面,对自然流水的排放,应当尊重自然流向。由于水有就下的属性,因此在自然流水,低地权利人通常应负有容忍义务。这种义务性质上属于不作为义务,如高地的水流至自己使用的土地而受阻碍时,低地的权利人不负有疏通义务。水流流至低地阻塞时,高地的权利人有以自己的费用而设置必要的疏通工事的权利。

第二百九十一条 不动产权利人对相邻权利人因通行等必须利用其土地的,应当提供必要的便利。

释 义

本条是关于相邻关系中通行权的规定。

一般而言,不动产权利人有权禁止他人利用其土地通行,但相邻权利人因通行等需要必须利用其土地的,不动产权利人应当提供必要的便利,不得阻扰。如果因一方必须在相邻一方使用的土地上通行而造成损失的,应当给予适当补偿。相邻关系中通行权的成立,应具备以下要件:

1. 土地与公共道路没有适宜的联络。这并不一定要求土地的四周不通公路(袋地),在土地与公路之间不能直达,或者虽有他路可通至公路,但所需费用过大甚至具有危险时,均构成"没有适宜的联络"。

2. 相邻权利人必须有使用邻地通行的必要。判断是否有使用邻地通行的必要,除了应考虑土地的位置、面积、形状、地势等因素之外,还应考虑土地的用途。对于土地用途的考虑,应以合法的利用为限,如将土地作违法使用,则不得主张必要通行权。[①] 例如,对于一方所有的或者使用的建筑物范围内历史形成的必经通道,所有权人或者使用权人不得堵塞。因堵塞影响他人生产、生活,他人要求排除妨碍或者恢复原状的,应当予以支持。

---

① 参见梁慧星、陈华彬:《物权法》(第四版),法律出版社 2007 年版,第 194 页。

3.相邻权利人必须使用邻地通行并非其任意行为所致。如果相邻权利人故意毁坏土地与公路之间的桥梁、道路等,致使其无适当通路的,其不得主张相邻必要通行权。

本条除了规定相邻关系中的通行权之外,还要求不动产权利人对相邻权利人因其他原因必须利用其土地的,应当提供必要的便利。例如,物品失落于他人使用的土地时,应允许进入他人的土地取回。

第二百九十二条 不动产权利人因建造、修缮建筑物以及铺设电线、电缆、水管、暖气和燃气管线等必须利用相邻土地、建筑物的,该土地、建筑物的权利人应当提供必要的便利。

释 义

本条是关于利用相邻土地、建筑物的规定。

1.不动产权利人因建造、修缮建筑物必须利用相邻土地、建筑物的,该土地、建筑物的权利人应当提供必要的便利。不动产权利人对相邻土地、建筑物的利用权,应具备以下条件:其一,必须在土地疆界或疆界线的附近建造、修缮建筑物;其二,必须有利用相邻土地、建筑物的必要。相邻一方因修建施工临时占用他方使用的土地,占用的一方如未按照双方约定的范围、用途和期限使用的,应当责令其及时清理现场,排除妨碍,恢复原状,赔偿损失。

2.不动产权利人因铺设电线、电缆、水管、暖气和燃气管线等必须利用相邻土地、建筑物的,该土地、建筑物的权利人应当提供必要的便利。此处所谓"必须利用",包括两种情况,即如果不利用相邻土地、建筑物,就不能铺设电线、电缆、水管、暖气和燃气管线等,以及如果不利用相邻土地、建筑物,铺设电线、电缆、水管、暖气和燃气管线等将付出过大的费用。不动产权利人铺设电线、电缆、水管、暖气和燃气管线等时,应选择对相邻权利人损害最小的线路和方法。

第二百九十三条 建造建筑物,不得违反国家有关工程建设标准,不得妨碍相邻建筑物的通风、采光和日照。

释 义

本条是关于相邻建筑物的通风、采光和日照的规定。

依据本条规定,建造建筑物应遵守国家有关工程建设标准,不得妨碍相邻建筑物的通风、采光和日照。住房和城乡建设部发布的《民用建筑设计统一标准》(GB50352-2019)对建筑物的通风、采光等标准作了具体规定。这主要包括:

1. 居住建筑的卧室和起居室(厅)、医疗建筑的一般病房的采光不应低于采光等级Ⅳ级的采光系数标准值,教育建筑的普通教室的采光不应低于采光等级Ⅲ级的采光系数标准值,且应进行采光计算。采光应符合下列规定:(1)每套住宅至少应有一个居住空间满足采光系数标准要求,当一套住宅中居住空间总数超过4个时,其中应有2个及以上满足采光系数标准要求;(2)老年人居住建筑和幼儿园的主要功能房间应有不小于75%的面积满足采光系数标准要求。

2. 建筑物应根据使用功能和室内环境要求设置与室外空气直接流通的外窗或洞口;当不能设置外窗和洞口时,应另设置通风设施。采用直接自然通风的空间,通风开口有效面积应符合下列规定:(1)生活、工作的房间的通风开口有效面积不应小于该房间地面面积的1/20;(2)厨房的通风开口有效面积不应小于该房间地板面积的1/10,并不得小于0.6㎡;(3)进出风开口的位置应避免设在通风不良区域,且应避免进出风开口气流短路。

第二百九十四条 不动产权利人不得违反国家规定弃置固体废物,排放大气污染物、水污染物、土壤污染物、噪声、光辐射、电磁辐射等有害物质。

释 义

本条是关于相邻不动产之间排放、施放污染物的规定。

随着社会经济的发展,各种固体废物、大气污染物、水污染物、土壤污染物、噪声、光辐射、电磁辐射等有害物质不断产生,给环境造成了较大损害。

为了保护环境,本条规定,不动产权利人不得违反国家规定弃置固体废物,排放大气污染物、水污染物、土壤污染物、噪声、光辐射、电磁辐射等有害物质。

根据我国《固体废物污染环境防治法》的规定,所谓固体废物,是指在生产、生活和其他活动中产生的丧失原有利用价值或者虽未丧失利用价值但被抛弃或者放弃的固态、半固态和置于容器中的气态的物品、物质以及法律、行政法规规定纳入固体废物管理的物品、物质。固体废物具有数量大、种类繁多、性质复杂、产生源分布广泛、可运输及跨国间转移等特点。这些特点使固体废物污染的途径多,污染形式复杂,可直接或间接污染环境,既有即时性污染,又有潜伏性和长期性污染的威胁。《固体废物污染环境防治法》规定,产生固体废物的单位和个人,应当采取措施,防止或者减少固体废物对环境的污染;禁止任何单位或者个人向江河、湖泊、运河、渠道、水库及其最高水位线以下的滩地和岸坡以及法律法规规定的其他地点倾倒、堆放、贮存固体废物。在相邻关系中,不动产权利人不得违反国家上述规定,弃置固体废物。

在其他国家和地区的民法典中,将大气污染物、噪声、光辐射、电磁辐射等有害物质侵入邻地造成的干扰性妨害或损害,称为"不可量物侵害"。我国《大气污染防治法》第9条规定,国务院生态环境主管部门或者省、自治区、直辖市人民政府制定大气污染物排放标准,应当以大气环境质量标准和国家经济、技术条件为依据。《水污染防治法》第14条规定,国务院环境保护主管部门根据国家水环境质量标准和国家经济、技术条件,制定国家水污染物排放标准。省、自治区、直辖市人民政府对国家水污染物排放标准中未作规定的项目,可以制定地方水污染物排放标准;对国家水污染物排放标准中已作规定的项目,可以制定严于国家水污染物排放标准的地方水污染物排放标准。地方水污染物排放标准须报国务院环境保护主管部门备案。向已有地方水污染物排放标准的水体排放污染物的,应当执行地方水污染物排放标准。《环境保护法》第42条规定,排放污染物的企业事业单位和其他生产经营者,应当采取措施,防治在生产建设或者其他活动中产生的废气、废水、废渣、医疗废物、粉尘、恶臭气体、放射性物质以及噪声、振动、光辐射、电磁辐射等对环境的污染和危害。不动产权利人不得违反国家有关规定排放大气污染物、水污染物、土壤污染物、噪声、光辐射、电磁辐射等有害物质。

第二百九十五条 不动产权利人挖掘土地、建造建筑物、铺设管线以及安装设备等,不得危及相邻不动产的安全。

释 义

本条是关于相邻不动产安全保护的规定。

不动产的安全对于不动产权利人至关重要,不动产权利人依赖不动产进行生产或生活。相邻关系的特殊性决定了相邻各方互相负有容忍义务,即容忍相邻方在合理的限度内进行必要的活动而给自己带来的不便。但不动产权利人为生产或生活需要而挖掘土地、建造建筑物、铺设管线以及安装设备等时,有可能威胁相邻不动产的安全,损害相邻权利人的权益。因此,本条规定,不动产权利人挖掘土地、建造建筑物、铺设管线以及安装设备等,不得危及相邻不动产的安全。例如,我国《建筑法》规定,建筑施工企业应当在施工现场采取维护安全、防范危险、预防火灾等措施,有条件的,应当对施工现场实行封闭管理;施工现场对毗邻的建筑物、构筑物和特殊作业环境可能造成损害的,建筑施工企业应当采取安全防护措施;建设单位应当向建筑施工企业提供与施工现场相关的地下管线资料,建筑施工企业应当采取措施加以保护。

如果不动产权利人挖掘土地、建造建筑物、铺设管线以及安装设备等,危及相邻不动产的安全的,有可能受到损害的一方有权请求其消除危险、恢复原状。若不动产权利人造成了相邻权利人造成损害的,受害方还可请求赔偿损失。

第二百九十六条 不动产权利人因用水、排水、通行、铺设管线等利用相邻不动产的,应当尽量避免对相邻的不动产权利人造成损害。

释 义

本条是关于使用相邻不动产时避免造成损害的规定。

本法第290条第1款规定:"不动产权利人应当为相邻权利人用水、排水提供必要的便利。"第 291 条规定："不动产权利人对相邻权利人因通行等必须利用其土地的,应当提供必要的便利。"第 292 条规定："不动产权利人因建造、修缮建筑物以及铺设电线、电缆、水管、暖气和燃气管线等必须利用相邻土地、建筑物的,该土地、建筑物的权利人应当提供必要的便利。"上述三条规定都要求相邻权利人为他人提供必要的便利,这是对相邻权利人权利进行的一定限制。但不动产权利人基于相邻关系而利用相邻不动产时,也应履行相应的义务,避免对相邻不动产权利人造成损害。这样,才符合处理相邻关系的公平合理原则。因此,本条规定,不动产权利人因用水、排水、通行、铺设管线等利用相邻不动产的,应当尽量避免对相邻的不动产权利人造成损害。如果不动产权利人因用水、排水、通行、铺设管线等造成相邻不动产的损害的,受害人有权请求侵权人赔偿损失。

第八章 共 有

本章导言 ▶

本章是对"共有"的规定。该章规定了共有的概念与类型,按份共有,共同共有,共有物的管理,共有物的处分、重大修缮,共有物管理费用的负担,共有财产分割的原则,共有物的分割方式,按份共有人的优先购买权,按份共有人优先购买权的行使,因共有财产产生的债权债务关系的对外、对内效力,共有关系不明确时推定共有关系性质,按份共有人份额不明确时份额的确定,用益物权、担保物权准共有等内容。

第二百九十七条 不动产或者动产可以由两个以上组织、个人共有。共有包括按份共有和共同共有。

释 义

本条是关于共有的概念与类型的规定。

根据本条规定,共有是指两个以上的组织、个人对同一不动产或者动产享有所有权。共有的主体称为共有人,共有的客体称为共有物或者共有财产。共有具有以下特征:

1. 从主体上看,共有的主体是两个以上的组织、个人。尽管共有主体具有非单一性,但是共有人对共有物只能共同享有一个所有权。因此,共有物的所有权是单一的。

2. 从客体来看,共有的客体是同一物。它可以是独立物,也可以是集合物,如共同继承的遗产。共有物在共有关系存续期间不能分割,不能由各个共有人对某一部分共有物享有所有权。

3.从内容来看,共有人对共有物按照各自的份额享有权利和承担义务,或者不分份额共同地享有权利和承担义务。各个共有人对共有物享有的占有、使用、收益和处分的权利,不受其他共有人的侵害。

4.从性质来看,共有是所有权的联合,而不是一种独立的所有权形式。共有是同种或不同种类的所有权的联合,例如,个人与个人的共有、集体与个人的共有等。

共有与公有是不同的概念。首先,共有的主体是两个以上的组织、个人;而公有的主体是单一的,在我国公有的主体为国家或集体组织。其次,基于共有而形成的共有组织不是共有财产的所有权主体,其成员才是共有财产的所有权主体;而基于公有而形成的公有组织是公有财产的所有权主体,其成员不是公有财产的所有权主体。再次,共有人的权利是平等的,其权利行使采取共同协商的原则;而公有财产的权利主体是单一的,享有独立行使所有权的权利。最后,共有不是一种独立的所有权类型,而是相同或不同种类的所有权的联合;而公有则是一种独立的所有权类型。[①]

关于共有的类型,本条规定,共有分为按份共有与共同共有两种类型。其中,按份共有是指共有人按照份额对共有的不动产或者动产享有所有权,共同共有是指共有人共同对共有的不动产或者动产享有所有权。

第二百九十八条 按份共有人对共有的不动产或者动产按照其份额享有所有权。

释 义

本条是关于按份共有的规定。

按份共有是指两个以上的组织、个人按照一定的份额对共有的不动产或者动产享有所有权。例如,甲、乙、丙各自出资 100 万元购买一栋房屋,甲、乙、丙即以一定的份额(各自 1/3),共同享有该房屋的所有权。

按份共有具有以下特征:

1.各个共有人对于共有物按照份额享有所有权。各个共有人的份额,称

---

① 参见马俊驹、余延满:《民法原论》(上),法律出版社 1998 年版,第 402 页。

为应有份,其数额在共有关系产生时共有人就应当予以明确。没有约定或者约定不明确的,视为份额相等。

2.各个共有人按照各自的份额对共有物享有权利、承担义务。各个共有人对共有物持有多少份额,就对其共有物享有多少权利和承担多少义务。

3.各个共有人的权利不是局限于共有财产的某一具体的部分上或就某一具体部分单独享有所有权,而是及于共有财产的全部。

4.共有人有权处分自己的份额。在法律或者共有协议未作限制的情况下,按份共有人有权要求将自己的份额分出或者转让。按份共有人死亡,其继承人有权继承。

第二百九十九条 共同共有人对共有的不动产或者动产共同享有所有权。

释 义

本条是关于共同共有的规定。

所谓共同共有,是指两个以上的组织、个人基于共同关系对某项不动产或者动产不分份额地共同享有权利并承担义务。共同共有具有以下特征:

1.共同共有是不分份额的共有。在共同共有关系存续期间,共同共有人不能对共有财产确定份额。只有在共同共有关系终止,共有财产分割后,才能确定各共有人的份额。

2.共同共有根据共同关系产生,必须以共同关系的存在为前提。这种共同关系,包括夫妻关系、家庭关系等。

3.各共有人对共有财产享有平等的权利,承担平等的义务。共同共有人对共有财产享有平等的占有权、使用权;对共有财产的收益,不按照比例进行分配,而是共同享有;对共有财产的处分,应征得全体共有人的同意。同时,各共有人须承担平等的义务。例如,对共有财产进行维修而支出的费用,由各共有人共同承担。

在我国,共同共有的类型主要有三种:夫妻共有、家庭共有、遗产分割前的共有。具体如下:

1.夫妻共有。夫妻共有是我国共同共有的基本类型。本法第 1062 条规定:"夫妻在婚姻关系存续期间所得的下列财产,为夫妻的共同财产,归夫妻共同所有:(一)工资、奖金、劳务报酬;(二)生产、经营、投资的收益;(三)知识产权的收益;(四)继承或者受赠的财产,但是本法第一千零六十三条第三项规定的除外;(五)其他应当归共同所有的财产。夫妻对共同财产,有平等的处理权。"

2.家庭共有。家庭共有是指家庭成员在家庭共同生活关系存续期间共同创造、共同劳动所得的财产。其特征有:(1)家庭共有财产的主体是对家庭共有财产的构成作出了贡献的家庭成员。(2)家庭共有财产的形式是在共同生活期间的共同劳动收入和所得。包括家庭成员交给家庭的财产、家庭成员共同受赠的财产等。(3)家庭共有财产是以维持家庭成员共同的生活或生产为目的的财产。(4)家庭共有财产以家庭共同生活关系的存在为前提。家庭共同生活关系终止,如成年子女分家、父母离婚等导致家庭共同生活关系终止,就可能使原有的家庭共有财产分割。①

确定家庭共有财产具有重要的法律意义。其一,本法第1153条第2款规定:"遗产在家庭共有财产之中的,遗产分割时,应当先分出他人的财产。"这意味着家庭共有中某一共有人死亡时,应将死者在家庭共有财产中的应有部分分出来,作为死者的遗产进行继承,而不能将家庭共有财产都作为遗产继承。其二,本法第56条第1款规定:"个体工商户的债务,个人经营的,以个人财产承担;家庭经营的,以家庭财产承担;无法区分的,以家庭财产承担。"《个人独资企业法》第18条也规定:"个人独资企业投资人在申请企业设立登记时明确以其家庭共有财产作为个人出资的,应当依法以家庭共有财产对企业债务承担无限责任。"这表明确定家庭共有财产对于债务承担具有重要意义。

3.遗产分割前的共有。被继承人死亡后遗产分割前,各继承人对遗产的共有为共同共有。本法第1151条规定:"存有遗产的人,应当妥善保管遗产,任何组织或者个人不得侵吞或者争抢。"

第三百条　共有人按照约定管理共有的不动产或者动产;没有约定或者约定不明确的,各共有人都有管理的权利和义务。

---

① 参见王利明:《物权法教程》,中国政法大学出版社2003年版,第173页。

释 义

本条是关于共有物管理的规定。

所谓共有物的管理,是指为维持共有物的物理机能,使其充分发挥社会的、经济的功能而对其所为的经营活动,包括对共有物的保存、利用和简易修缮。至于对共有物的处分和重大修缮,本法第301条另有规定。

1. 对共有物的保存。对共有物的保存是指保存共有物及其权利免于毁损、灭失或限制的行为,以维持现状为目的。对共有物的保存是共有物管理的最基本的要求,如果无法保存共有物,共有权也将归于消灭。

2. 对共有物的改良或简易修缮。对共有物的改良是指不变更共有物的性质,而增加其效用或价值的行为。例如,为共有的房屋换上质量良好的玻璃等。

3. 对共有物的利用。对共有物的利用是指以满足共有人的共同需要为目的,不改变共有物的性质,而决定其使用、收益方法的行为。例如,全体共有人约定将共有的房屋出租,租金在共有人中按照一定的比例进行分配。

本条规定,共有物的管理按照以下规则处理:

1. 共有人按照约定管理共有的不动产或者动产。对于共有的财产,在共有关系存续期间,无论是按份共有人还是共同共有人,均可以约定对共有财产的管理事宜。这种约定有利于共有人共同安排共有财产的使用、收益,进而提高共有的效率。

2. 没有约定或者约定不明确的,各共有人都有管理的权利和义务。例如,共有人之间没有对共有汽车的保养、存放等问题进行约定,则各共有人均有对汽车进行妥善管理的权利和义务。

第三百零一条 处分共有的不动产或者动产以及对共有的不动产或者动产作重大修缮、变更性质或者用途的,应当经占份额三分之二以上的按份共有人或者全体共同共有人同意,但是共有人之间另有约定的除外。

释 义

本条是关于共有物处分、重大修缮的规定。

本条区分了按份共有与共同共有,对共有物的处分以及重大修缮、变更性质或者用途作了规定。这里的"处分",包括对共有物进行转让、设定负担或者抛弃共有物等行为。"重大修缮",指对共有物毁损破坏的物理机能进行大的修理,或者改变共有物的功能、效用的修缮行为。

一、按份共有物的处分、重大修缮、变更性质或者用途

本条规定,处分按份共有的不动产或者动产以及对按份共有的不动产或者动产作重大修缮、变更性质或者用途的,应当经占份额三分之二以上的按份共有人同意,但是按份共有人之间另有约定的除外。可见,我国对按份共有物的处分、重大修缮、变更性质或用途,除非按份共有人另有约定,采取的是"绝对多数决"原则,即占份额 2/3 以上的按份共有人同意即可。例如,甲与同学乙、丙各出资 50 万元盖了一栋三层楼房,约定楼房盖好后三人共有。房屋竣工后,按照约定,甲住第一层,乙住第二层,丙住第三层。乙因常年在外做生意,打算将其居住的第二层出卖给丁,甲、丙均表示反对。在本案例中,甲、乙、丙对楼房形成按份共有,乙无权出售其居住的第二层。

传统民法遵循按份共有物处分"一致决"原则,其实质是强调按份共有人所有权行使的平等性,但这一原则在社会生活中常常难以操作,不利于物的价值的实现,而且共有人越多,交易成本越高。而按份共有物的处分采"绝对多数决"使得共有人更容易处分共有物,其所揭示的价值取向则在于,对于共有物的管理在符合公平原则的同时也应坚持效益原则,以更有利于物的利用。

二、共同共有物的处分、重大修缮、变更性质或者用途

本条规定,处分共同共有的不动产或者动产以及对共同共有的不动产或者动产作重大修缮、变更性质或者用途的,应当经全体共同共有人同意,但是共同共有人之间另有约定的除外。共同共有基于共同关系而产生,各共有人平等地享有权利和承担义务。因此,对共同共有财产的处分、重大修缮、变更性质或者用途,除非共同共有人另有约定,应当采取"一致决"的原则。例如,本法第 1062 条第 2 款规定:"夫妻对共同财产,有平等的处理权。"

第三百零二条 共有人对共有物的管理费用以及其他负担,有约定的,按照其约定;没有约定或者约定不明确的,按份共有人

按照其份额负担,共同共有人共同负担。

释 义

本条是关于共有物管理费用负担的规定。

共有物的管理费用,是指因共有物的保存、重大修缮或简易修缮、利用而产生的费用。共有物的其他负担,是指因共有物的存在而产生的各种费用,例如共有物的税款、保险费、共有建筑物造成的损害赔偿费等。

对按份共有而言,共有人对共有物的管理费用以及其他负担,有约定的,按照其约定;没有约定或者约定不明确的,按份共有人按照其份额负担。根据意思自治的原则,如果按份共有人之间对共有物的管理费用以及其他负担有约定的,那么,应尊重当事人的意愿,按照该约定处理。如果按份共有人之间对共有物的管理费用以及其他负担没有约定或约定不明确的,由按份共有人按照其份额负担,这样对各个按份共有人方为公平。

对共同共有而言,共有人对共有物的管理费用以及其他负担,有约定的,按照其约定;没有约定或者约定不明确的,共同共有人共同负担。例如,甲乙二人为夫妻关系,双方婚后用各自的工资共同购买了一套房屋。该房屋应属于夫妻共同财产。对于该房屋的管理费用,如果甲乙双方约定各自负担一半的,则按照其约定。如果甲乙双方没有约定该房屋的管理费用如何负担的,则应由甲乙二人共同负担。

第三百零三条 共有人约定不得分割共有的不动产或者动产,以维持共有关系的,应当按照约定,但是共有人有重大理由需要分割的,可以请求分割;没有约定或者约定不明确的,按份共有人可以随时请求分割,共同共有人在共有的基础丧失或者有重大理由需要分割时可以请求分割。因分割造成其他共有人损害的,应当给予赔偿。

释 义

本条是关于共有财产分割原则的规定。

1. 按照约定分割共有的不动产或动产。按份共有人或共同共有人对共有的财产分割有约定，按照约定进行分割。共有人约定不得分割共有的不动产或者动产，以维持共有关系的，应当按照约定，但是共有人有重大理由需要分割的，可以请求分割，以达到物尽其用、方便流转的目的。这里的"重大理由"，应理解为该理由合理，且重大到如不分割将对该共有人的利益产生根本性影响。例如，某一共有人生病急需医治，而该共有人仅有共有物一项财产，如不将其变现用于医疗，其生命将受到威胁。这种情况就构成"重大理由"，应允许其请求分割共有财产。

2. 没有约定或者约定不明确的，按份共有人可以随时请求分割，共同共有人在共有的基础丧失或者有重大理由需要分割时可以请求分割。按份共有人按照其份额对共有财产享有权利，因此，按份共有人有权请求从共有财产中分割出属于自己的份额。共同共有人对共有财产不分份额地享有权利，在共同共有的基础丧失或有重大理由需要分割时，可对共有财产进行分割。例如，本法第1066条规定，婚姻关系存续期间，有下列情形之一的，夫妻一方可以向人民法院请求分割共同财产：（1）一方有隐藏、转移、变卖、毁损、挥霍夫妻共同财产或者伪造夫妻共同债务等严重损害夫妻共同财产利益的行为；（2）一方负有法定扶养义务的人患重大疾病需要医治，另一方不同意支付相关医疗费用。

3. 因分割造成其他共有人损害的，应当给予赔偿。共有财产具有自身的功能与价值，如果分割共有财产导致其功能、价值丧失的，就会损害其他共有人的利益。因此，本条规定，因分割共有财产造成其他共有人损害的，应当对其他共有人进行赔偿。例如，张某和黄某合伙做生意，后双方决定解散合伙企业，在分割双方出资的合伙企业财产时，产生分歧，张某一气之下将属于合伙企业的桌、椅、电脑等物品切割，带走自己的一半，造成黄某损失数万元。根据本条规定，张某对自己行为所造成的对黄某的损害应当予以赔偿。

第三百零四条 共有人可以协商确定分割方式。达不成协议，共有的不动产或者动产可以分割且不会因分割减损价值的，应当对实物予以分割；难以分割或者因分割会减损价值的，应当对折价或者拍卖、变卖取得的价款予以分割。

共有人分割所得的不动产或者动产有瑕疵的，其他共有人应当分担损失。

释 义

本条是关于共有物分割方式的规定。

本条第 1 款规定了共有物的分割方式。具体如下：

1. 协议分割。共有人可以协商确定共有物的分割方式。协议分割有利于节省费用，提高效率。同时，协议分割体现了共有人的意思自治。因为共有人对共有物享有所有权，自然最了解共有物的功能、价值，由共有人全体同意对共有财产的分割方式，理应允许。

2. 法定分割。共有人之间达不成分割协议的，本条规定了以下两种分割方式。其一，实物分割。共有的财产可以分割且不会因分割减损价值的，应当对实物进行分割。例如，分割大米等。其二，变价分割。如果共有的财产难以分割或者因分割会减损价值的，可变卖或拍卖该共有财产进行变现，将价金分配给共有人。例如，耕牛、机器设备等不能进行实物分割。又如，甲乙二人共有一块宝玉，虽然能够分割，但分割以后会减损宝玉的价值。

本条第 2 款规定了共有人之间的瑕疵担保责任。共有人之间的瑕疵担保责任，包括权利瑕疵担保责任与物的瑕疵担保责任。权利瑕疵担保责任是指共有人应担保第三人就其他共有人分得的物不得主张任何权利。物的瑕疵担保责任是指共有人应担保其他共有人分得的物在分割前没有瑕疵。凡依据通常交易观念或者当事人间的约定，认为物应具有的价值、效用或品质有欠缺者，均属于物的瑕疵。瑕疵担保责任的内容主要是减少价金和损害赔偿。例如，甲乙分割共有财产之后，发现甲取得的财产是分割前甲乙借用丙的财产，因此，甲将该项财产返还给丙，而乙应当补偿甲的损失。又如，甲乙在分割共有财产之后，甲分得的财产因存在瑕疵而不能使用，则乙应补偿甲的损失。

第三百零五条 按份共有人可以转让其享有的共有的不动产或者动产份额。其他共有人在同等条件下享有优先购买的权利。

释 义

本条是关于按份共有人优先购买权的规定。

1.按份共有人可以转让其享有的共有的不动产或者动产份额。由于按份共有中,各个共有人按照一定的份额享有所有权,因此,按份共有人有权转让其份额,而无须征得其他共有人的同意。这是所有权属性的体现。

2.其他共有人享有优先购买权。本条规定,按份共有人转让共有的不动产或动产的份额时,其他共有人享有同等条件下优先购买的权利。共有人优先购买权具有以下特征:(1)共有人优先购买权的权利主体是共有关系中特定的共有人,即除了出卖人之外的其他共有人。(2)共有人优先购买权行使条件要求是同等条件。其他共有人只能在与第三人购买的条件同等的时候,才能存在优先购买的问题。这里的"同等条件",应当综合共有份额的转让价格、价款履行方式及期限等因素确定。例如,甲、乙、丙、丁按份共有一艘货船,份额分别为10%、20%、30%、40%。甲欲将其共有份额转让,丙愿意以40万元的价格购买,而戊愿意以50万元的价格购买,且价款一次付清。可见,戊的付款条件优于丙,丙不能行使优先购买权。(3)共有人优先购买权效力是优先于第三人购买的权利,即排除他人购买的权利。

本条规定按份共有人的优先购买权是必要的。因为:其一,有利于配置资源,促进物尽其用。通过优先购买权的行使,使共有向一人所有转化。且共有人比较了解物的功能、价值情况,由共有人行使优先购买权取得物的所有权,有利于更好地发挥物的效用。其二,避免和减少共有人之间的争议。若第三人通过受让共有人的份额而加入共有关系,可能破坏原来共有人之间形成的合作关系,进而产生争议。若由其他共有人行使优先购买权,则避免和减少了共有人之间的纠纷。

第三百零六条 按份共有人转让其享有的共有的不动产或者动产份额的,应当将转让条件及时通知其他共有人。其他共有人应当在合理期限内行使优先购买权。

两个以上其他共有人主张行使优先购买权的,协商确定各自的购买比例;协商不成的,按照转让时各自的共有份额比例行使优先购买权。

释 义

本条是关于按份共有人优先购买权的行使的规定。

1.转让人的通知义务。本条规定,按份共有人转让其享有的共有的不动产或者动产份额的,应当将转让条件及时通知其他共有人。转让人的通知义务是其他共有人行使优先购买权的关键。转让人通知的内容主要是按份共有人转让其享有的共有的不动产或者动产份额的条件。转让人通知的时间可以是转让人与第三人协商达成一致意见之前的任何时间。如果转让人在与第三方达成转让协议之后才通知其他共有人,则会面临转让人对第三人承担违约责任问题,也会面临其他共有人请求其承担侵害优先购买权法律后果的问题。

2.其他共有人应当在合理期限内行使优先购买权。自转让人通知其他共有人转让份额时起,其他共有人应当在一定期限内行使优先购买权。对于其他共有人行使优先购买权的期限,最高人民法院公布的《关于适用〈中华人民共和国物权法〉若干问题的解释(一)》(法释〔2016〕5号)第11条作了具体规定。优先购买权的行使期间,按份共有人之间有约定的,按照约定处理;没有约定或者约定不明的,按照下列情形确定:(1)转让人向其他按份共有人发出的包含同等条件内容的通知中载明行使期间的,以该期间为准;(2)通知中未载明行使期间,或者载明的期间短于通知送达之日起十五日的,为十五日;(3)转让人未通知的,为其他按份共有人知道或者应当知道最终确定的同等条件之日起十五日;(4)转让人未通知,且无法确定其他按份共有人知道或者应当知道最终确定的同等条件的,为共有份额权属转移之日起六个月。

3.两个以上按份共有人优先购买权的保护顺位。本条规定,两个以上其他共有人主张行使优先购买权的,协商确定各自的购买比例;协商不成,按照转让时各自的共有份额比例行使优先购买权。

第三百零七条 因共有的不动产或者动产产生的债权债务,在对外关系上,共有人享有连带债权、承担连带债务,但是法律另有规定或者第三人知道共有人不具有连带债权债务关系的除外;在共有人内部关系上,除共有人另有约定外,按份共有人按照份额享有债权、承担债务,共同共有人共同享有债权、承担债务。偿还债务超过自己应当承担份额的按份共有人,有权向其他共有人追偿。

释　义

本条是关于因共有财产产生的债权债务关系的对外、对内效力的规定。

1. 因共有财产产生的债权债务关系的对外效力。

依据本条第1款规定,在对外关系上,无论是共同共有还是按份共有,因共有物产生的债权,共有人享有连带债权,因共有物产生的债务,共有人承担连带债务,但是法律另有规定或者第三人知道共有人不具有连带债权债务关系的除外。这里的连带债权,意味着共有人享有连带债权时,任一共有人都可向第三人主张债权;这里的连带债务,则表明共有人承担连带债务时,第三人可向任一共有人主张债权。例如,甲、乙二人共有房屋一幢,甲长期在外地,由乙实际居住。一日房屋因地基不牢倒塌,对邻居丙的房屋造成一定损害。在本案例中,丙有权请求甲、乙承担连带债务。这是为了保护善意第三人利益的需要。因为第三人可能不知道共有人之间的共有关系性质,法律要求共有人对第三人承担连带债务,可以起到保护善意第三人利益的作用。

不过,如果法律另有规定或者第三人知道共有人不具有连带债权债务关系时,共有人不享有连带债权、不承担连带债务。例如,《合伙企业法》第38条、第39条规定,合伙企业对其债务,应先以其全部财产进行清偿;合伙企业不能清偿到期债务的,合伙人承担无限连带责任。

2. 因共有财产产生的债权债务关系的对内效力。

本条规定,在共有人内部关系上,除共有人另有约定外,按份共有人按照份额享有债权、承担债务,共同共有人共同享有债权、承担债务。各共有人之间可以对因共有物产生的债权债务关系的对内效力进行约定,这是共有人意思自治的体现。如果各共有人之间对因共有物产生的债权债务关系的对内效力没有约定的,则依共有的类型不同而区别对待。其一,按份共有人按照份额享有债权、承担债务。因为按份共有人按照一定的份额对共有物享有所有权,那么,基于共有物产生的债权债务,也应按照份额进行划分才公平。其二,共同共有人共同享有债权、承担债务。由于共同共有人不分份额、平等地对共有物享有所有权,因此,对于共有物产生的债权债务,也应共同享有、共同承担。

本条还规定,偿还债务超过自己应当承担份额的按份共有人,有权向其他共有人追偿。由于按份共有人对外承担连带债务,第三人往往依据最有利于债权实现的方式向某一个或几个共有人行使债权,而某一个或几个共有人有义务对外清偿全部债务。在某一个或几个按份共有人为全部清偿后,该清偿数额会超过其自身的份额负担,因此,这一个或几个按份共有人有权就偿还债务超过自己应当承担的部分而向其他共有人追偿。例如,甲、乙分别按照70%、30%的份额共有一辆汽车所有权,因购买该车向银行贷款100万元。债务清偿期届满后,银行有权请求甲或乙偿还债务,甲或乙都有义务向银行清偿全部债务100万元。如果甲清偿了100万元债务,则其有权向乙追偿30万元。

第三百零八条 共有人对共有的不动产或者动产没有约定为按份共有或者共同共有,或者约定不明确的,除共有人具有家庭关系等外,视为按份共有。

释 义

本条是关于共有关系不明确时推定共有关系性质的规定。

共有分为按份共有与共同共有两种类型。在有的情形下,共有人之间的共有关系是明确的,例如,共有人之间明确约定各自对共有物所有权享有的份额,这种共有属于按份共有。但在有些情形下,共有人对共有物为按份共有或者共同共有没有约定或者约定不明确。这不利于确定共有人的权利和义务,容易产生纠纷。因此,本条规定,共有人对共有的不动产或者动产没有约定为按份共有或者共同共有,或者约定不明确的,除共有人具有家庭关系等外,视为按份共有。由于家庭成员之间对共有的财产不分份额地加以使用和管理,因此,共有人之间具有家庭关系时,应当将这种共有确定为共同共有类型。按份共有人之间的权利义务按照份额就可以较容易地划分,将共有关系不明确时的共有推定为按份共有,更有利于定分止争。

第三百零九条 按份共有人对共有的不动产或者动产享有的份额,没有约定或者约定不明确的,按照出资额确定;不能确定出资额的,视为等额享有。

释 义

本条是关于按份共有人份额不明确时确定份额的规定。

按份共有是两个以上的组织、个人按照各自的份额对共有财产享有所有权的一种共有关系。按份共有人之间对共有财产享有的份额,可以自由约定。当按份共有人对共有财产享有的份额没有约定或者约定不明确时,本条规定,按照以下规则进行处理:首先,按照出资额确定份额。由于按份共有关系基于有偿行为而发生,因此,按照各共有人的出资额来确定份额较为合理。其次,不能确定出资额的,视为等额享有。如果按份共有人对共有的不动产或者动产享有的份额没有约定或者约定不明确,也不能确定各按份共有人的出资额,则推定按份共有人对共有财产的份额为等额享有。这样不仅易于操作,而且有利于简化共有人之间的法律关系,减少纠纷。

第三百一十条 两个以上组织、个人共同享有用益物权、担保物权的,参照适用本章的有关规定。

释 义

本条是关于用益物权、担保物权准共有的规定。

准共有是指对于所有权之外的其他财产权的共有。准共有与一般共有不同,此种共有的对象不是所有权,而是各种以财产利益为内容的权利。包括:(1)对所有权之外的其他物权的共有。例如,两个以上的人共同对土地享有建设用地使用权、宅基地使用权等。(2)对知识产权的共有。例如,对著作权、专利权、商标权的共有等。(3)对债权的共有。

本条规定了用益物权、担保物权的准共有。如果两个以上组织、个人共同享有用益物权、担保物权的,则适用共有的有关规定。这些规定包括:共有的类型分为按份共有与共同共有;按份共有人的权利与义务;共同共有人的权利与义务等。

第九章　所有权取得的特别规定

▌本章导言 ▶

　　本章是对所有权取得的特别规定。该章对不动产或者动产的善意取得,遗失物的返还,善意取得动产上原有权利的消灭,遗失物拾得人的义务,有关部门对遗失物的通知与招领义务,遗失物的保管义务和民事责任,遗失物拾得人的权利,无人认领的遗失物归国家所有,拾得漂流物、发现埋藏物或者隐藏物的法律适用,从物随主物转让,孳息的取得,因加工、附合、混合而产生的物的归属等内容进行了明确规定。

　　第三百一十一条　无处分权人将不动产或者动产转让给受让人的,所有权人有权追回;除法律另有规定外,符合下列情形的,受让人取得该不动产或者动产的所有权:

　　(一)受让人受让该不动产或者动产时是善意;

　　(二)以合理的价格转让;

　　(三)转让的不动产或者动产依照法律规定应当登记的已经登记,不需要登记的已经交付给受让人。

　　受让人依据前款规定取得不动产或者动产的所有权的,原所有权人有权向无处分权人请求损害赔偿。

　　当事人善意取得其他物权的,参照适用前两款规定。

释　义

本条是关于善意取得的规定。

根据本条第 1 款的规定,所谓善意取得,是指无处分权人将不动产或者动

产转让给受让人,受让人是善意的且付出合理的价格,依法取得该不动产或者动产的所有权。善意取得的构成要件如下:

1.受让人受让该不动产或者动产时是善意的。善意取得的标的物,可以是动产,也可以是不动产。受让人受让不动产或者动产时,不知道转让人无处分权,且无重大过失的,应当认定受让人为善意。真实权利人主张受让人不构成善意的,应当承担举证证明责任。

具有下列情形之一的,应当认定不动产受让人知道转让人无处分权:(1)登记簿上存在有效的异议登记;(2)预告登记有效期内,未经预告登记的权利人同意;(3)登记簿上已经记载司法机关或者行政机关依法裁定、决定查封或者以其他形式限制不动产权利的有关事项;(4)受让人知道登记簿上记载的权利主体错误;(5)受让人知道他人已经依法享有不动产物权。真实权利人有证据证明不动产受让人应当知道转让人无处分权的,应当认定受让人具有重大过失。

受让人受让动产时,交易的对象、场所或者时机等不符合交易习惯的,应当认定受让人具有重大过失。例如,甲在路边遇见兜售名表的人,仍与其交易,属于非善意。

本条款所称的"受让人受让该不动产或者动产时",是指依法完成不动产物权转移登记或者动产交付之时。当事人以本法第226条规定的方式(简易交付方式)交付动产的,转让动产民事法律行为生效时为动产交付之时。即如果受让人已经先行占有动产,转让人无须再进行现实交付,而是与受让人达成转让合同即可,转让合同生效时为该动产交付之时。例如,甲出租其一幅画给乙,乙转租给丙。其后,乙擅自将这幅画作为自己的物出卖给丙,在乙与丙之间的买卖合同生效时,即为该幅画交付之时。当事人以本法第227条规定的方式(指示交付方式)交付动产的,转让人与受让人之间有关转让返还原物请求权的协议生效时为动产交付之时。即动产由第三人依法占有的,转让人不通过现实交付方式交付给受让人,而是将对第三人的返还原物请求权让与受让人,在此情形下,转让人与受让人之间有关转让返还原物请求权的协议生效时为该动产交付之时。例如,甲将自己的摄像机出借给乙,乙又将该摄像机出借给丙。其后,乙擅自将该摄像机作为自己的物出卖给丁,并让与其对丙的返还请求权,以代交付。在此情形下,乙与丁之间的转让返还该摄像机请求权的协议生效时,即为该摄像机交付之时。

2.以合理的价格转让。这里所称"合理的价格",应当根据转让标的物的性质、数量以及付款方式等具体情况,参考转让时交易地市场价格以及交易习惯等因素综合认定。例如,刘某外出旅行前将新买的手提电脑交给好友李某保管,保管期内王某去李某家串门,以为李某新买了一台手提电脑,甚是喜欢便向李某索要。李某不忍拒绝便将此电脑赠与王某。本案中李某将电脑赠与王某,王某并未支付合理价格,因此,不符合善意取得的构成要件。

3.转让的不动产或者动产依照法律规定应当登记的已经登记,不需要登记的已经交付给受让人。不动产善意取得需要登记,是本法第209条规定的结果。动产善意取得需要交付动产,是本法第224条规定的具体体现。

本条第2款规定了善意取得的法律后果。这包括:

1.受让人取得动产或不动产的所有权。一旦具备善意取得的构成要件,受让人便可以取得动产或不动产的所有权。

2.原所有权人有权向无处分权人请求损害赔偿。动产或不动产的原所有权人在受让人善意取得其动产或不动产的所有权之后,其对转让人(无权处分人)可以选择行使以下权利:其一,如果动产或不动产的原所有权人与转让人之间有债权关系(例如,借用关系、租赁关系、保管关系等),原所有权人可以依据债务不履行的规定,向转让人请求损害赔偿。其二,转让人处分原所有权人的动产或不动产,属于无权处分,构成侵害原所有权人的所有权的行为,原所有权人可以侵权责任的规定,向转让人请求损害赔偿。其三,转让人有偿处分原所有权人的动产或不动产,并因此获得一定的利益,原所有权人有权请求转让人返还不当得利。

本条第3款规定,善意取得制度不仅适用于所有权,当事人善意取得其他物权(例如抵押权、动产质权、留置权等)的,也可以参照适用。

第三百一十二条 所有权人或者其他权利人有权追回遗失物。该遗失物通过转让被他人占有的,权利人有权向无处分权人请求损害赔偿,或者自知道或者应当知道受让人之日起二年内向受让人请求返还原物;但是,受让人通过拍卖或者向具有经营资格的经营者购得该遗失物的,权利人请求返还原物时应当支付受让人所付的费用。权利人向受让人支付所付费用后,有权向无处分权人追偿。

释 义

本条是关于遗失物返还的规定。

遗失物是指并非基于占有人的意思而丧失占有,现又无人占有的物。遗失物具有以下特征:(1)遗失物是占有人丧失占有的物。遗失物与抛弃物的根本区别就在于,遗失物不是他人抛弃的物,而是他人无抛弃的意思而丧失占有的物。(2)必须无人占有。如果物已被他人占有,则不构成遗失物。(3)必须是动产且非无主物。遗失物是他人不慎丢失的动产。

本条第一句规定,所有权人或者其他权利人有权追回遗失物。这是所有权人或其他权利人基于物权追及效力所享有的请求权。如果该遗失物通过转让被他人占有的,权利人有两种选择:其一,有权向无处分权人请求损害赔偿。这种情形下,如果权利人已从无权处分人处获得了赔偿,当然不应再获得原物。其二,自知道或者应当知道受让人之日起二年内向受让人请求返还原物。该二年在性质上属于除斥期间,该期间一旦经过,权利人请求受让人返还原物的权利归于消灭,真正权利人也就无法再向受让人请求返还原物了。但是,如果受让人通过拍卖或者向具有经营资格的经营者购得该遗失物的,权利人请求返还原物时应当支付受让人所付的费用。如果权利人请求受让人返还原物时支付了费用,其有权向无处分权人追偿。

第三百一十三条 善意受让人取得动产后,该动产上的原有权利消灭。但是,善意受让人在受让时知道或者应当知道该权利的除外。

释 义

本条是关于善意取得动产上原有权利的规定。

善意取得是国家立法政策为保障财产所有权的交易的安全而对财产所作的一种强制性的物权配置。善意受让人取得动产的所有权,是基于法律的直接规定,具有确定性、终局性,属于一种原始取得。因此,本条规定,善意受让人取得动产后,该动产上的原有权利消灭。动产上的原有权利主要是指限制物权,包括抵押权、质权、留置权等。如果善意受让人在受让时知道或者应当知道在该动产上存在限制物权等权利的,则在该动产上的原有权利不消灭。例如,善意受让人取得动产时,知道该动产已经被抵押的,抵押权不消灭。

第三百一十四条　拾得遗失物,应当返还权利人。拾得人应当及时通知权利人领取,或者送交公安等有关部门。

释　义

本条是关于遗失物拾得人义务的规定。

拾得遗失物是一种发现遗失物并予以占有的行为。遗失物的所有权归属于原所有权人,因此,本条规定,遗失物的拾得人应履行法定的义务。

1.返还义务。权利人认领遗失物时,拾得人应将遗失物返还给权利人,不能据为己有。拾得人将遗失物据为己有的,按照不当得利或侵权责任处理。

2.通知义务。遗失物的拾得人应当及时通知权利人领取。

3.送交义务。在遗失物的权利人不明的情形下,拾得人应将遗失物送交公安等有关部门。

第三百一十五条　有关部门收到遗失物,知道权利人的,应当及时通知其领取;不知道的,应当及时发布招领公告。

释　义

本条是有关部门对遗失物的通知与招领义务的规定。

公安机关等有关部门收到遗失物后,应履行通知领取或及时发布招领公告的义务。如果公安机关等有关部门知道遗失物的权利人的,应当及时通知其领取。如果这些部门不知道遗失物的权利人的,应当及时发布招领公告。

第三百一十六条　拾得人在遗失物送交有关部门前,有关部门在遗失物被领取前,应当妥善保管遗失物。因故意或者重大过失致使遗失物毁损、灭失的,应当承担民事责任。

释 义

本条是关于遗失物保管义务和民事责任的规定。

拾得人拾得遗失物后,负有妥善保管遗失物的义务。公安机关等有关部门在遗失物被领取前,也负有妥善保管遗失物的义务。对于易于腐烂变质或保管需要的费用过大的遗失物,公安机关可以拍卖、变卖,保管所得的价款。

拾得人或有关部门因故意或重大过失造成遗失物毁损、灭失的,应当对遗失物的权利人承担民事责任。

第三百一十七条 权利人领取遗失物时,应当向拾得人或者有关部门支付保管遗失物等支出的必要费用。

权利人悬赏寻找遗失物的,领取遗失物时应当按照承诺履行义务。

拾得人侵占遗失物的,无权请求保管遗失物等支出的费用,也无权请求权利人按照承诺履行义务。

释 义

本条是关于遗失物拾得人的权利的规定。

1. 必要费用偿还请求权。拾得人或有关部门支出的必要费用,有权请求遗失物的权利人偿还。这里的必要费用,主要包括保管遗失物的费用、公告费以及其他必要费用。

2. 如果权利人悬赏寻找遗失物的,领取遗失物时,拾得人有权要求其按照承诺履行义务。拾金不昧是我国的优良道德传统。如果法律规定拾得人享有报酬请求权,便与这一优良传统相违背,不利于弘扬传统美德,而且会使一些贪图私利的人在拾得遗失物后,向遗失物的权利人索要高额的报酬。因此,本法没有规定遗失物的拾得人有报酬请求权。但本条第 2 款规定,权利人悬赏寻找遗失物的,领取遗失物时应当按照承诺履行义务。最高人民法院《关于适用〈中华人民共和国合同法〉若干问题的解释(二)》(法释〔2009〕5 号)第 3 条也规定,悬赏人以公开方式声明对完成一定行为的人支付报酬,完成特定行为的人请求悬赏人支付报酬的,人民法院依法予以支持。

本条第 3 款规定,拾得人侵占遗失物的,无权请求保管遗失物等支出的费用,也无权请求权利人按照承诺履行义务。在拾得人拾得遗失物后据为己有、拒不返还的情形下,拾得人已拒绝履行应尽的法定义务。若因其不履行义务而支付的费用仍要求遗失物的权利人承担,这不仅不符合公平原则,而且鼓励和纵容了拾得遗失物后拒绝返还的行为。因此,依据本条第 3 款规定,拾得人侵占遗失物的,丧失了请求权利人支付保管遗失物等支出的费用,也无权请求权利人按照承诺履行义务。

第三百一十八条　遗失物自发布招领公告之日起一年内无人认领的,归国家所有。

释 义

本条是关于无人认领的遗失物归国家所有的规定。

对于无人认领的遗失物等财产归国家所有,有不少相关立法例。例如,《法国民法典》第 713 条规定:"无主财产属于国家。"我国《海关法》第 30 条规定:"进口货物的收货人自运输工具申报进境之日起超过三个月未向海关申报的,其进口货物由海关提取依法变卖处理,所得价款在扣除运输、装卸、储存等费用和税款后,尚有余款的,自货物依法变卖之日起一年内,经收货人申请,予以发还;其中属于国家对进口有限制性规定,应当提交许可证件而不能提供的,不予发还。逾期无人申请或者不予发还的,上缴国库。确属误卸或者溢卸的进境货物,经海关审定,由原运输工具负责人或者货物的收发货人自该运输工具卸货之日起三个月内,办理退运或者进口手续;必要时,经海关批准,可以延期三个月。逾期未办手续的,由海关按前款规定处理。前两款所列货物不宜长期保存的,海关可以根据实际情况提前处理。收货人或者货物所有人声明放弃的进口货物,由海关提取依法变卖处理;所得价款在扣除运输、装卸、储存等费用后,上缴国库。"

根据本条规定,公安机关等有关部门收到遗失物后,应发布招领遗失物的公告,自发布招领公告之日起一年内无人认领的,遗失物的所有权应归属于国家。这有利于尽快确定遗失物的所有权,充分发挥物的价值和功能。

第三百一十九条 拾得漂流物、发现埋藏物或者隐藏物的，参照适用拾得遗失物的有关规定。法律另有规定的，依照其规定。

释 义

本条是关于拾得漂流物、发现埋藏物或者隐藏物法律适用的规定。

1.关于拾得漂流物。漂流物是漂流于江、河、湖、海、溪、沟上的物品，也包括随山洪等水流运动而漂流发生位移的物。拾得漂流物的，应当归还漂流物的权利人。漂流物的拾得人支出的必要费用应由漂流物的权利人偿还。

2.关于发现埋藏物。埋藏物是埋藏于土地之中，其所有权归属不能判明的动产。埋藏物应符合以下要件：（1）埋藏物须为动产。只有动产才可能埋藏于他物之中。（2）须为埋藏的物。埋藏是指包藏于他物之中，不易由外部目睹或窥见的状态。他物又称为包藏物，一般是土地。至于埋藏的原因，在所不问。（3）须为所有权归属不能判明的物。关于发现埋藏物的法律后果，世界上存在着不同的立法例。一种立法例是发现人有限取得埋藏物的所有权。例如，法国、德国、日本等国家的民法典均采取这种立法例。发现埋藏物的人，可以取得埋藏物的所有权，但如果埋藏物是在他人所有的财产中发现的，则该财产的所有权人与发现人，各取得埋藏物的一半。另一种立法例是国家取得所有权。埋藏物所有权不明确的，发现埋藏物的人应将它交给国家有关部门，埋藏物的所有权归属于国家。依据本条的规定，所有人不明的埋藏物，归国家所有。

3.关于发现隐藏物。隐藏物是隐藏于他物之中的物。如隐藏于墙壁之中的物品。发现隐藏物的，适用发现埋藏物的相关规定。

本条还规定，如果法律对拾得漂流物、发现埋藏物或者隐藏物另有规定的，则从其规定。例如《文物保护法》第32条规定，在进行建设工程或者在农业生产中，任何单位或者个人发现文物，应当保护现场，立即报告当地文物行政部门，文物行政部门接到报告后，如无特殊情况，应当在二十四小时内赶赴现场，并在七日内提出处理意见。文物行政部门可以报请当地人民政府通知公安机关协助保护现场；发现重要文物的，应当立即上报国务院文物行政部门，国务院文物行政部门应当在接到报告后十五日内提出处理意见。依照前款规定发现的文物属于国家所有,任何单位或者个人不得哄抢、私分、藏匿。

第三百二十条　主物转让的,从物随主物转让,但是当事人另有约定的除外。

释　义

本条是关于从物随主物转让的规定。

依据物的相互关系为标准,物可以分为主物与从物。主物是指两个以上的物相互配合、按一定的经济目的组合在一起时,不需要依赖他物而能独立存在并发挥主要作用的物。从物是指配合主物使用,发挥辅助作用的物。从物具有以下特征:(1)从物不是主物的组成部分。从物未丧失其独立存在的价值。如果某物已经成为他物的组成部分,则不是从物。例如,房屋的门窗是房屋的组成部分,不是从物。(2)从物是为发挥主物的作用而存在的。从物的存在是为辅助主物的存在。例如,手表与表带、灯与灯罩,前者是主物,后者是从物。(3)从物与主物必须属于同一人。

由于主物与从物都是独立的物,两者结合在一起不是创造了一种独立的物,而是更好地发挥物的整体的效用,因此,本条规定,除非当事人另有约定,主物转让的,从物随主物转让。例如,甲将自行车转让给乙,可以与乙约定,只转让自行车本身,而不转让车锁。

第三百二十一条　天然孳息,由所有权人取得;既有所有权人又有用益物权人的,由用益物权人取得。当事人另有约定的,按照其约定。

法定孳息,当事人有约定的,按照约定取得;没有约定或者约定不明确的,按照交易习惯取得。

释　义

本条是关于孳息取得的规定。

以两个物之间的渊源关系为标准,物可分为原物与孳息。原物是指作为本体而依其自然属性或法律规定可产生新物的物。孳息是指从原物中产生的物。孳息又可分为天然孳息与法定孳息。天然孳息是指依原物的自然属性而获得的收益。例如,苹果树产生的苹果。法定孳息是指依法律规定获得的收益。例如,存款产生的利息。

根据本条第 1 款规定,天然孳息的所有权归属于原物的所有权人。如果某一物上既有所有权人又有用益物权人的,天然孳息由用益物权人取得。例如,某一块土地的所有权为甲集体组织,乙享有土地承包经营权。在土地承包经营权存续期间,该块土地上长出许多野生蘑菇。这些野生蘑菇的所有权归属于乙。当然,如果当事人之间对天然孳息的所有权另有约定的,则按照其约定进行处理。

根据本条第 2 款规定,法定孳息的所有权,如果当事人有约定的,按照约定取得。没有约定或者约定不明确的,按照交易习惯取得。

第三百二十二条 因加工、附合、混合而产生的物的归属,有约定的,按照约定;没有约定或者约定不明确的,依照法律规定;法律没有规定的,按照充分发挥物的效用以及保护无过错当事人的原则确定。因一方当事人的过错或者确定物的归属造成另一方当事人损害的,应当给予赔偿或者补偿。

释 义

本条是关于因加工、附合、混合而产生的物的归属的规定。

加工、附合、混合,统称为添附,是所有权取得、丧失的原因之一。

本条中所谓的"加工",是指将他人的动产进行制作或改造,使其成为新物或具有更高价值的物。加工的构成要件如下:(1)加工的标的物为动产。加工是在他人的动产上进行的改造或制作行为。对不动产施加行为,如开垦他人的土地等,不属于加工。(2)加工的材料为他人所有。加工是对他人的材料进行改造,所以加工的材料属于他人所有。(3)加工制成了新物或使原物的价值发生较大的增加。

本条中所谓的"附合",是指不同所有人的两个以上的物相结合而形成新的财产。附合有以下情形:其一,动产与不动产的附合。动产与不动产相结合,成为不动产的重要成分,因而发生动产所有权变动。例如,在他人所有的房屋上粉刷油漆,油漆便成为房屋的重要成分,此时动产与不动产附合。其二,动产与动产的附合。不同所有人的动产相互结合,非经毁损不能分离,或者分离在经济上不合理,称为动产与动产的附合。例如,将他人的宝石镶嵌在自己的手镯上,即为动产与动产的附合。

本条中所谓的"混合",是指不同所有人的动产相互结合,难以分开,并且形成新的财产。混合的构成要件如下:(1)须为动产与动产的混合。例如,固体与固体的混合、液体与液体的混合等。(2)动产属于不同的所有人。如果相互结合的动产属于同一人所有,则不发生混合。(3)混合后不能识别或识别需要的费用过大。混合与附合不同,在附合的情形下,各所有人的财产虽然不能分离或不易分离,但通常能够识别;在混合的情形下,各动产不能识别或难以识别。

根据本条规定,因加工、附合、混合而产生的物的归属,按照以下规则处理:

一是当事人有约定的,按照其约定。如果当事人之间就加工、附合、混合而产生的物的归属,有约定的,则按照约定来确定。这体现了对当事人意思的尊重。

二是没有约定或者约定不明确的,依照法律规定。如果当事人之间对加工、附合、混合而产生的物的归属没有约定或者约定不明确的,则依照法律的规定处理。

三是法律没有规定的,按照充分发挥物的效用以及保护无过错当事人的原则确定。例如,对他人的书桌上漆,无论从充分发挥物的效用原则来看,还是保护没有过错的当事人原则而言,都应由书桌的所有权人取得上漆后的书桌所有权。

此外,根据本条规定,因一方当事人的过错或者确定物的归属造成另一方当事人损害的,应当给予赔偿或者补偿。例如,甲在建造房屋时擅自使用了乙的一块基石。尽管甲有过错,但也不宜一概责令拆除该房屋,返还这块基石。此时,根据本条的规定,可确定该块基石的所有权归属于甲,而由甲对乙的损失给予赔偿或者补偿。

第三分编

用 益 物 权

第十章　一般规定

本章是对用益物权的"一般规定"。该章规定了用益物权人享有的权利,自然资源用益物权,自然资源有偿使用制度,用益物权的行使,不动产或者动产被征收、征用后对用益物权人的补偿,海域使用权的法律适用,探矿权、采矿权、取水权、渔业养殖权的保护等内容。

第三百二十三条　用益物权人对他人所有的不动产或者动产,依法享有占有、使用和收益的权利。

释　义

本条是关于用益物权权能的规定。

根据本条规定,用益物权是指对他人所有的不动产或者动产,在一定范围内加以占有、使用、收益的权利。用益物权人享有的权利包括:(1)占有的权利。用益物权人的占有权利,是指用益物权人对他人所有的不动产或者动产进行的控制管领。占有不动产或者动产,是对该不动产或者动产进行使用、收益的前提。用益物权人没有占有的权利,就无法对他人所有的不动产或者动产加以使用、收益。(2)使用的权利。用益物权人的使用权利,是指用益物权人能够对他人所有的不动产或者动产加以利用,发挥不动产或者动产的使用价值。例如,在他人所有的土地上建造建筑物,可以用来居住,这便是对他人所有的土地的使用。(3)收益的权利。用益物权人的收益权利,是指用益物权人能够收取、获得使用他人的不动产或者动产所产生的利益。例如,在他人所有的土地上进行耕种、养殖等农业活动,能获得相应的收益。

用益物权是在他人所有的不动产或者动产上设立的物权,具备了物权的共同特征。但与其他物权相比,其特点在于:(1)用益物权是一种限制物权。物权以对标的物的支配范围为标准,可以分为完全物权与限制物权。所有权为完全物权。用益物权是一种限制物权,用益物权人只能在一定范围内,对于标的物加以占有、使用和收益。(2)用益物权是一种独立的物权。用益物权一旦设立,用益物权人便独立享有对标的物的使用、收益权。这意味着该权利是独立存在的,而不是从属于其他物权而存在的权利。(3)用益物权主要以不动产为标的物。用益物权主要以土地等不动产为使用、收益的对象。由于不动产数量有限、价值较大,使得在不动产上设立用益物权成为客观需要。而动产的种类繁多,价值往往较不动产要低,因此,可以通过购买、租赁、借贷等方式获得其所有权或使用权,而不必依赖用益物权。

第三百二十四条 国家所有或者国家所有由集体使用以及法律规定属于集体所有的自然资源,组织、个人依法可以占有、使用和收益。

释 义

本条是关于自然资源用益物权的规定。

本条规定体现了我国物权法的特色。在我国,土地等自然资源属于国家所有或者集体所有。组织、个人依法可设立用益物权。例如,建设用地使用权就是在国家所有或者集体所有的土地上建造建筑物或其他工作物而占有、使用他人土地的权利;土地承包经营权则是在集体所有或者国家所有由集体使用的耕地、林地、草地等土地上从事农业生产的权利。

根据本条规定,组织、个人是自然资源用益物权的主体。自然资源用益物权的客体包括国家所有的自然资源、国家所有由集体使用以及法律规定属于集体所有的自然资源。自然资源用益物权的权能表现为占有、使用、收益。

第三百二十五条 国家实行自然资源有偿使用制度,但是法律另有规定的除外。

释 义

本条是关于自然资源有偿使用制度的规定。

国家享有土地等自然资源的所有权,合理开发利用这些资源,有利于实现这些资源在经济上的价值,充分发挥物的功能。国家对于自然资源所有权的实现,可以通过设立用益物权的方式来完成。国家作为自然资源的所有者,有权要求用益物权人支付其取得用益物权的对价,这就是自然资源有偿使用制度。但在法律另有规定的情形下,用益物权人可以无偿使用自然资源。例如,我国《土地管理法》第 2 条第 5 款规定:"国家依法实行国有土地有偿使用制度。但是,国家在法律规定的范围内划拨国有土地使用权的除外。"该法第 54 条进一步规定:"建设单位使用国有土地,应当以出让等有偿使用方式取得;但是,下列建设用地,经县级以上人民政府依法批准,可以以划拨方式取得:(一)国家机关用地和军事用地;(二)城市基础设施用地和公益事业用地;(三)国家重点扶持的能源、交通、水利等基础设施用地;(四)法律、行政法规规定的其他用地。"我国《矿产资源法》第 5 条规定:"国家实行探矿权、采矿权有偿取得的制度;但是,国家对探矿权、采矿权有偿取得的费用,可以根据不同情况规定予以减缴、免缴。具体办法和实施步骤由国务院规定。开采矿产资源,必须按照国家有关规定缴纳资源税和资源补偿费。"我国《水法》第 7 条规定:"国家对水资源依法实行取水许可制度和有偿使用制度。但是,农村集体经济组织及其成员使用本集体经济组织的水塘、水库中的水的除外。国务院水行政主管部门负责全国取水许可制度和水资源有偿使用制度的组织实施。"

第三百二十六条 用益物权人行使权利,应当遵守法律有关保护和合理开发利用资源、保护生态环境的规定。所有权人不得干涉用益物权人行使权利。

释 义

本条是关于用益物权行使的规定。

一方面,用益物权人行使占有、使用和收益的权利,应当符合法律有关保护和合理开发利用资源、保护生态环境的相关规定。例如,我国《土地管理法》第56条规定:"建设单位使用国有土地的,应当按照土地使用权出让等有偿使用合同的约定或者土地使用权划拨批准文件的规定使用土地;确需改变该幅土地建设用途的,应当经有关人民政府自然资源主管部门同意,报原批准用地的人民政府批准。其中,在城市规划区内改变土地用途的,在报批前,应当先经有关城市规划行政主管部门同意。"我国《矿产资源法》第32条规定:"开采矿产资源,必须遵守有关环境保护的法律规定,防止污染环境。开采矿产资源,应当节约用地。耕地、草原、林地因采矿受到破坏的,矿山企业应当因地制宜地采取复垦利用、植树种草或者其他利用措施。开采矿产资源给他人生产、生活造成损失的,应当负责赔偿,并采取必要的补救措施。"

另一方面,所有权人不得干涉用益物权人行使权利。用益物权是对所有权的一种限制。例如,在地役权中,供役地的所有权虽然归属于所有权人,但所有权人不得妨碍地役权人行使地役权。否则,地役权人有权排除干涉。农村土地的发包方应当维护承包方的土地承包经营权,不得非法变更、解除承包合同;尊重承包方的生产经营自主权,不得干涉承包方依法进行正常的生产经营活动。

第三百二十七条　因不动产或者动产被征收、征用致使用益物权消灭或者影响用益物权行使的,用益物权人有权依据本法第二百四十三条、第二百四十五条的规定获得相应补偿。

释　义

本条是关于不动产或者动产被征收、征用后对用益物权人的补偿的规定。

征收是国家为了公共利益的需要而依法强制取得属于个人或者集体所有的财产所有权的行为。征用是国家为了公共利益的需要而依法强制取得属于个人或者集体所有的财产使用权的行为。征收与征用的区别在于:征收导致所有权的变更,而征用的后果是使用权的变更。

用益物权是在他人所有的不动产或者动产上设立的一项独立的物权。若他人所有的不动产或者动产被征收,将导致该不动产或者动产所有权的消灭。

此时,在该不动产、动产上设立的用益物权也将消灭。若他人所有的不动产或者动产被征用,则会影响在该不动产或者动产上设立的用益物权的行使。为保护用益物权人的利益,国家应依据本法第243条、第245条的规定对用益物权人进行相应补偿。即征收集体所有的土地,应当依法及时足额支付土地补偿费、安置补助费以及农村村民住宅、其他地上附着物和青苗等的补偿费用,并安排被征地农民的社会保障费用,保障被征地农民的生活,维护被征地农民的合法权益。征收组织、个人的房屋以及其他不动产,应当依法给予征收补偿,维护被征收人的合法权益;征收个人住宅的,还应当保障被征收人的居住条件。组织、个人的不动产或者动产被征用或者征用后毁损、灭失的,应当给予补偿。

第三百二十八条 依法取得的海域使用权受法律保护。

释 义

本条是关于海域使用权的法律适用规定。

根据我国《海域使用管理法》的规定,海域是指中华人民共和国内水、领海的水面、水体、海床和底土。海域属于国家所有,国务院代表国家行使海域所有权。单位和个人可以向县级以上人民政府海洋行政主管部门申请使用海域。海域使用申请经依法批准后,国务院批准用海的,由国务院海洋行政主管部门登记造册,向海域使用申请人颁发海域使用权证书;地方人民政府批准用海的,由地方人民政府登记造册,向海域使用申请人颁发海域使用权证书。海域使用申请人自领取海域使用权证书之日起,取得海域使用权。此外,海域使用权也可以通过招标或者拍卖的方式取得。招标或者拍卖方案由海洋行政主管部门制订,报有审批权的人民政府批准后组织实施。海洋行政主管部门制订招标或者拍卖方案,应当征求同级有关部门的意见。招标或者拍卖工作完成后,依法向中标人或者买受人颁发海域使用权证书。中标人或者买受人自领取海域使用权证书之日起,取得海域使用权。

国家实行海域有偿使用制度,单位和个人使用海域,应当按照国务院的规定缴纳海域使用金。但下列用海,免缴海域使用金:军事用海;公务船舶专用码头用海;非经营性的航道、锚地等交通基础设施用海;教学、科研、防灾减灾、海难搜救打捞等非经营性公益事业用海。

海域使用权最高期限,按照下列用途确定:养殖用海十五年;拆船用海二十年;旅游、娱乐用海二十五年;盐业、矿业用海三十年;公益事业用海四十年;港口、修造船厂等建设工程用海五十年。海域使用权人依法使用海域并获得收益的权利受法律保护,任何单位和个人不得侵犯。

海域使用权是派生于海域国家所有权而又与海域国家所有权相分离的权利,该权利的享有者以对特定海域的占有为前提,以使用、收益为目的。可见,海域使用权是一种用益物权。根据特别法优先于普通法的原则,海域使用权应当优先适用《海域使用管理法》的规定,《海域使用管理法》没有规定的,则适用本法的规定。

第三百二十九条 依法取得的探矿权、采矿权、取水权和使用水域、滩涂从事养殖、捕捞的权利受法律保护。

释 义

本条是关于探矿权、采矿权、取水权、渔业养殖权的规定。

根据我国《矿产资源法》的规定,矿产资源属于国家所有,由国务院行使国家对矿产资源的所有权。勘查、开采矿产资源,必须依法分别申请、经批准取得探矿权、采矿权,并办理登记;但是,已经依法申请取得采矿权的矿山企业在划定的矿区范围内为本企业的生产而进行的勘查除外。国家实行探矿权、采矿权有偿取得的制度;但是,国家对探矿权、采矿权有偿取得的费用,可以根据不同情况规定予以减缴、免缴,具体办法和实施步骤由国务院规定。

我国《水法》规定,水资源属于国家所有,水资源的所有权由国务院代表国家行使。农村集体经济组织的水塘和由农村集体经济组织修建管理的水库中的水,归各该农村集体经济组织使用。国家对水资源依法实行取水许可制度和有偿使用制度。但是,农村集体经济组织及其成员使用本集体经济组织的水塘、水库中的水的除外。国务院水行政主管部门负责全国取水许可制度和水资源有偿使用制度的组织实施。

根据我国《渔业法》的规定,国家对水域利用进行统一规划,确定可以用于养殖业的水域和滩涂。单位和个人使用国家规划确定用于养殖业的全民所有的水域、滩涂的,使用者应当向县级以上地方人民政府渔业行政主管部门提出申请,由本级人民政府核发养殖证,许可其使用该水域、滩涂从事养殖生产。集体所有的或者全民所有由农业集体经济组织使用的水域、滩涂,可以由个人或者集体承包,从事养殖生产。国家对捕捞业实行捕捞许可证制度。捕捞许可证由县级以上人民政府渔业行政主管部门批准发放。

依法取得的探矿权、采矿权、取水权、渔业养殖权是权利人对他人所有的矿产资源或水资源进行占有、使用、收益的权利,属于用益物权的类型。根据特别法优先于普通法的原则,探矿权、采矿权、取水权、渔业养殖权应当优先适用《矿产资源法》《水法》《渔业法》的规定,如果这些法律没有规定的,则适用本法的规定。

第十一章　土地承包经营权

本章导言 ▶

　　本章是对"土地承包经营权"的规定。该章对土地承包经营制度的实行，土地承包经营权的客体和内容，土地承包经营权的期限，土地承包经营权的设立，土地承包经营权的互换、转让，互换、转让土地承包经营权的登记，承包地调整，承包地收回，承包地征收的补偿，土地经营权流转方式，土地经营权人的权利，土地经营权的登记，以其他方式承包的农村土地经营权流转，国家所有的农用地实行承包经营的法律适用等内容进行了明确规定。

　　第三百三十条　农村集体经济组织实行家庭承包经营为基础、统分结合的双层经营体制。

　　农民集体所有和国家所有由农民集体使用的耕地、林地、草地以及其他用于农业的土地，依法实行土地承包经营制度。

释　义

　　本条是关于土地承包经营制度的规定。

　　20世纪70年代末80年代初，我国农村发生了人民公社制向家庭联产承包责任制的变迁。与此相伴随的是，农村经营体制也从集体实施统一经营的单一方式，转变为集体统一经营和农户分散经营相结合的方式。"双层经营体制"的实质是在坚持农村土地所有权属于农民集体或者国家的前提下，依靠农民家庭向集体承包土地并获得土地承包经营权，来实现集体统一经营和农户分散经营两者的并存、互补和结合。① 集体统一经营体现为集体享有土

---

① 参见高帆：《农村双层经营体制的新内涵》，《光明日报》2019年3月19日。

地发包权,且部分集体通过村办企业等开展经营活动;农户分散经营则体现为农户承包土地并直接从事种植业和养殖业等生产经营活动。

依法实行土地承包经营制度的农村土地,包括农民集体所有和国家所有依法由农民集体使用的耕地、林地、草地以及其他依法用于农业的土地。本条所称"用于农业的土地",主要指耕地、林地和草地,还有一些其他用于农业的土地,如荒山、荒丘、荒沟、荒滩"四荒地"。根据我国《农村土地承包法》第3条的规定,农村土地承包采取农村集体经济组织内部的家庭承包方式,不宜采取家庭承包方式的荒山、荒沟、荒丘、荒滩等农村土地,可以采取招标、拍卖、公开协商等方式承包。可见,农村土地承包经营制度包括两种承包方式:家庭承包和采取招标、拍卖、公开协商等方式承包。

第三百三十一条 土地承包经营权人依法对其承包经营的耕地、林地、草地等享有占有、使用和收益的权利,有权从事种植业、林业、畜牧业等农业生产。

释 义

本条规定了土地承包经营权的客体和内容。

土地承包经营权的客体包括耕地、林地、草地等农业用地。土地承包经营权的内容如下:

一是依法对承包经营的土地享有占有的权利。土地承包经营权人为了实现对国家或者集体所有的土地使用、收益的权利,必须首先占有该土地。这里的占有权利是土地承包经营权人对国家或集体所有的土地直接支配和排他的权利。

二是依法对承包经营的土地享有使用的权利。土地承包经营权设立的目的,就在于由承包人在国家或集体的土地上从事种植业、林业、畜牧业等农业生产。因此,土地承包经营权人享有对其承包的土地进行合理且有效使用的权利。土地承包经营权人可以按照土地的用途自主决定从事农业生产的种类、方式等事宜。发包人和其他任何第三人都无权进行干涉。

三是依法对承包经营的土地享有收益的权利。土地承包经营权人有获取土地所生利益的权利,即这里的收益权。土地承包经营权人对于在承包的土地上种植、养殖的农作物、水产品等享有所有权,可以自由处置。

本条规定表明了土地承包经营权的用益物权性质。此外,本法的其他规定也进一步明确了土地承包经营权的用益物权属性。例如,土地承包经营权人依照法律的规定,有权将土地承包经营权采取互换、转让的方式流转;承包期内发包人不得调整承包地;承包期内发包人不得收回承包地,法律另有规定的除外。将土地承包经营权明确规定为用益物权,有利于确保农村土地承包关系的长期稳定,有利于保护土地承包经营权人的利益。

第三百三十二条　耕地的承包期为三十年。草地的承包期为三十年至五十年。林地的承包期为三十年至七十年。

前款规定的承包期限届满,由土地承包经营权人依照农村土地承包的法律规定继续承包。

释 义

本条规定了土地承包经营权的期限。

我国对土地实行用途管制制度。我国《土地管理法》第4条按照土地的用途不同,将土地分为农用地、建设用地和未利用地。其中,农用地是指直接用于农业生产的土地,包括耕地、林地、草地、农田水利用地、养殖水面等。本条对不同用途的土地承包期进行了明确规定。土地承包期的长短,主要是根据农业生产经营的特点加以确定的。如果该期限太短,不利于农民对农业生产经营的长期投入和农业的稳定发展。例如,林木的生长周期长,农民对林地的开发投资大,因此,林地的承包期较长。该期限是法定期限,不得随意变更。

若土地承包期届满,土地承包经营权人按照农村土地承包的法律规定继续承包该土地。我国《农村土地承包法》第21条规定:"耕地的承包期为三十年。草地的承包期为三十年至五十年。林地的承包期为三十年至七十年。前款规定的耕地承包期届满后再延长三十年,草地、林地承包期届满后依照前款规定相应延长。"这一规定给农民吃了定心丸,有利于保障土地承包经营权人的权利,鼓励其加强对承包地的资金、劳力和农田基本建设等方面的投入,更好地实现农业和农村经济的发展。

第三百三十三条　土地承包经营权自土地承包经营权合同生效时设立。

登记机构应当向土地承包经营权人发放土地承包经营权证、林权证等证书,并登记造册,确认土地承包经营权。

释　义

本条是对土地承包经营权设立的规定。

根据本条第1款规定,土地承包经营权合同生效时,土地承包经营权设立。土地承包经营权合同是由土地发包方与承包方签订的协议。我国《农村土地承包法》第22条对土地承包经营权合同的形式与内容均作了明确规定,即发包方应当与承包方签订书面承包合同。承包合同一般包括以下条款:发包方、承包方的名称,发包方负责人和承包方代表的姓名、住所;承包土地的名称、坐落、面积、质量等级;承包期限和起止日期;承包土地的用途;发包方和承包方的权利和义务;违约责任。至于土地承包经营权合同的生效时间,我国《农村土地承包法》第23条规定,承包合同自成立之日起生效。

本条第2款规定了登记机构的义务和登记的效力。不动产登记机构有义务向土地承包经营权人发放土地承包经营权证、林权证等证书,并登记造册。土地承包经营权登记的效力是确认土地承包经营权。根据我国《农村土地承包法》第24条的规定,土地承包经营权证或者林权证等证书应当将具有土地承包经营权的全部家庭成员列入。登记机构除按规定收取证书工本费外,不得收取其他费用。土地承包经营权的设立之所以不以登记为生效要件,是因为:其一,土地承包经营权的取得与农村集体经济组织的成员资格紧密相关。社会公众通过对农村集体经济组织成员资格的了解,就可以知道某人是否享有土地承包经营权。而物权登记的主要功能在于将物权状况向社会公众进行公示。在社会公众已能够比较便捷地知道土地承包经营权主体的情况下,再将登记作为土地承包经营权的生效要件显得没有必要。其二,减少土地承包经营权设立的成本。目前在实践中土地承包经营权的设立基本上都是采取订立承包合同的方式。如果要求取得土地承包经营权必须办理登记,则无疑增加了农民取得土地承包经营权的负担,不利于实践操作。

第三百三十四条　土地承包经营权人依照法律规定,有权将土地承包经营权互换、转让。未经依法批准,不得将承包地用于非农建设。

释　义

本条是关于土地承包经营权的互换、转让的规定。

土地承包经营权是一种用益物权,土地承包经营权人有权将土地承包经营权通过互换、转让的方式进行流转。

依照我国《农村土地承包法》第33条的规定,承包方之间为方便耕种或者各自需要,可以对属于同一集体经济组织的土地的土地承包经营权进行互换,并向发包方备案。由此可见,土地承包经营权互换是权利人将自己的土地承包经营权交换给本集体经济组织的他人行使,自己行使从他人处换来的土地承包经营权。由于互换改变了原来的土地承包经营权主体,因此,应当向发包方备案。土地承包经营权互换具有以下特点:(1)互换将导致土地承包经营权主体的变更。经过互换之后,原土地上的承包经营权人变更为新的土地承包经营权人。(2)互换只能在同一集体经济组织内部进行。由于互换旨在便利承包方的耕种或者满足不同承包方的需要,因此,互换只能在同一集体经济组织的成员之间进行,而不能发生在不同的集体经济组织成员之间。

依照我国《农村土地承包法》第34条的规定,经发包方同意,承包方可以将全部或者部分的土地承包经营权转让给本集体经济组织的其他农户,由该农户同发包方确立新的承包关系,原承包方与发包方在该土地上的承包关系即行终止。据此,土地承包经营权的转让是指土地承包经营权人将其享有的期限未届满的土地承包经营权转移给他人的行为。土地承包经营权的转让具有以下特点:(1)土地承包经营权的受让对象是本集体经济组织的成员。土地承包经营权人只能将土地承包经营权转让给本集体经济组织的其他农户。(2)土地承包经营权人转让的对象可以是全部的土地承包经营权,也可以是部分土地承包经营权。如果转让的对象是全部的土地承包经营权,则原承包方退出土地承包经营权法律关系。如果转让的对象是部分土地承包经营权,则原承包方与发包方的土地承包经营权法律关系应予以变更。取得土地承包经营权的受让方与发包方之间确立土地承包经营权法律关系。(3)土地承包经营权的转让应经发包方同意。土地承包经营权转让的后果是承包人与发包人在该转让土地上的承包关系即行终止,转让人也不再对该转让土地享有承包经营权。因为土地承包经营权的转让导致原承包关系的终止、变更和新承包关系的确立,所以,应经发包方同意。另外,土地承包经营权的转让,对农民在农村的生活保障具有重要影响。如果允许土地承包经营权人随意转让土地承包经营权,恐出现农民失去在农村的生活保障的情形,这样,不利于农民利益的保护和农村的社会稳定与经济发展。因此,《农村土地承包法》规定土地承包经营权的转让应当经发包方的同意。

土地承包经营权互换、转让后,新的权利人应按照土地的原来用途使用土地,不得改变土地的原来用途。未经依法批准,不得将承包地用于非农建设,例如,擅自在承包地上建房、挖砂、采石、取土等。

第三百三十五条　土地承包经营权互换、转让的,当事人可以向登记机构申请登记;未经登记,不得对抗善意第三人。

释　义

本条是关于互换、转让土地承包经营权的登记的规定。

土地承包经营权互换、转让的登记是指互换、转让土地承包经营权的当事人向不动产登记机构提出申请,将土地承包经营权互换、转让的事项记载于登记簿上的行为。登记的主要目的是将土地承包经营权互换、转让的事实向社会予以公示,使他人知晓土地承包经营权的权利人。

本条对土地承包经营权互换、转让的登记效力采取对抗要件主义。即当事人签订土地承包经营权互换或者转让合同后,经发包方备案或者同意,该合同就产生法律效力,不强制当事人登记。采取这种规定的原因在于:从事土地承包经营权互换、转让的当事人均为同一集体经济组织的成员,农户对自己和本集体经济组织的其他农户的承包地情况比较清楚,不必强制要求当事人登记;当事人办理土地承包经营权互换、转让登记应履行法定的程序,并须缴纳一定的费用,这增加了农户的负担。同时,考虑到土地承包经营权的互换、转让未以一定方式向社会予以公示,他人可能因不知道土地承包经营权的变动而受到损害,所以,本条规定了未经登记的,不得对抗善意第三人。例如,甲农户将土地承包经营权转让给乙农户,但未办理登记。后来,甲农户又与丙农户签订了土地承包经营权转让合同,并办理了登记。若乙农户与丙农户之间就土地承包经营权发生纠纷,丙农户的权利应受保护。

第三百三十六条 承包期内发包人不得调整承包地。

因自然灾害严重毁损承包地等特殊情形,需要适当调整承包的耕地和草地的,应当依照农村土地承包的法律规定办理。

释 义

本条是关于承包地调整的规定。

本条第 1 款规定了发包人在承包期内不得调整承包地。之所以如此规定,理由主要有以下两点:一是立法政策导向上要求长期稳定承包制,承包期内承包地的调整必然会影响承包经营权的稳定。二是在法理上为了稳定承包经营权,就要赋予承包经营权以物权效力,承包地的调整必然会损害承包经营权的物权效力。[1]

考虑到土地承包的期限较长,在如此长的期限内农村的情况很可能会发生一些变化,本条第 2 款又规定在特殊情形下允许对承包地进行适当调整。调整承包的耕地和草地的,应当依照《农村土地承包法》的相关规定办理。《农村土地承包法》第 28 条规定:"承包期内,因自然灾害严重毁损承包地等特殊情形对个别农户之间承包的耕地和草地需要适当调整的,必须经本集体经济组织成员的村民会议三分之二以上成员或者三分之二以上村民代表的同意,并报乡(镇)人民政府和县级人民政府农业农村、林业和草原等主管部门批准。承包合同中约定不得调整的,按照其约定。"根据这一条的规定,承包地的调整应当符合以下条件:(1)只有在特殊情况下,才能对承包地进行调整。这里的特殊情况,包括部分农户因自然灾害严重毁损承包地等等。如果不发生特殊情形,不应当采取调整承包地的方法,而可以采取土地经营权流转等方式解决问题。(2)承包地调整的范围只限于特定的农户之间,只是个别调整,不能对所有农户的承包地进行普遍调整,以稳定土地承包关系。(3)承

---

[1] 参见韩松:《关于土地承包经营权调整的立法完善》,《法学杂志》2010 年第 12 期。

包地调整的对象仅限于耕地和草地,不包括林地。这是因为与耕地和草地相比,林地具有特殊性。林业生产的周期长、收益慢、风险高,承包期限较长。不允许林地调整,有利于稳定林地承包关系,促进林业发展。另外,从功能上而言,林地与耕地有所不同,一般具有保障承包方基本生活的功能。如果允许对林地进行调整,不仅承包方难以获得回报,而且可能导致环境资源的破坏。(4)承包地的调整必须经过法定程序。如果需要调整承包地的,必须经本集体经济组织成员的村民会议 2/3 以上成员或者 2/3 以上村民代表的同意,并报乡(镇)人民政府和县级人民政府农业农村、林业和草原等主管部门批准。之所以如此规定,一方面是尊重农民的意愿,防止随意调整承包地;另一方面是加强政府主管部门的监督管理,便于掌握土地承包经营关系的状况。此外,如果承包合同中约定不得调整承包地的,则不得对承包地进行调整。这尊重了当事人的意愿,有利于使承包方放心经营承包地,在土地上进行长期投入,更好地管理利用承包的土地。

第三百三十七条 承包期内发包人不得收回承包地。法律另有规定的,依照其规定。

释 义

本条是关于承包地收回的规定。

发包人在承包期内不得收回承包地的规定对稳定土地承包关系具有重要的意义。这可以切实保障承包方的经营权,有利于调动其在承包地上进行长期投入的积极性,鼓励进行长期投资,提高土地的肥力和生产力,促进农业生产。根据这一规定,除法律另有规定外,发包方不得收回承包地。例如,在承包期内,承包方家庭成员中的一人或者数人死亡;子女升学、参军或者在城市就业;妇女结婚,在新居住地未取得承包地;妇女离婚或者丧偶,仍在原居住地生活或者不在原居住地生活但在新居住地未取得承包地;承包方进城务工等情形下,只要作为承包方的农户家庭没有消亡,发包方都不得收回承包地。

《农村土地承包法》第 27 条规定:"承包期内,承包农户进城落户的,引导支持其按照自愿有偿原则依法在本集体经济组织内转让土地承包经营权或者将承包地交回发包方,也可以鼓励其流转土地经营权。承包期内,承包方交回承包地或者发包方依法收回承包地时,承包方对其在承包地上投入而提高土地生产能力的,有权获得相应的补偿。"根据这一条的规定,承包期内发包人收回承包地的,应符合以下条件:(1)承包农户已经进城落户。随着我国城镇化进程的加快,有的农户已经迁入城市,在城市落户。在这种情形下,他们已经不再属于农村集体经济组织的成员。(2)遵循自愿有偿的原则。发包方引导支持承包农户按照自愿有偿的原则依法在本集体经济组织内转让土地承包经营权或者将承包地交回发包方,也可以鼓励其流转土地经营权。(3)对承包方给予相应的补偿。在承包期内,承包方在其承包的土地上投入,提高了土地的生产能力。当发包方收回承包地时,应当对承包方给予相应的补偿。需要指出的是,如果承包期内承包方自愿交回承包地的,应当允许。《农村土地承包法》第30条规定:"承包期内,承包方可以自愿将承包地交回发包方。承包方自愿交回承包地的,可以获得合理补偿,但是应当提前半年以书面形式通知发包方。承包方在承包期内交回承包地的,在承包期内不得再要求承包土地。"

第三百三十八条 承包地被征收的,土地承包经营权人有权依据本法第二百四十三条的规定获得相应补偿。

释 义

本条是对承包地征收补偿的规定。

土地征收是国家为了公共利益的需要,依据法律规定的权限和程序,对农民集体和个人予以补偿,将农民集体所有的土地转变为国家所有的行为。由于承包地被征收后,该土地上的承包经营权消灭,因此,本条规定了土地承包经营权人享有获得补偿的权利。

依据本法第243条第2款的规定,征收集体所有的土地,应当依法及时足额支付土地补偿费、安置补助费以及农村村民住宅、其他地上附着物和青苗等的补偿费用,并安排被征收农民的社会保障费用,保障被征地农民的生活,维护被征地农民的合法权益。对于补偿标准,应当按照《土地管理法》第48条的规定办理。即征收农用地的土地补偿费、安置补助费标准由省、自治区、直辖市通过制定公布区片综合地价确定。制定区片综合地价应当综合考虑土地原用途、土地资源条件、土地产值、土地区位、土地供求关系、人口以及经济社会发展水平等因素,并至少每三年调整或者重新公布一次。地上附着物和青苗等的补偿标准,由省、自治区、直辖市制定。

第三百三十九条　土地承包经营权人可以自主决定依法采取出租、入股或者其他方式向他人流转土地经营权。

释　义

本条是关于土地经营权流转方式的规定。

承包土地"三权分置"是对我国农村土地权利制度的一项重大改革和创新。自2014年1月19日中共中央、国务院颁发的《关于全面深化农村改革加快推进农业现代化的若干意见》首次正式提出"落实农村土地集体所有权""稳定农户承包权""放活土地经营权"以来,中央政策性文件多次重申和强调加快完善"三权分置"的具体办法。2016年10月30日,中共中央办公厅、国务院办公厅专门发布了《关于完善农村土地所有权承包权经营权分置办法的意见》。我国实行农村土地"三权分置"的目的在于促进土地资源合理利用,构建新型农业经营体系,发展多种形式适度规模经营,提高土地产出率、劳动生产率和资源利用率,推动现代农业发展。2018年12月29日,十三届全国人大常委会第七次会议表决通过了关于修改农村土地承包法的决定。修改后的《农村土地承包法》确实落实了承包地的"三权分置"政策,提出了土地经营权的概念,并允许土地经营权流转,承包方既可以自己经营,也可以流转其承包地的土地经营权,由他人经营。

本条规定了土地经营权流转的方式,包括出租、入股以及其他方式。土地经营权出租是指在承包期内,承包方将部分或全部土地经营权,在一定期限内租赁给他人从事农业生产经营的方式。土地经营权入股是指土地承包经营权人将土地经营权量化为股权,以此入股组成股份公司、合作社或农场等并从事农业生产经营的方式。除上述方式外,土地承包经营权人也可以采取其他的方式向他人流转土地经营权。

需要注意的是,承包方有权依法自主决定土地经营权是否流转,包括流转对象、方式等,任何单位和个人不得强迫或者阻碍承包方依法流转土地经营权。承包方依法采取出租、入股或者其他方式将农村土地经营权部分或者全部流转的,承包方与发包方的承包关系不变,双方享有的权利和承担的义务不变。土地经营权流转不得改变承包土地所有权的性质及其农业用途,不得破坏农业综合生产能力和农业生态环境,流转期限不得超过承包期的剩余期限,不得损害利害关系人和农村集体经济组织的合法权益。

第三百四十条 土地经营权人有权在合同约定的期限内占有农村土地,自主开展农业生产经营并取得收益。

释 义

本条是关于土地经营权人的权利的规定。

按照农村土地"三权分置"的政策和理论,土地经营权成为一种新型权利安排,它不像土地承包经营权一样具有身份属性,而是一种非人格化的市场主体享有的权利。一般的民事主体取得土地经营权,应与土地承包经营权人订立土地经营权流转合同。依据《农村土地承包法》第40条规定,土地经营权流转,当事人双方应当签订书面流转合同。土地经营权流转合同一般包括以下条款:(1)双方当事人的姓名、住所;(2)流转土地的名称、坐落、面积、质量等级;(3)流转期限和起止日期;(4)流转土地的用途;(5)双方当事人的权利和义务;(6)流转价款及支付方式;(7)土地被依法征收、征用、占用时有关补偿费的归属;(8)违约责任。

土地经营权人的权利包括:其一,占有农村土地。占有农村土地是土地经营权人使用土地的前提。其二,自主开展农业生产经营。土地经营权人取得权利后,有权自主从事农业生产经营活动。其三,取得收益。土地经营权人有权获得在农村土地上从事农业生产经营所产生的收益。

第三百四十一条 流转期限为五年以上的土地经营权,自流转合同生效时设立。当事人可以向登记机构申请土地经营权登记;未经登记,不得对抗善意第三人。

释　义

本条是关于土地经营权登记的规定。

土地经营权自土地经营权流转合同生效时设立。关于土地经营权流转合同的生效,除了应具备一般合同的生效要件以外,还应当符合《农村土地承包法》的相关规定。依照《农村土地承包法》第38条的规定,土地经营权流转应当遵循以下原则:(1)依法、自愿、有偿,任何组织和个人不得强迫或者阻碍土地经营权流转;(2)不得改变土地所有权的性质和土地的农业用途,不得破坏农业综合生产能力和农业生态环境;(3)流转期限不得超过承包期的剩余期限;(4)受让方须有农业经营能力或者资质;(5)在同等条件下,本集体经济组织成员享有优先权。土地经营权流转符合上述要件的,土地经营权流转合同即生效。

流转期限为五年以上的土地经营权,当事人可以自主决定是否向不动产登记机构申请登记。这赋予了当事人选择是否登记的自由。但土地经营权经由不动产登记簿的记载,便可明晰农业经营主体对于农村土地的利用关系,使得土地经营权确定化。第三人通过不动产登记簿,即可查知特定农村土地之上的权利负担,从而作出理性的商业判断。[1] 经登记的土地经营权不仅在当事人之间发生法律效力,而且还被赋予一定的支配和排他效力,可以对抗第三人。未经登记的土地经营权,不得对抗善意第三人。例如,A 将土地经营权出租给 B,租赁期限为五年以上,未办理土地经营权登记。其后,A 又将该土地经营权出租给善意的 C,租赁期限也为五年以上,但办理了土地经营权登记。此时,B 不得以先订立土地经营权流转合同为由对抗 C,C 有权取得土地经营权。

第三百四十二条　通过招标、拍卖、公开协商等方式承包农村土地,经依法登记取得权属证书的,可以依法采取出租、入股、抵押或者其他方式流转土地经营权。

---

[1]　参见高圣平:《土地经营权的设权与赋权》,《光明日报》2019 年 2 月 12 日。

释 义

本条是关于以其他方式承包的农村土地经营权流转的规定。

根据《农村土地承包法》第3条的规定,农村土地承包采取农村集体经济组织内部的家庭承包方式,不宜采取家庭承包方式的荒山、荒沟、荒丘、荒滩等农村土地,可以采取招标、拍卖、公开协商等方式承包。可见,通过招标、拍卖、公开协商等方式承包的农村土地,是指荒山、荒沟、荒丘、荒滩等农村土地。以其他方式承包农村土地的,应当签订承包合同,承包方取得土地经营权。当事人的权利和义务、承包期限等,由双方协商确定。以招标、拍卖方式承包的,承包费通过公开竞标、竞价确定;以公开协商等方式承包的,承包费由双方议定。

对于承包的"四荒"土地,必须在依法登记、取得土地承包经营权证或者林权证等权属证书的前提下才能流转。至于这类土地经营权的流转方式,可以是出租、入股、抵押,也可以是其他方式。

第三百四十三条 国家所有的农用地实行承包经营的,参照适用本编的有关规定。

释 义

本条规定了国家所有的农用地实行承包经营的法律适用。

依照我国《土地管理法》第13条的规定,国家所有依法由农民集体使用的耕地、林地、草地,以及其他依法用于农业的土地,采取农村集体经济组织内部的家庭承包方式承包,不宜采取家庭承包方式的荒山、荒沟、荒丘、荒滩等,可以采取招标、拍卖、公开协商等方式承包,从事种植业、林业、畜牧业、渔业生产。

对于国家所有的农用地实行承包经营的,参照适用本编的有关规定。法律如此规定避免了立法上的重复,同时也为国有农用地承包经营采取特殊方式预留了空间。例如,有的国有农用地并未交由农民集体长期使用,有的国有农用地还没有完全开发利用。对于这些情形,可以在承包方式、承包期限、承包方的权利义务等方面参照本法的有关规定执行。

第十二章　建设用地使用权

本章导言 ▶

　　本章是对"建设用地使用权"的规定。该章规定了建设用地使用权人的权利,建设用地使用权的分层设立,建设用地使用权设立原则,建设用地使用权设立方式,建设用地使用权出让合同,建设用地使用权登记,建设用地用途管制,建设用地使用权人支付出让金等费用的义务,建设用地使用权人建造的建筑物、构筑物及其附属设施所有权,建设用地使用权的流转,建设用地使用权流转的合同形式与期限,建设用地使用权流转后变更登记,建筑物等随建设用地使用权流转而一并处分,建设用地使用权随建筑物、构筑物及其附属设施的流转而一并处分,建设用地使用权提前收回的补偿,建设用地使用权期限届满后续期,建设用地使用权的消灭,集体建设用地使用权的法律适用等内容。

　　第三百四十四条　建设用地使用权人依法对国家所有的土地享有占有、使用和收益的权利,有权利用该土地建造建筑物、构筑物及其附属设施。

释　义

　　本条是关于建设用地使用权人的权利的规定。

　　在传统民法上,与建设用地使用权相当的概念为"地上权"。为使我国用益物权的概念体系统一、和谐,并与土地承包经营权、宅基地使用权相配合,本法使用"建设用地使用权"的概念。在我国,土地依法属于国家所有和集体所有。建设用地使用权一般在国家所有的土地上设立,但也不排除在集体所有的土地上设立建设用地使用权的情形。对于在集体所有的土地上设立建设用地使用权,本法第 361 条作出了规定。本条仅对在国家所有的土地上设立的建设用地使用权进行规定。

根据本条规定,建设用地使用权是对国家所有的土地占有、使用和收益的权利,属于一种用益物权。建设用地使用权人享有的权利主要包括:(1)对土地的占有、使用权。建设用地使用权设立的目的在于使权利人获得土地的使用价值,从土地的利用活动中获得经济利益和为其他活动提供空间场所。(2)对土地的收益权。建设用地使用权人依法有权获取土地之上的收益。

我国《土地管理法》第 4 条第 3 款规定,建设用地是指建造建筑物、构筑物的土地,包括城乡住宅和公共设施用地、工矿用地、交通水利设施用地、旅游用地、军事设施用地等。本条中的建筑物主要是指住宅、写字楼、厂房等。构筑物主要是指不具有居住或者生产经营功能的人工建造物,比如道路、桥梁、隧道、水池、水塔、纪念碑等;附属设施主要是指附属于建筑物、构筑物的一些设施。

根据本条规定,建设用地使用权具有以下特征:(1)建设用地使用权是以他人所有的土地为标的物而设定的物权。建设用地使用权在国家所有的土地上设立,因而属于一种他物权。(2)建设用地使用权是以在国家所有的土地上建造建筑物、构筑物及其附属设施为目的的物权。建设用地使用权的目的在于对国家所有的土地进行占有、使用和收益,因此其为一种用益物权。(3)建设用地使用权是利用国家所有的土地的限制物权。因建设用地使用权一旦设定,土地所有人的所有权便受到限制,所以建设用地使用权为一种限制物权。

第三百四十五条 建设用地使用权可以在土地的地表、地上或者地下分别设立。

释 义

本条是关于建设用地使用权分层设立的规定。

人类对土地的利用由 19 世纪之前的平面利用转到之后的立体利用。尤其是近现代以来,人类的社会生产力获得重大发展,社会经济繁荣,由此使城市生活环境"过密化",城市地价高涨。加之伴随人类文明的发展而带来的科技的日新月异的进步,人们对土地的利用已不再局限于地面,而是逐渐向空中、地中甚至水中发展,即由平面化利用趋向于立体化利用,土地的分层利用成为现实。例如,甲拟经过乙土地的上空修建高架道路,此时甲的建设用地使用权即可仅设立于乙土地上空的一定空间范围(例如上空的40米至60米),乙不仅对地面仍可予以利用,甚至还可再将其地面或地中的一定范围对他人设立建设用地使用权。① 同一土地不仅可以为其使用人提供安居乐业的场所,且也可为他人设定空间建设用地使用权以建造高架铁路、高架公路、立交桥、高架电线,或者铺设电线光缆、输油管道、供水排水管道,以及建设地铁、地下商场、地下街、地下停车场等。这些建筑物、构筑物等,因系离开地表而独立存在于土地的空中或地中,由此使土地的效用获得最大限度的利用。②

本条对建设用地使用权的分层设立作了规定。在建设用地使用权分层设立时,不同层次的建设用地使用权人均享有占有、使用和收益的权利,只不过其占用的空间范围有所不同。例如,同一块土地的地下十米至地上一百米的建设用地使用权由甲公司建住宅;地下20米至50米的建设用地使用权由乙公司建一地下停车场。

第三百四十六条　设立建设用地使用权,应当符合节约资源、保护生态环境的要求,遵守法律、行政法规关于土地用途的规定,不得损害已经设立的用益物权。

释　义

本条是对建设用地使用权设立原则的规定。

本法第9条规定了民事主体从事民事活动,应当有利于节约资源、保护生态环境。随着城镇化进程的加快,城市可供利用的土地日趋减少,为了节约利用土地,依据这一基本原则,本条要求设立建设用地使用权应当节约资源、保护生态环境。

依据我国《土地管理法》等法律、行政法规的规定,国家实行土地用途管

---

① 参见陈华彬:《空间建设用地使用权探微》,《法学》2015年第7期。
② 参见梁慧星、陈华彬:《物权法》(第四版),法律出版社2007年版,第150页。

制制度。国家编制土地利用总体规划,规定土地用途,将土地分为农用地、建设用地和未利用地。严格限制农用地转为建设用地,控制建设用地总量,对耕地实行特殊保护。据此,设立建设用地使用权,应遵守这些规定,使用建设用地。同时,建设用地使用权的设立,应当尊重已经设立在先的用益物权人的权利,不得损害已设立的用益物权。例如,如果建设用地使用权的地表及其上下已经有既存的用益物权,那么新的建设用地使用权设立时,就不得影响既存的用益物权的行使和实现。

第三百四十七条 设立建设用地使用权,可以采取出让或者划拨等方式。

工业、商业、旅游、娱乐和商品住宅等经营性用地以及同一土地有两个以上意向用地者的,应当采取招标、拍卖等公开竞价的方式出让。

严格限制以划拨方式设立建设用地使用权。

释 义

本条是关于建设用地使用权设立方式的规定。

本条规定了建设用地使用权的设立方式包括出让、划拨等。所谓出让,是指国家以土地所有者的身份将建设用地使用权在一定年限内让与建设用地的使用者,并由建设用地的使用者向国家支付建设用地使用权出让金的行为。所谓划拨,是指建设用地使用者通过各种方式依法无偿取得建设用地使用权。

以下两种情形下取得建设用地使用权,应当采取出让方式:其一,工业、商业、旅游、娱乐和商品住宅等经营性用地。其二,同一土地有两个以上意向用地者。就出让的具体形式而言,包括招标、拍卖等公开竞价的方式。所谓招标,是指出让人按照预先规定的条件,对外公开邀请符合条件的组织或者个人报价投标,由出让人从中选出价格和条件优惠的投标者,并与之签订合同的交易方式。所谓拍卖,是指以公开竞价的形式将特定的物品或者财产权利转让给最高应价者的买卖方式。

本条第3款规定,严格限制以划拨方式设立建设用地使用权。依据我国《土地管理法》第54条的规定,下列建设用地,经县级以上人民政府依法批

准,可以以划拨方式取得:(一)国家机关用地和军事用地;(二)城市基础设施
用地和公益事业用地;(三)国家重点扶持的能源、交通、水利等基础设施用
地;(四)法律、行政法规规定的其他用地。可见,通过划拨方式取得的建设用
地使用权具有以下特征:一是具有公益目的性。通过划拨取得建设用地使用
权者,主要是国家机关、军事用地等公益目的。二是具有无偿性。通过划拨取
得的建设用地使用权是无偿取得。三是具有无期限性。以划拨方式取得的建
设用地使用权没有期限限制。四是具有行政性。以划拨方式取得的建设用地
使用权必须经过严格的行政审批程序。

第三百四十八条　通过招标、拍卖、协议等出让方式设立建
设用地使用权的,当事人应当采用书面形式订立建设用地使用权
出让合同。

建设用地使用权出让合同一般包括下列条款:

(一)当事人的名称和住所;

(二)土地界址、面积等;

(三)建筑物、构筑物及其附属设施占用的空间;

(四)土地用途、规划条件;

(五)建设用地使用权期限;

(六)出让金等费用及其支付方式;

(七)解决争议的方法。

释　义

本条是关于建设用地使用权出让合同的规定。

以出让方式设立建设用地使用权的,无论采取招标、拍卖等公开竞价的方
式,还是采取协议的方式,出让人与受让人之间都应当订立书面的建设用地使
用权出让合同。

建设用地使用权出让合同一般包括以下条款:(1)当事人的名称和住所。
出让的土地属于国家,由市、县人民政府土地管理部门代表国家与土地使用者
签订建设用地使用权出让合同。(2)土地界址、面积等。建设用地使用权出

让合同应对建设用地的位置、四至范围、面积等进行明确规定,一般会绘制界址图表示。(3)建筑物、构筑物及其附属设施占用的空间。考虑到建设用地使用权分层出让的需要,设立建设用地使用权应对建筑物、构筑物及其附属设施占用土地的四至范围、高度、深度等进行标明。(4)土地用途、规划条件。土地用途可以分为居住、工业、教育、商业等用途。根据《城乡规划法》第 38条的规定,在城市、镇规划区内以出让方式提供国有土地使用权的,在国有土地使用权出让前,城市、县人民政府城乡规划主管部门应当依据控制性详细规划,提出出让地块的位置、使用性质、开发强度等规划条件,作为国有土地使用权出让合同的组成部分。未确定规划条件的地块,不得出让国有土地使用权。(5)建设用地使用权期限。以出让方式设立建设用地使用权的,应明确土地的使用期限。依据《城镇国有土地使用权出让和转让暂行条例》第 12 条的规定,土地使用权出让最高年限按下列用途确定:居住用地七十年;工业用地五十年;教育、科技、文化、卫生、体育用地五十年;商业、旅游、娱乐用地四十年;综合或者其他用地五十年。(6)出让金等费用及其支付方式。以出让方式取得建设用地使用权的,建设用地使用权人应按照约定支付出让金等费用。依据《城镇国有土地使用权出让和转让暂行条例》第 14 条的规定,土地使用者应当在签订土地使用权出让合同后六十日内,支付全部土地使用权出让金。逾期未全部支付的,出让方有权解除合同,并可请求违约赔偿。不过,目前对于采取招标、拍卖等公开竞价方式设立的建设用地使用权,其出让金可以采取一次性支付或者分期支付的办法。(7)解决争议的方法。当事人因建设用地使用权合同发生争议的,可以采取协商、仲裁或者诉讼方式解决。

第三百四十九条 设立建设用地使用权的,应当向登记机构申请建设用地使用权登记。建设用地使用权自登记时设立。登记机构应当向建设用地使用权人发放权属证书。

释 义

本条是关于建设用地使用权登记的规定。

在订立建设用地使用权合同后,建设用地使用权人应当向不动产登记机构申请办理建设用地使用权登记。根据《不动产登记暂行条例实施细则》第

34 条的规定,申请国有建设用地使用权首次登记,应当提交下列材料:(1)土地权属来源材料;(2)权籍调查表、宗地图以及宗地界址点坐标;(3)土地出让价款、土地租金、相关税费等缴纳凭证;(4)其他必要材料。上述土地权属来源材料,根据权利取得方式的不同,包括国有建设用地划拨决定书、国有建设用地使用权出让合同、国有建设用地使用权租赁合同以及国有建设用地使用权作价出资(入股)、授权经营批准文件。申请在地上或者地下单独设立国有建设用地使用权登记的,按照上述规定办理。

不动产登记机构应当向建设用地使用权人发放建设用地使用权证书。建设用地使用权自不动产登记机构登记时设立。根据我国《土地管理法》第 12 条的规定,土地的所有权和使用权的登记,依照有关不动产登记法律、行政法规执行。依法登记的土地的所有权和使用权受法律保护,任何单位和个人不得侵犯。

建设用地使用权以划拨方式取得的,不需要当事人之间签订合同,而是通过发放"国有建设用地划拨决定书"的方式,让建设用地使用权人取得土地的使用权。对于划拨建设用地使用权,也应当依法办理登记手续。

第三百五十条　建设用地使用权人应当合理利用土地,不得改变土地用途;需要改变土地用途的,应当依法经有关行政主管部门批准。

释　义

本条是关于建设用地用途管制的规定。

我国对土地实行用途管制。在我国,土地是宝贵的自然资源,土地后备资源不足,土地的人口承载超重,人多地少是基本国情。土地用途管制是国家为了保护土地资源,确立土地利用的约束机制,防止土地滥用、在土地上谋取非法利益等行为,而对土地利用进行的严格控制。以划拨、出让等方式取得的建设用地使用权的用途存在着不同之处。在实践中,有的地方随意"出让、批租"国有土地;房地产商打着兴办教育、城市绿化等名义,用较低的价格从政府手中获得土地大搞开发等,让某些地方出现了大学城随处可见别墅、度假村、美食街、高尔夫球场竞相兴建等现象。本条规定,建设用地使用权人应按照土地的用途合理利用土地,擅自改变土地的用途是违法行为。

根据我国《土地管理法》第56条的规定,建设单位使用国有土地的,应当按照土地使用权出让等有偿使用合同的约定或者土地使用权划拨批准文件的规定使用土地;确需改变该幅土地建设用途的,应当经有关人民政府自然资源主管部门同意,报原批准用地的人民政府批准。其中,在城市规划区内改变土地用途的,在报批前,应当先经有关城市规划行政主管部门同意。另外,我国《城市房地产管理法》第18条规定,土地使用者需要改变土地使用权出让合同约定的土地用途的,必须取得出让方和市、县人民政府城市规划行政主管部门的同意,签订土地使用权出让合同变更协议或者重新签订土地使用权出让合同,相应调整土地使用权出让金。《城市房地产管理法》第44条还规定,以出让方式取得土地使用权的,转让房地产后,受让人改变原土地使用权出让合同约定的土地用途的,必须取得原出让方和市、县人民政府城市规划行政主管部门的同意,签订土地使用权出让合同变更协议或者重新签订土地使用权出让合同,相应调整土地使用权出让金。由上述规定可见,没有按照土地利用规划确定的或者审批机关批准的用途使用建设用地的行为,属于违法行为。

第三百五十一条　建设用地使用权人应当依照法律规定以及合同约定支付出让金等费用。

释　义

本条是关于建设用地使用权人支付出让金等费用的义务的规定。

长期以来,我国对国有土地实行无偿使用制度,使国有土地的巨大经济效益不能收归国库;国有土地的无偿使用曾经形成了巨大的浪费,造成了土地的不合理分配和利用。[①] 因此,对国有土地实行有偿使用制度十分必要。

建设用地使用权出让金是建设用地使用权人为取得建设用地使用权向土地所有人支付的价金。我国实行土地公有制,建设用地使用权人使用国家所有的土地,国家收取土地出让金等费用,是国家土地有偿使用制度的内容。合理确定土地出让金,就是要确定建设用地使用权的市场价格,要根据土地的开

---

① 参见王利明:《物权法教程》,中国政法大学出版社2003年版,第240页。

发程度、土地所处的地理位置、土地按照国家城市建设的规划而确定的用途、土地使用权期限等因素而确定土地使用的合理价格。依据本条的规定,土地出让金由建设用地使用权人按照法律的规定或者建设用地使用权出让合同的约定进行支付。我国《土地管理法》第 55 条规定,以出让等有偿使用方式取得国有土地使用权的建设单位,按照国务院规定的标准和办法,缴纳土地使用权出让金等土地有偿使用费和其他费用后,方可使用土地。新增建设用地的土地有偿使用费,百分之三十上缴中央财政,百分之七十留给有关地方人民政府。

第三百五十二条 建设用地使用权人建造的建筑物、构筑物及其附属设施的所有权属于建设用地使用权人,但是有相反证据证明的除外。

释 义

本条是关于建设用地使用权人建造的建筑物、构筑物及其附属设施所有权的规定。

在传统民法中,与我国建设用地使用权制度相似的是地上权制度。在德国民法中,不承认建筑物的独立性,而是依据民法上的"附合"原理,地上物因与土地的附合而失去其独立性。设立地上权制度旨在阻止土地所有人对地上物的附合,确保地上权人在他人的土地上拥有建筑物的所有权。

建设用地使用权是一种用益物权。建设用地使用权人取得国有土地的使用权后,有权在该土地上建造建筑物、构筑物及其附属设施。在通常情况下,建设用地使用权人建造的建筑物、构筑物及其附属设施的所有权属于建设用地使用权人。但是,如果有证据证明建设用地使用权人建造的建筑物、构筑物及其附属设施归属于他人的,则其不享有所有权。例如,在城市房地产建设中,开发商与政府有关部门约定由开发商在房地产项目中建设一部分市政公共设施,则这部分市政公共设施的所有权就属于国家,而不属于建设用地使用权人。

此外,应注意的是,对于非法占用土地建造建筑物和其他设施的行为,我国《土地管理法》第 77 条规定了相应的法律后果。未经批准或者采取欺骗手段骗取批准,非法占用土地的,由县级以上人民政府自然资源主管部门责令退还非法占用的土地,对违反土地利用总体规划擅自将农用地改为建设用地的,限期拆除在非法占用的土地上新建的建筑物和其他设施,恢复土地原状,对符合土地利用总体规划的,没收在非法占用的土地上新建的建筑物和其他设施。

第三百五十三条 建设用地使用权人有权将建设用地使用权转让、互换、出资、赠与或者抵押,但是法律另有规定的除外。

释 义

本条是关于建设用地使用权流转的规定。

本条规定了建设用地使用权流转的方式包括转让、互换、出资、赠与、抵押。建设用地使用权转让是指建设用地使用权人以买卖合同形式将建设用地权转移给他人的行为。建设用地使用权互换是指当事人双方以各自的建设用地使用权相互交换的行为。建设用地使用权出资是指建设用地使用权人为取得投资收益,将建设用地使用权作为出资标的的行为。例如,建设用地使用权人可以其享有的建设用地使用权出资设立公司,我国《公司法》第27条即明确规定了股东可以用土地使用权等可以用货币估价并可以依法转让的非货币财产作价出资。建设用地使用权赠与是指建设用地使用权人将其享有的建设用地使用权无偿让与给他人的行为。建设用地使用权抵押是指建设用地使用权人将其享有的建设用地使用权作为抵押财产,为自己或他人的债务提供担保的行为。当债务人不履行债务时,债权人有权依法以该建设用地使用权折价或者以拍卖、变卖该建设用地使用权的价款优先受偿。

对建设用地使用权流转的限制,在有关法律中已有明确的规定。例如,我国《城市房地产管理法》第38条规定:"下列房地产,不得转让:(一)以出让方式取得土地使用权的,不符合本法第三十九条规定的条件的;(二)司法机关和行政机关依法裁定、决定查封或者以其他形式限制房地产权利的;(三)依法收回土地使用权的;(四)共有房地产,未经其他共有人书面同意的;(五)权属有争议的;(六)未依法登记领取权属证书的;(七)法律、行政法规规定禁止转让的其他情形。"对于以出让方式取得的建设用地使用权的转让,该法第39条规定:"以出让方式取得土地使用权的,转让房地产时,应当符合下列条件:

(一)按照出让合同约定已经支付全部土地使用权出让金,并取得土地使用权证书;(二)按照出让合同约定进行投资开发,属于房屋建设工程的,完成开发投资总额的百分之二十五以上,属于成片开发土地的,形成工业用地或者其他建设用地条件。转让房地产时房屋已经建成的,还应当持有房屋所有权证书。"关于以划拨方式取得建设用地使用权的转让,该法第40条规定:"以划拨方式取得土地使用权的,转让房地产时,应当按照国务院规定,报有批准权的人民政府审批。有批准权的人民政府准予转让的,应当由受让方办理土地使用权出让手续,并依照国家有关规定缴纳土地使用权出让金。以划拨方式取得土地使用权的,转让房地产报批时,有批准权的人民政府按照国务院规定决定可以不办理土地使用权出让手续的,转让方应当按照国务院规定将转让房地产所获收益中的土地收益上缴国家或者作其他处理。"

第三百五十四条　建设用地使用权转让、互换、出资、赠与或者抵押的,当事人应当采用书面形式订立相应的合同。使用期限由当事人约定,但是不得超过建设用地使用权的剩余期限。

释　义

本条是关于建设用地使用权流转的合同形式与期限的规定。

建设用地使用权流转应当采用书面形式订立合同。建设用地使用权流转之所以必须采用书面形式的合同,是因为建设用地使用权涉及土地这一重要资源的利用,不仅影响当事人的利益,而且对国家和社会的利益也有重要影响。采取书面形式订立建设用地使用权流转合同,有利于明确各方的权利、义务,防范交易风险,促进建设用地使用权流转的安全。

以出让方式取得的建设用地使用权是一种有期限的用益物权。若建设用地使用权人超过出让合同规定的期限流转建设用地使用权,则构成对建设用地所有权人利益的侵害。因此,本条规定建设用地使用权流转后的使用期限由当事人约定,但是不得超过建设用地使用权的剩余期限。如果建设用地使用权人超过了建设用地使用权的剩余期限对其予以转让的,那么超过期限的那部分流转合同无效。

第三百五十五条 建设用地使用权转让、互换、出资或者赠
与的,应当向登记机构申请变更登记。

释 义

本条是关于建设用地使用权流转后变更登记的规定。

本法第214条规定:"不动产物权的设立、变更、转让和消灭,依照法律规
定应当登记的,自记载于不动产登记簿时发生效力。"这一规定将登记作为不
动产物权变动的生效要件。建设用地使用权作为一种不动产物权,其流转需
要办理变更登记,否则,该流转就无法产生法律效力。

根据自然资源部颁布的《不动产登记暂行条例实施细则》第37条的规
定,申请国有建设用地使用权及房屋所有权变更登记的,应当根据不同情况,
提交下列材料:(1)不动产权属证书;(2)发生变更的材料;(3)有批准权的人
民政府或者主管部门的批准文件;(4)国有建设用地使用权出让合同或者补
充协议;(5)国有建设用地使用权出让价款、税费等缴纳凭证;(6)其他必要
材料。

第三百五十六条 建设用地使用权转让、互换、出资或者赠
与的,附着于该土地上的建筑物、构筑物及其附属设施一并处分。

释 义

本条是关于建筑物等随建设用地使用权流转而一并处分的规定。

建设用地上的建筑物、构筑物及其附属设施是依附于该土地而存在的。
没有土地就不可能形成建筑物、构筑物及其附属设施。基于"房地一致"的原
则,为了维护建筑物等的完整性与经济价值,避免出现"空中楼阁"的尴尬局
面,应当实行"房随地走"。另外,使建设用地使用权与地上的建筑物、构筑物
及其附属设施的所有权主体保持一致,能够最大限度地避免发生各种产权纠
纷或者权利行使上的冲突。例如,建设用地使用权人可能要求拆除地上的建
筑物、构筑物及其附属设施,而建筑物、构筑物及其附属设施的所有权人又要
求使用建设用地使用权人占有的土地。为此,就会产生纠纷。考虑到上述原

因,本条规定,当建设用地使用权采取转让、互换、出资、赠与等方式流转时,附着于该建设用地上的建筑物、构筑物及其附属设施应当一并处分。本条规定与我国既有的法律制度规定是一致的。例如,《城镇国有土地使用权出让和转让暂行条例》第 23 条规定:"土地使用权转让时,其地上建筑物、其他附着物所有权随之转让。"第 33 条规定:"土地使用权抵押时,其地上建筑物、其他附着物随之抵押。"

第三百五十七条　建筑物、构筑物及其附属设施转让、互换、出资或者赠与的,该建筑物、构筑物及其附属设施占用范围内的建设用地使用权一并处分。

释　义

本条是关于建设用地使用权随建筑物、构筑物及其附属设施的流转而一并处分的规定。

本条规定了"房地一致"的另一种方式"地随房走"。由于建筑物、构筑物及其附属设施与其占用的土地不可分,因此,当建筑物、构筑物及其附属设施流转时,该建筑物、构筑物及其附属设施占用范围内的建设用地使用权应当一并处分。我国一直采取"地随房走"的原则,例如,《城市房地产管理法》第 32 条规定:"房地产转让、抵押时,房屋的所有权和该房屋占用范围内的土地使用权同时转让、抵押。"《城镇国有土地使用权出让和转让暂行条例》第 24 条规定:"地上建筑物、其他附着物的所有人或者共有人,享有该建筑物、附着物使用范围内的土地使用权。土地使用者转让地上建筑物、其他附着物所有权时,其使用范围内的土地使用权随之转让,但地上建筑物、其他附着物作为动产转让的除外。"

应当注意的是,本条中的建筑物等占用范围内的建设用地使用权可以是一宗单独的建设用地使用权,也可以是共同享有的建设用地使用权中的份额。例如,在建筑物区分所有的情形下,业主转让建筑物内的住宅、经营性用房,其对共有部分享有的共有权利一并转让,但不可能也不应该对业主共同享有的建设用地使用权进行分割。

第三百五十八条　建设用地使用权期限届满前,因公共利益需要提前收回该土地的,应当依据本法第二百四十三条的规定对该土地上的房屋以及其他不动产给予补偿,并退还相应的出让金。

释　义

本条是关于建设用地使用权提前收回补偿的规定。

以出让方式取得的建设用地使用权是一种有期限的用益物权。在期限届满前,政府部门因公共利益的需要提前收回建设用地使用权的,应当依法对建设用地使用权人给予补偿。我国《土地管理法》第58条规定:"有下列情形之一的,由有关人民政府自然资源主管部门报经原批准用地的人民政府或者有批准权的人民政府批准,可以收回国有土地使用权:(一)为实施城市规划进行旧城区改建以及其他公共利益需要,确需使用土地的;(二)土地出让等有偿使用合同约定的使用期限届满,土地使用者未申请续期或者申请续期未获批准的;(三)因单位撤销、迁移等原因,停止使用原划拨的国有土地的;(四)公路、铁路、机场、矿场等经核准报废的。依照前款第(一)项的规定收回国有土地使用权的,对土地使用权人应当给予适当补偿。"

根据本条规定,对于建设用地上的房屋以及其他不动产应当依据有关征收的规定给予补偿。本法第243条第3款规定,征收组织、个人的房屋以及其他不动产,应当依法给予征收补偿,维护被征收人的合法权益;征收个人住宅的,还应当保障被征收人的居住条件。另外,由于我国城市的土地属于国家所有,建设用地使用权人对国家所有的建设用地只享有使用权,因此,国家提前收回自己所有的建设用地,不适用征收的规定。但是,以出让方式取得建设用地使用权的组织、个人已支付了出让金,国家提前收回建设用地使用权的,应当向建设用地使用权人退还相应的出让金。例如,某酒店的建设用地使用权期限是30年,该酒店以出让方式取得建设用地使用权后15年时被征收。那么,对于该酒店的所有权人和建设用地使用权人,应当根据本法的规定予以补偿,并应当退还该酒店所有权人和建设用地使用权人15年的土地出让金。

需要注意的是,如果建设用地使用权人没有及时开发土地,政府主管部门也有权收回土地。《城市房地产管理法》第26条规定,以出让方式取得土地使用权进行房地产开发的,必须按照土地使用权出让合同约定的土地用途、动工开发期限开发土地。超过出让合同约定的动工开发日期满一年未动工开发的,可以征收相当于土地使用权出让金百分之二十以下的土地闲置费;满二年未动工开发的,可以无偿收回土地使用权;但是,因不可抗力或者政府、政府有关部门的行为或者动工开发必需的前期工作造成动工开发迟延的除外。

第三百五十九条　住宅建设用地使用权期限届满的,自动续期。续期费用的缴纳或者减免,依照法律、行政法规的规定办理。

非住宅建设用地使用权期限届满后的续期,依照法律规定办理。该土地上的房屋以及其他不动产的归属,有约定的,按照约定;没有约定或者约定不明确的,依照法律、行政法规的规定办理。

释　义

本条是关于建设用地使用权期限届满后续期的规定。

以出让方式取得的建设用地使用权都有一定的期限。根据《城镇国有土地使用权出让和转让暂行条例》的规定,建设用地使用权出让的最高年限为:居住用地 70 年;工业用地 50 年;教育、科技、文化、卫生、体育用地 50 年;商业、旅游、娱乐用地 40 年;综合或者其他用地 50 年。关于建设用地使用权期限届满后续期的问题,本条区分住宅建设用地使用权与非住宅建设用地使用权,分别作出了规定。

住宅建设用地使用权期限届满的,自动续期。按照自动续期规则,住宅建设用地使用权期限届满的,无须土地使用权人申请即自动续期,这既有利于降低行政成本,也可以免除权利人申请续期的繁杂手续,减轻了土地使用权人的负担。① 至于住宅建设用地使用权续期后是否支付土地使用费,关系到广大人民群众的切身利益,应当慎重研究。2016 年 11 月 4 日,中共中央、国务院《关于完善产权保护制度依法保护产权的意见》指出:"研究住宅建设用地等

---

①　参见高圣平:《〈物权法〉背景下的〈城市房地产管理法〉修改——兼及部门法的立法技术》,《中国人民大学学报》2008 年第 2 期。

土地使用权到期后续期的法律安排,推动形成全社会对公民财产长久受保护的良好和稳定预期。"2016 年 12 月 8 日,《国土资源部办公厅关于妥善处理少数住宅建设用地使用权到期问题的复函》确立了"不需要提出续期申请""不收取费用""正常办理交易和登记手续"的"两不一正常"方案,但该处理方案仅为过渡性办法,住宅建设用地使用权续期的最终方案仍有待立法解决。而在理论界,关于自动续期是否为无偿续期,存在不同观点。有的认为"自动续期"的含义是指无条件续期,不需要补交费用,也不需要再次办理不动产登记手续,权利人即可继续合法使用土地。也有的认为自动续期不应当采纳无偿续期的立场,因为无偿自动续期有违市场经济公平公正原则;可能会加剧房地产市场的投机行为,进一步加剧炒房行为,房屋将异化为一种投资的商品,而不是用于居住;会降低土地利用效率,加剧土地资源稀缺性的矛盾。① 鉴于此,本条第 1 款规定,续期费用的缴纳或者减免,依照法律、行政法规的规定办理。

非住宅建设用地使用权期限届满后的续期,依照法律的规定办理。我国《城市房地产管理法》第 22 条规定:"土地使用权出让合同约定的使用年限届满,土地使用者需要继续使用土地的,应当至迟于届满前一年申请续期,除根据社会公共利益需要收回该幅土地的,应当予以批准。经批准准予续期的,应当重新签订土地使用权出让合同,依照规定支付土地使用权出让金。土地使用权出让合同约定的使用年限届满,土地使用者未申请续期或者虽申请续期但依照前款规定未获批准的,土地使用权由国家无偿收回。"之所以对非住宅建设用地使用权没有采取自动续期的规定,是因为非住宅建设用地使用权的期限一般都比较短,使用土地的用途也各不相同。当非住宅建设用地使用权的期限届满后,使用者很可能就没有必要再使用该建设用地了。基于此,根据《城市房地产管理法》的上述规定,非住宅建设用地使用权期限届满后是否申请续期,由土地使用者自由决定。

对于非住宅建设用地使用权期限届满后,该建设用地上的房屋及其他不动产的权属问题,有约定的,按照约定。由于建设用地使用权期限届满后土地上的房屋以及其他不动产的权属是建设用地使用权合同的重要内容,因此,通常情况下在建设用地使用权合同中就予以约定。没有约定或者约定不明确

---

① 参见王利明:《住宅建设用地使用权自动续期规则》,《清华法学》2017 年第 2 期。

的,则依照法律、行政法规的规定办理。《城镇国有土地使用权出让和转让暂行条例》第40条规定,土地使用权期满,土地使用权及其地上建筑物、其他附着物所有权由国家无偿取得。

第三百六十条　建设用地使用权消灭的,出让人应当及时办理注销登记。登记机构应当收回权属证书。

释　义

本条是关于建设用地使用权消灭的规定。

建设用地使用权期限届满、建设用地使用权被提前收回、自然灾害等原因均会导致建设用地使用权消灭。建设用地使用权消灭的,出让人应当及时办理注销登记。我国《不动产登记暂行条例实施细则》第23条规定,因不动产权利灭失等情形,不动产登记机构需要收回不动产权属证书或者不动产登记证明的,应当在不动产登记簿上将收回不动产权属证书或者不动产登记证明的事项予以注明;确实无法收回的,应当在不动产登记机构门户网站或者当地公开发行的报刊上公告作废。

第三百六十一条　集体所有的土地作为建设用地的,应当依照土地管理的法律规定办理。

释　义

本条是关于集体建设用地使用权法律适用的规定。

根据我国《土地管理法》第63条的规定,土地利用总体规划、城乡规划确定为工业、商业等经营性用途,并经依法登记的集体经营性建设用地,土地所有权人可以通过出让、出租等方式交由单位或者个人使用,并应当签订书面合同,载明土地界址、面积、动工期限、使用期限、土地用途、规划条件和双方其他权利义务。集体经营性建设用地出让、出租等,应当经本集体经济组织成员的村民会议2/3以上成员或者2/3以上村民代表的同意。通过出让等方式取得的集体经营性建设用地使用权可以转让、互换、出资、赠与或者抵押,但法律、行政法规另有规定或者土地所有权人、土地使用权人签订的书面合同另有约定的除外。集体经营性建设用地的出租、集体建设用地使用权的出让及其最高年限、转让、互换、出资、赠与、抵押等,参照同类用途的国有建设用地执行,具体办法由国务院制定。

集体建设用地的使用者应当严格按照土地利用总体规划、城乡规划确定的用途使用土地。依据《土地管理法》第66条的规定,有下列情形之一的,农村集体经济组织报经原批准用地的人民政府批准,可以收回土地使用权:(1)为乡(镇)村公共设施和公益事业建设,需要使用土地的;(2)不按照批准的用途使用土地的;(3)因撤销、迁移等原因而停止使用土地的。依照前款第(1)项规定收回农民集体所有的土地的,对土地使用权人应当给予适当补偿。收回集体经营性建设用地使用权,依照双方签订的书面合同办理,法律、行政法规另有规定的除外。

第十三章　宅基地使用权

本章导言 ▶

本章是对"宅基地使用权"的规定。该章规定了宅基地使用权的权利内容,宅基地使用权的取得、行使和转让的法律适用,宅基地灭失后的重新分配,宅基地使用权的变更登记、注销登记等内容。

第三百六十二条　宅基地使用权人依法对集体所有的土地享有占有和使用的权利,有权依法利用该土地建造住宅及其附属设施。

释　义

本条是关于宅基地使用权的权利内容的规定。

宅基地使用权是指农民依法享有的在集体所有的土地上建造、保有住宅及其附属设施的权利。其具有以下特征:

1. 宅基地使用权人具有特定性。由于我国《土地管理法》并没有确认城镇非农业户口居民在农村建房、对集体所有的土地享有宅基地使用权,所以,应将宅基地使用权限定为农民因建造住宅而对集体所有土地享有的占有、使用的权利。

2. 宅基地使用权的客体具有特定性。根据我国《土地管理法》第9条第2款的规定,宅基地属于农民集体所有。因此,农民使用宅基地是对集体所有的土地的使用。

3. 宅基地使用权的目的具有特定性。宅基地的用途是在该土地上建造住宅及其附属设施,例如住房、车库等。

4.宅基地使用权的取得具有无偿性。宅基地使用权由集体成员无偿取得、无偿使用,是一种具有福利性质的权利,是农民的安身之本,对维护农村和农业的稳定具有重要的意义。

5.宅基地使用权具有无期限性。宅基地使用权是一种无期限的用益物权。宅基地上的建筑物或其附属设施灭失的,不影响宅基地使用权的效力。宅基地使用权人有权在宅基地上重新建造房屋或其附属设施,以用于居住。

第三百六十三条 宅基地使用权的取得、行使和转让,适用土地管理的法律和国家有关规定。

释 义

本条是关于宅基地使用权的取得、行使和转让适用法律的规定。

1.关于宅基地使用权的取得。根据我国《土地管理法》的规定,农村村民宅基地使用权的取得是由集体经济组织依法无偿分配的。根据我国《土地管理法》第62条的规定,农村村民一户只能拥有一处宅基地,其宅基地的面积不得超过省、自治区、直辖市规定的标准。人均土地少、不能保障一户拥有一处宅基地的地区,县级人民政府在充分尊重农村村民意愿的基础上,可以采取措施,按照省、自治区、直辖市规定的标准保障农村村民实现户有所居。

2.关于宅基地使用权的行使。依据我国《土地管理法》的规定,农村村民建住宅,应当符合乡(镇)土地利用总体规划、村庄规划,不得占用永久基本农田,并尽量使用原有的宅基地和村内空闲地。编制乡(镇)土地利用总体规划、村庄规划应当统筹并合理安排宅基地用地,改善农村村民居住环境和条件。农村村民住宅用地,由乡(镇)人民政府审核批准;其中,涉及占用农用地的,依照该法的规定办理审批手续。农村村民出卖、出租、赠与住宅后,再申请宅基地的,不予批准。国家允许进城落户的农村村民依法自愿有偿退出宅基地,鼓励农村集体经济组织及其成员盘活利用闲置宅基地和闲置住宅。

3.关于宅基地使用权的转让。《中共中央、国务院关于实施乡村振兴战略的意见》(2018年中央一号文件)提出:"完善农民闲置宅基地和闲置农房政策,探索宅基地所有权、资格权、使用权'三权分置',落实宅基地集体所有权,保障宅基地农户资格权和农民房屋财产权,适度放活宅基地和农民房屋使用权。"这是以"三权分置"深化农村宅基地制度改革的政策依据。山东禹城、浙江义乌和德清、四川泸县等地在改革试点中对宅基地"三权分置"的具体实现形式进行了实践探索。但目前尚未形成可复制、可推广的制度经验,且各有关方面对宅基地所有权、资格权、使用权的权利性质和边界认识还不一致,有待深入研究。因此,在实践中需要进一步探索宅基地"三权分置"问题,待形成比较成熟的制度经验后再进行立法规范。

第三百六十四条　宅基地因自然灾害等原因灭失的,宅基地使用权消灭。对失去宅基地的村民,应当依法重新分配宅基地。

释　义

本条是关于宅基地灭失后依法重新分配的规定。

宅基地使用权可以因下列原因而消灭:(1)宅基地因自然灾害等原因灭失。例如,水土流失、土地荒漠化等。(2)土地征收。国家为了公共利益的需要,可以征收集体所有的土地,包括征收农民使用的宅基地。(3)宅基地的调整。土地所有人根据城乡建设规划,可以调整宅基地使用权。(4)宅基地使用权长期闲置。宅基地使用权长期闲置的,土地所有人有权收回,从而导致宅基地使用权消灭。

根据本条规定,在发生宅基地灭失的情形下,宅基地使用权消灭。由于宅基地灭失后,村民丧失了居住的条件而有必要获得新的宅基地来维持居住,因此,本条规定,宅基地因自然灾害等原因灭失的,应当为失去宅基地的村民依法重新分配宅基地。

第三百六十五条　已经登记的宅基地使用权转让或者消灭的,应当及时办理变更登记或者注销登记。

释　义

本条是关于宅基地使用权变更登记、注销登记的规定。

宅基地使用权是一种重要的用益物权。从理论上和长远发展上看,宅基地使用权的取得、变更、消灭,均应当进行登记。这样,有利于加强对宅基地的管理,公示宅基地使用权的状态。然而,在实践中,宅基地使用权登记制度不够完善,有的地方存在没有登记的宅基地使用权。依据本条的规定,对于没有登记的宅基地使用权的转让或者消灭,无须办理变更登记或者注销登记。对于已经登记的宅基地使用权的转让或者消灭,宅基地使用权人应当向登记机构办理变更登记或者注销登记。

第十四章　居　住　权

▎本章导言 ▶

本章是对"居住权"的规定。该章规定了居住权的含义，以合同方式设立居住权，居住权无偿设立和居住权登记，居住权的流转，居住权消灭的原因及居住权注销登记，以遗嘱方式设立居住权等内容。

第三百六十六条　居住权人有权按照合同约定，对他人的住宅享有占有、使用的用益物权，以满足生活居住的需要。

释　义

本条是关于居住权的权利内容的规定。

所谓居住权，是指以居住为目的，对他人的住房及其附属设施所享有的占有、使用的权利。居住权是一个古老的法律概念，罗马法就有明确规定。在罗马法中，人役权有用益权、使用权与居住权三种。故居住权是一种人役权，即为特定人的利益而设定的役权，其最初目的是以遗赠用益权的方式，使某些有继承权的家庭成员（特别是对继承权被剥夺的寡妇或未婚女儿）有可能取得一种供养。[①]《法国民法典》《德国民法典》《意大利民法典》《西班牙民法典》《路易斯安那民法典》等都对居住权进行了明文甚至是专章的规定。居住权具有以下特征：

其一，居住权是在他人的住宅上所设立的物权。先有房屋所有权才能产

---

① 参见李显冬、王胜龙：《从居住权渊源看其现实意义》，载桑德罗·斯奇巴尼主编：《罗马法、中国法与民法法典化文选》，中国政法大学出版社 2016 年版，第 98 页。

生居住权,居住权的设立是房屋所有权人行使所有权的结果,也是房屋所有权在经济上得以实现的手段和途径。①

其二,居住权是为特定的自然人基于生活用房而设定的权利。居住权虽然具有财产属性,与此同时还具有较强的人身属性,只能由特定的权利人所享有。居住权主要是自然人为了赡养、扶养等需要而设立的,是基于生活居住而设定的。如果为商业目的而使用他人的住房,一般只能设定租赁权而不应当设立居住权,因此,居住权只能由自然人享有,不能由法人或非法人组织享有。

其三,居住权人有权占有、使用他人所有的住宅。居住权人使用住宅的面积应当按照合同的约定。居住权人既可以使用他人的全部住宅,也可以使用他人住宅的一部分,如无特别约定,原则上应当以保证居住权人正常居住、生活为限。

其四,居住权具有长期性。居住权是长期权利,甚至可能是为居住权人终身所设定的。因为这一原因,权利人可以对房屋进行必要的装修改善,并且能够长期、稳定地享有这种改善利益。

在本法中确认居住权,具有以下意义:(1)有利于缓解居民的住房紧张问题。(2)体现公民之间互帮互助,互通有无,在一定程度上有利于弘扬社会道德,醇化社会风尚。(3)有利于充分发挥我国家庭的职能。允许设立居住权,使一部分家庭成员享有居住的权利,在一定程度上可以实现家庭相应的社会职能。(4)有利于充分尊重住宅所有人的意志和利益。住宅所有人可以通过遗嘱、合同等方式而为他人设立居住权,同时将住宅所有权留给其法定继承人继承。②

第三百六十七条 设立居住权,当事人应当采用书面形式订立居住权合同。

居住权合同一般包括下列条款:

(一)当事人的姓名或者名称和住所;

(二)住宅的位置;

① 参见钱明星:《关于在我国物权法中设置居住权的几个问题》,《中国法学》2001年第5期。
② 参见王利明:《物权法教程》,中国政法大学出版社2003年版,第308页。

（三）居住的条件和要求；

（四）居住权期限；

（五）解决争议的方法。

释 义

本条是关于以合同方式设立居住权的规定。

以合同方式设立居住权的,当事人应当采用书面形式订立居住权合同。例如,男女双方在离婚时,离婚协议中规定,离婚后房屋所有权归属于男方,但女方对其中一间房屋享有终身居住权。又如孤寡老人 A 与其兄弟 B 合资建（买）房,约定房屋由 B 单独所有,但 A 在有生之年享有居住权。

居住权合同的内容一般包括:(1)当事人的姓名或者名称和住所。居住权合同应对双方当事人的姓名或者名称、住所进行规定。(2)住宅的位置。居住权合同应对用于设立居住权的住宅所处的具体位置加以规定。(3)居住的条件和要求。居住权合同应对住宅居住条件和要求进行规定。(4)居住权期限。当事人在居住权合同中规定居住权的期限。居住权的存续期限对双方当事人均利益攸关,如不作约定只能推定权利人终身享有。如此,既可能给所有权人造成过重负担,又会对居住权的转让和继承产生障碍,所以应提示当事人慎重考虑。(5)解决争议的方法。居住权合同中应对双方当事人发生争议时的解决方法加以规定。如果当事人之间发生争议的,可以约定向法院起诉,或者向仲裁机构提起仲裁等。

第三百六十八条 居住权无偿设立,但是当事人另有约定的除外。设立居住权的,应当向登记机构申请居住权登记。居住权自登记时设立。

释 义

本条是关于居住权无偿设立和居住权登记的规定。

居住权的设立原则上属于一种恩惠行为,居住权人取得居住权通常都是无偿的,不需要支付对价。居住权通常都是住宅所有人为了尽特定的社会义务或者施加恩惠于他人,因此,居住权人在居住他人住宅期间不必向住宅的所有人支付费用。但是,当事人约定居住权人有偿居住他人住宅的,则居住权人应当向住宅的所有人支付费用。在有的情形下,当事人在通过合同的方式设定居住权时,本质上是在从事一种交易行为,不应当将其完全限定为无偿的情形。例如,在以房养老的情形下,老年人将房屋所有权移转给相关金融机构,由金融机构在该房屋之上为老年人设定居住权,并定期对老年人支付一定数额的金钱,如果将居住权的设立方式完全限定为无偿,则可能使得此种以房养老的模式难以运行。

我国不动产物权变动采登记要件主义,居住权作为不动产物权之一种,理当以登记为权利取得条件。未经登记的居住权合同,仅产生合同法上的效果。本条规定,设立居住权,还必须向不动产登记机构申请办理登记手续。不动产登记机构应当在登记簿中明确记载居住权的内容。经不动产登记机构登记后,居住权设立。

第三百六十九条 居住权不得转让、继承。设立居住权的住宅不得出租,但是当事人另有约定的除外。

释 义

本条是关于居住权流转的规定。

由于居住权具有较强的人身依附属性,只能由特定的人享有,因而,居住权设立以后,不得转让、继承。那么,设立居住权的住宅可否用于出租呢? 有学者认为,因为在特殊情况下,居住权人居住房屋较大,但其生活可能拮据,因此,应当允许居住权人出租部分房屋以解一时之需,这不仅有利于减轻其生活困难,而且不会损害房屋所有权人的利益。[1] 然而,一旦允许居住权人可将房屋租赁,就意味着该房屋不仅居住权人能居住,且他人也能居住,这显然有违居住权是为了满足相关个人居住需要,而不是为了使其从中获益的目的,所以,居住权人不得将房屋出租给他人使用,也不得将房屋用于生产经营活动,否则就违背了居住权设立的目的。但是在特殊情形下,例如,在以房养老的情

---

[1] 参见钱明星:《关于在我国物权法中设置居住权的几个问题》,《中国法学》2001 年第 5 期。

形下,老年人的房屋面积较大,自己居住空间充足,应当允许当事人约定可将部分房屋进行出租,以获得经济收益。这种例外应当局限于非基于共同生活关系而产生的居住权场合,而在基于共同生活关系中的帮扶性质的居住权中,则不宜肯定居住权人享有出租房屋的权利。①

第三百七十条 居住权期限届满或者居住权人死亡的,居住权消灭。居住权消灭的,应当及时办理注销登记。

释 义

本条是关于居住权消灭的原因及居住权注销登记的规定。

居住权消灭的原因主要包括:其一,居住权期限届满。居住权设立的期限届满以后,物权关系消灭,居住权当然消灭。其二,居住权人死亡。由于居住权具有特定的人身性,只能由特定的居住权人享有,不得继承、转让,因此,居住权人死亡的,居住权消灭,任何人不得再主张居住权。为维持房屋权属关系的准确,居住权消灭的,当事人应当及时向不动产登记机构办理注销登记。

第三百七十一条 以遗嘱方式设立居住权的,参照适用本章的有关规定。

释 义

本条是关于以遗嘱方式设立居住权的规定。

住宅所有人生前可以通过遗嘱对房屋的使用进行安排。例如,房屋的所有人在遗嘱中规定,房屋由法定继承人继承,但必须留出一间房屋由其配偶终身使用。以遗嘱方式设立居住权的,参照本章关于居住权的有关规定,包括居住权无偿设立、居住权登记取得、居住权不得转让、继承等。

---

① 参见王利明:《论民法典物权编中居住权的若干问题》,《学术月刊》2019 年第 7 期。

第十五章　地　役　权

本章导言 ▶

　　本章是对"地役权"的规定。该章规定了地役权的含义,地役权合同,地役权登记的效力,供役地权利人的义务,地役权人的权利和义务,地役权的期限,在享有和负担地役权的土地上设立土地承包经营权、宅基地使用权,在已设立用益物权的土地上土地所有人设立地役权,地役权不得单独转让,地役权不得单独抵押,需役地上的土地承包经营权、建设用地使用权等转让,供役地上的土地承包经营权、建设用地使用权等转让,地役权的消灭,已经登记的地役权变更登记、注销登记等内容。

　　第三百七十二条　地役权人有权按照合同约定,利用他人的不动产,以提高自己的不动产的效益。

　　前款所称他人的不动产为供役地,自己的不动产为需役地。

释　义

　　本条是关于地役权人权利的规定。

　　地役权是指以他人不动产供自己不动产的方便和利益之用的权利。地役权的发生通常需要有两块权属不同的土地存在。为他人土地利用提供便利的土地称为供役地,而享有方便和利益的土地称为需役地。地役权具有以下特征:

　　首先,地役权是利用他人的不动产的权利。例如,甲工厂原有东门可以出入,为了员工通行的便利,甲工厂欲开西门,借用乙工厂的道路通行。于是,甲工厂与乙工厂约定,甲工厂向乙工厂支付使用费,乙工厂允许甲工厂的员工通行。这样,甲工厂在乙工厂使用的土地上设立了地役权。甲工厂使用的土地称为需役地,乙工厂使用的土地称为供役地。

其次,地役权是为了提高自己的不动产的效益。地役权的设立,是为了增加需役地的利用价值和提高其效益为目的。例如,为需役地的便利而在供役地上设立的排水、通行、铺设管道等地役权;为需役地上的视野开阔而在供役地上设立的眺望地役权等。

最后,地役权按照合同约定而取得。设立地役权,应当由供役地的权利人与需役地的权利人之间订立地役权合同。需役地的权利人取得地役权,成为地役权人,而供役地的权利人则负有容忍义务和不妨碍地役权人行使权利的义务。地役权的内容虽然可由当事人依意思自治原则约定,但不得违反法律的强制性规定和公序良俗。

在此,应当注意地役权与相邻关系的区别。二者的区别主要表现为:第一,在提供便利的内容方面存在区别。根据相邻关系的法律规定,相邻一方必须为另一方提供便利,这种便利实际上是他人为了使自己的权利得到正常行使而对另一方提出的提供便利的最低要求。而地役权的设立不是为了满足不动产权利行使中的最低要求,而是为了使自己的权利更好地得到行使,对他人提出了更高的提供便利的要求,对他人的不动产权利将进行较大的限制。第二,性质不同。相邻关系是基于法律的直接规定而产生的,是法律要求相邻一方对另一方提供必要的便利,使另一方维持正常的生产和生活秩序。地役权是根据地役权人与供役地权利人之间的约定而产生的,是地役权人利用他人不动产而使自己的不动产获得更大的效益。第三,在是否无偿取得方面不同。由于相邻关系是法律直接规定的,一方取得的必要便利不需要向另一方支付任何对价。而地役权的取得往往是有偿的,地役权人应向供役地的权利人支付一定的费用。第四,在土地是否相邻方面不同。相邻关系发生在两块相互邻近的土地的权利人之间。地役权可以发生在相邻的两块土地之间,也可以发生在并不相邻的两块土地之间。

第三百七十三条　设立地役权,当事人应当采用书面形式订立地役权合同。

地役权合同一般包括下列条款:

(一)当事人的姓名或者名称和住所;

（二）供役地和需役地的位置；

（三）利用目的和方法；

（四）地役权期限；

（五）费用及其支付方式；

（六）解决争议的方法。

释 义

本条是关于地役权合同的规定。

地役权合同是指需役地的权利人与供役地的权利人之间达成的以设立地役权为目的的协议。设立地役权，需役地的权利人与供役地的权利人应当以书面形式订立地役权合同。

地役权合同一般包括以下条款：

1. 当事人的姓名或者名称和住所。地役权合同的双方当事人是需役地的权利人和供役地的权利人，可以是土地所有人、建设用地使用权人、宅基地使用权人、土地承包经营权人等。

2. 供役地和需役地的位置。供役地与需役地之间可以相邻，也可以存在一定距离。只要利用供役地能够提高需役地的利用价值，就可以设定地役权。供役地和需役地所在的方位、"四至"、面积等，应当在地役权合同中明确记载。

3. 利用目的和方法。地役权人利用他人的不动产的目的可以是通行、取水、排水、铺设管道、眺望等。地役权人利用他人的不动产的方法，则依据利用目的的不同而异。例如，设立通行地役权的，可以采取铺设新的道路的方法，也可以采取利用已有的道路的方法。

4. 地役权期限。地役权合同应当约定地役权的存续期限。地役权人利用他人的不动产的期限，不得超过他人享有的建设用地使用权、土地承包经营权等权利的期限。

5. 费用及其支付方式。地役权的设立可以是有偿的，也可以是无偿的。在地役权有偿设立的情形下，当事人应当在地役权合同中约定供役地的使用费用，以及采取分期支付还是一次性支付的方式等。

6. 解决争议的方法。当事人之间的争议解决方法可以是和解、调解、仲裁、诉讼等途径。

第三百七十四条　地役权自地役权合同生效时设立。当事人要求登记的,可以向登记机构申请地役权登记;未经登记,不得对抗善意第三人。

释　义

本条是关于地役权效力的规定。

地役权合同生效时,地役权设立。如果地役权人或者供役地权利人要求登记的,可以向不动产登记机构申请办理地役权登记。未办理地役权登记的,不得对抗善意第三人。本条之所以没有采取地役权登记生效主义,而是采取地役权登记对抗主义,是为了方便当事人设立地役权,减少成本。例如,甲房地产开发公司取得某市区河畔一块土地的建设用地使用权,准备以"观景"为理念设计并建造一幢高层观景商品住宅楼。但该地前面有一平房制衣厂,为了该住宅楼业主能在房间里欣赏河畔风景,双方约定:制衣厂在30年内不得在该土地上兴建三层高以上建筑;作为补偿,甲公司每年向制衣厂支付20万元。三年后,制衣厂将该土地的建设用地使用权转让给乙公司,乙公司在该土地上动工修建高层电梯公寓。甲公司得知后,便要求乙公司立即停止兴建,但遭到拒绝。于是,甲公司向法院提起诉讼。按照本条规定,法院不能支持甲公司的主张。因为甲公司与制衣厂之间的地役权合同没有到登记机构登记,不能对抗善意的第三人乙公司,乙公司没有义务遵守地役权合同的约定。甲公司只能基于合同,要求制衣厂承担违约责任。

《不动产登记暂行条例实施细则》第60条、第64条规定,按照约定设定地役权,当事人可以持需役地和供役地的不动产权属证书、地役权合同以及其他必要文件,申请地役权首次登记。地役权登记,不动产登记机构应当将登记事项分别记载于需役地和供役地登记簿。供役地、需役地分属不同不动产登记机构管辖的,当事人应当向供役地所在地的不动产登记机构申请地役权登记。供役地所在地不动产登记机构完成登记后,应当将相关事项通知需役地所在地不动产登记机构,并由其记载于需役地登记簿。地役权设立后,办理首次登记前发生变更、转移的,当事人应当提交相关材料,就已经变更或者转移的地役权,直接申请首次登记。

第三百七十五条 供役地权利人应当按照合同约定,允许地役权人利用其不动产,不得妨害地役权人行使权利。

释 义

本条是关于供役地权利人的义务的规定。

地役权设立后,供役地的权利人应当按照地役权合同的约定,履行相应的义务。具体而言:一是允许地役权人利用其不动产。供役地的权利人负有容忍义务,包括允许他人在自己的土地上通行、对自己行使土地的权利进行限制、放弃部分使用的权利、容忍他人对自己土地实施某种程度的损害等。供役地上的负担范围十分广泛,当事人可以通过地役权合同约定负担的内容。二是不得妨害地役权人行使权利。供役地权利人不得破坏地役权人建造的附属设施,妨碍地役权人从事必要的附属行为。例如,为了通过他人承包的土地而取水,需要在他人承包的土地下埋设管道。在这种情形下,供役地的权利人不得妨害地役权人建造必要的设施。

第三百七十六条 地役权人应当按照合同约定的利用目的和方法利用供役地,尽量减少对供役地权利人物权的限制。

释 义

本条是关于地役权人的权利和义务的规定。

地役权人享有按照地役权合同约定的利用目的和方法利用供役地的权利。由于地役权的内容各种各样,因此,利用供役地的方法也各不相同。有的是地役权人为一定的行为,也有的是供役地人不为一定的行为。前者如通行地役权,后者如眺望地役权。

地役权人应当尽量减少对供役地权利人物权的限制。在某些情况下,为了实现地役权设立的目的,地役权人需要从事必要的附属行为。例如,在供役地上修筑道路等,但地役权人从事一定的附属行为,应当是必要的、不得已的,目的是为了更好实现地役权。因此,地役权人应当以对供役地损害最小的处所和方法进行。如果地役权人建造附属设施造成供役地权利人损害的,地役权人应当承担赔偿责任。

第三百七十七条　地役权期限由当事人约定；但是，不得超过土地承包经营权、建设用地使用权等用益物权的剩余期限。

释　义

本条是关于地役权期限的规定。

地役权期限由供役地权利人和需役地权利人在合同中约定。在我国，土地承包经营权、建设用地使用权等用益物权是有期限的。如果供役地权利人、需役地权利人是土地承包经营权人、建设用地使用权人，那么，他们之间约定的地役权期限，不得超过土地承包经营权、建设用地使用权的剩余期限。例如，供役地的建设用地使用权的剩余期限为 15 年，而需役地的建设用地使用权的剩余期限为 30 年，在这种情形下，地役权期限最长为 15 年。

第三百七十八条　土地所有权人享有地役权或者负担地役权的，设立土地承包经营权、宅基地使用权等用益物权时，该用益物权人继续享有或者负担已经设立的地役权。

释　义

本条是关于在享有和负担地役权的土地上设立土地承包经营权、宅基地使用权的规定。

地役权具有从属性。地役权本质上为一种独立的用益物权，但因地役权是为了需役地的方便和利益而设定的权利，因此应当从属于需役地而存在。当土地所有人享有地役权，在同一土地上再设立土地承包经营权、宅基地使用权等用益物权时，该土地承包经营权人、宅基地使用权人等主体继续享有已设立的地役权。这些用益物权人有权要求供役地权利人提供便利服务。例如，A 农村集体经济组织为自己所有的一块土地排水的便利，与 B 农村集体经济组织订立地役权合同，取得了通过 B 集体经济组织所有的土地排水的地役权。其后，A 农村集体经济组织将其所有的这块土地承包给甲。甲作为土地承包经营权人,继续享有在 B 集体经济组织所有的土地排水的地役权。

当土地所有人负担地役权,在同一土地上再设立土地承包经营权、宅基地使用权等用益物权时,该土地承包经营权人、宅基地使用权人等主体继续负担已设立的地役权。此时,这些用益物权人不得拒绝向地役权人提供便利服务。例如,A 农村集体经济组织为自己所有的土地排水的便利,与 B 农村集体经济组织订立地役权合同,取得了通过 B 集体经济组织所有的一块土地排水的地役权。其后,B 农村集体经济组织将其所有的这块土地承包给乙。乙作为土地承包经营权人,继续负担在 B 集体经济组织所有的土地上已设立的排水地役权。乙不得拒绝向地役权人提供排水的便利服务。

　　第三百七十九条　土地上已经设立土地承包经营权、建设用地使用权、宅基地使用权等用益物权的,未经用益物权人同意,土地所有权人不得设立地役权。

释　义

本条是关于在已设立用益物权的土地上,土地所有权人设立地役权的规定。

在土地上设立地役权,将对土地的使用人利用该土地产生影响。如果未经土地承包经营权人、建设用地使用权人、宅基地使用权人等用益物权人同意,土地所有权人擅自在上述权利人使用的土地上设立地役权,就意味着土地所有权人为用益物权人设立了义务。这违反了用益物权作为一种独立的物权所具有的排他性特征。因此,本条规定,如果土地上已经设立土地承包经营权、建设用地使用权、宅基地使用权等用益物权的,未经用益物权人同意,土地所有权人不得设立地役权。当然,如果土地所有权人征得了用益物权人的同意,则可以在用益物权人使用的土地上设立地役权。

　　第三百八十条　地役权不得单独转让。土地承包经营权、建设用地使用权等转让的,地役权一并转让,但是合同另有约定的除外。

释 义

本条是关于地役权不得单独转让的规定。

地役权具有从属性。需役地的使用人不得保留需役地的使用权而单独转让地役权,或者保留地役权而单独将需役地的使用权转让,也不得将需役地的使用权、地役权分别转让给不同的主体。当土地承包经营权、建设用地使用权等转让时,地役权应当一并转让,除非地役权合同另有约定。例如,甲公司与乙公司约定:为满足甲公司开发住宅小区观景需要,甲公司向乙公司支付 100 万元,乙公司 20 年内不在自己厂区建造 8 米以上的建筑。甲公司将全部房屋售出后不久,乙公司在自己的厂区建造了一栋 10 米高的厂房。此时,小区业主有权请求乙公司拆除超过 8 米的建筑。因为甲公司已经将房屋售出,房屋占用土地范围内的建设用地使用权也因此转移给了小区的业主,而地役权具有从属性,随之转让,所以小区业主有权请求乙公司拆除超过 8 米的建筑物。

第三百八十一条 地役权不得单独抵押。土地经营权、建设用地使用权等抵押的,在实现抵押权时,地役权一并转让。

释 义

本条是关于地役权不得单独抵押的规定。

地役权具有从属性。地役权不得与需役地的所有权或者使用权相分离,作为其他权利的标的。因此,本条规定,地役权不得单独抵押。若将地役权作为抵押权的标的,则在实现抵押权时,地役权将与需役地的所有权或者使用权相分离而发生转让。而地役权是为了提高土地利用的便利而设立的权利,脱离了需役地的所有权或者使用权,地役权也就变得没有任何意义。若土地经营权、建设用地使用权等抵押的,则在实现抵押权时,地役权随土地经营权、建设用地使用权等一并转让。

第三百八十二条 需役地以及需役地上的土地承包经营权、建设用地使用权等部分转让时,转让部分涉及地役权的,受让人同时享有地役权。

释 义

本条是关于需役地上的土地承包经营权、建设用地使用权等转让的规定。

地役权具有不可分性。地役权是为整个需役地提供便利,如果需役地以及需役地上的土地承包经营权、建设用地使用权等已经部分转让,那么,为需役地的便利而使用供役地的权利,在各个部分的需役地上仍然继续存在。例如,甲为了通行的便利,在乙地上设立了通行地役权,并进行了地役权登记。后来,甲将需役地上的建设用地使用权分为两个部分,其中一部分转让给了丙,甲与丙的通行仍然需要经过乙地,并办理了地役权登记。在本案中,需役地上的建设用地使用权虽然已经发生了部分转让,但是甲、丙仍然享有地役权。

但是,如果需役地以及需役地上的土地承包经营权、建设用地使用权等部分转让时,只有转让部分涉及地役权的,则地役权就仅在该转让部分上继续存在,在其他部分上将不再存在。例如,甲、乙约定,甲靠近乙土地的部分不得建筑工作物或者种植竹木,旨在保障临近甲地的部分乙地的取水便利。后来乙的土地一分为二,一部分临近甲地,另一部分与甲的土地不再相连。此时,地役权应当仍然存在于临近甲土地的这块土地上,而远离甲土地的另一块土地的权利人不再享有地役权。

第三百八十三条 供役地以及供役地上的土地承包经营权、建设用地使用权等部分转让时,转让部分涉及地役权的,地役权对受让人具有法律约束力。

释 义

本条是关于供役地上的土地承包经营权、建设用地使用权等转让的规定。

地役权具有不可分性。地役权是在整个供役地上的负担,而不仅仅是在部分供役地上设立的负担。供役地以及供役地上的土地承包经营权、建设用地使用权等转让的,地役权在转让后的各个部分供役地上继续存在。例如,甲地在乙地设立有取水地役权,后来乙地分割为丙、丁两块地。如果甲地的取水地役权涉及丙、丁两块土地,那么,该取水地役权对受让人具有约束力,丙、丁两地的使用人仍然要负担甲的取水地役权。

但是,如果供役地以及供役地上的土地承包经营权、建设用地使用权等转让,且地役权仅与某部分转让后的供役地相关时,那么,地役权就只对该转让部分的受让人具有法律约束力。例如,甲与乙约定,为了保证甲的建筑物的采光良好以及能够眺望远处风景,乙不得在其使用的土地东南角再建相当高度的建筑物。后来,乙将其土地使用权转让给丙和丁,其中,丙在位于北向的土地上获得土地使用权,丁在位于南向的土地上获得土地使用权。由于位于北向的土地并不涉及地役权,因此,丙使用的土地上不再负担地役权。而位于南向的土地涉及地役权,所以,地役权对丁具有法律约束力,丁使用的土地上仍然存在地役权负担,即丁不得在其使用的土地东南角再建相当高度的建筑物。

第三百八十四条 地役权人有下列情形之一的,供役地权利人有权解除地役权合同,地役权消灭:

(一)违反法律规定或者合同约定,滥用地役权;

(二)有偿利用供役地,约定的付款期限届满后在合理期限内经两次催告未支付费用。

释 义

本条是关于地役权消灭的规定。

本条规定,当发生下列情形之一的,供役地的权利人有权解除地役权合同,地役权因此而消灭:

1.地役权人违反法律规定或者合同约定,滥用地役权。地役权合同生效后,地役权人与供役地的权利人都应当遵守合同的约定,不得擅自解除合同。但是,如果地役权人违反法律规定或者合同约定,滥用地役权的,那么供役地的权利人有权解除合同。例如,甲与乙订立地役权合同,约定甲有权通行乙承包的土地取水灌溉。后来乙发现甲通行乙承包的土地取水灌溉时,大量踩坏其承包地上种植的庄稼。此时,乙有权解除地役权。

2.有偿利用供役地,约定的付款期限届满后在合理期限内经两次催告未支付费用。地役权合同可以为有偿合同,也可以为无偿合同,由双方当事人约定。若地役权合同为有偿合同的,地役权人应当按照合同的约定向供役地的权利人支付使用费。若地役权合同约定的付款期限届满后,地役权人没有支付使用费的,且供役地权利人在合理期限内两次催告,地役权人仍然不履行支付使用费的义务,那么这表明地役权人不能履行合同或者没有履行合同的诚意。在此情形下,供役地的权利人有权解除合同。

本条规定的上述两种情形是供役地权利人行使地役权合同解除权的法定事由。除此之外,地役权还可以因下列原因消灭:(1)地役权设定的期限届满。当事人设定地役权,其期限由双方依法协商确定。如果地役权设定的期限届满,地役权消灭。(2)供役地因自然原因不能实现利用目的。供役地已没有可供或不能供需役地便利之用的,地役权设立的目的已经不能达到,此时地役权消灭。例如,地役权人需要从供役地取水,水源枯竭后,地役权就没有存在的必要了。(3)地役权人放弃地役权。地役权作为一项财产权利,可由权利人予以处分。如果地役权是有偿取得的,地役权人应在向供役地权利人支付使用费用后,才能放弃地役权。如果地役权是无偿取得的,则地役权人可以随时放弃地役权。(4)供役地或者需役地被征收。国家因公共利益的需要而征收供役地或者需役地的,地役权消灭。

第三百八十五条　已经登记的地役权变更、转让或者消灭的,应当及时办理变更登记或者注销登记。

释　义

本条是关于已经登记的地役权变更登记、注销登记的规定。

如果当事人在设立地役权时已经办理了登记,就产生了对抗善意第三人的效力。在已经登记的地役权发生变更、转让或者消灭时,办理相应的变更登记或者注销登记就能够向社会公众公示地役权的状态;若没有办理变更登记或者注销登记,则地役权在法律上没有真正完成物权的变动。本条之所以要求当事人应当及时办理变更登记或者注销登记,是因为该供役地上的土地承包经营权、建设用地使用权等用益物权很有可能转让给他人,对受让人而言,其获得设定了地役权负担的土地承包经营权、建设用地使用权等用益物权,将会使受让人的权利行使受到一定的限制。通过上述登记,受让人便可了解到该供役地上地役权的状态,从而决定是否受让该供役地上的土地承包经营权、建设用地使用权等用益物权。这样,有利于保护交易安全和善意第三人的利益。

《不动产登记暂行条例实施细则》第 62 条规定,已经登记的地役权因土地承包经营权、建设用地使用权转让发生转移的,当事人应当持不动产登记证明、地役权转移合同等必要材料,申请地役权转移登记。申请需役地转移登记的,或者需役地分割转让,转让部分涉及已登记的地役权的,当事人应当一并申请地役权转移登记,但当事人另有约定的除外。当事人拒绝一并申请地役权转移登记的,应当出具书面材料。不动产登记机构办理转移登记时,应当同时办理地役权注销登记。第 63 条规定,已经登记的地役权,有下列情形之一的,当事人可以持不动产登记证明、证实地役权发生消灭的材料等必要材料,申请地役权注销登记:(1)地役权期限届满;(2)供役地、需役地归于同一人;(3)供役地或者需役地灭失;(4)人民法院、仲裁委员会的生效法律文书导致地役权消灭;(5)依法解除地役权合同;(6)其他导致地役权消灭的事由。

第四分编

担保物权

第十六章　一般规定

　　本章是对担保物权的"一般规定"。该章规定了担保物权的含义,担保物权的适用范围和反担保,担保合同的从属性以及担保合同无效后的民事责任,担保物权的担保范围,担保物权的物上代位性,债权人未经担保人同意允许债务人转移债务的法律后果,物的担保和人的担保关系,担保物权消灭的原因等内容。

　　第三百八十六条　担保物权人在债务人不履行到期债务或者发生当事人约定的实现担保物权的情形,依法享有就担保财产优先受偿的权利,但是法律另有规定的除外。

释　义

　　本条是关于担保物权含义的规定。

　　首先,担保物权是以担保债务的清偿为目的的物权。担保物权以担保债务的清偿为目的。依据本条的规定,担保物权的功能在于担保债务的清偿,因此,担保物权的设立和实现,都应当有被担保的债权存在。

　　其次,担保物权是在债务人或者第三人的财产上设立的权利。担保物权旨在担保债务的清偿。债务人可以自己的财产,也可以第三人的财产为债权人设立担保物权。用于担保的财产可以是动产、不动产,也可以是某些权利。

　　最后,担保物权具有优先受偿的效力。在债务人不履行到期债务或者发生当事人约定的实现担保物权的情形下,债权人有权对担保财产进行折价、变卖或者拍卖,并以所获得的价款优先实现自己的债权。例如,甲对乙、丙均负有债务,甲以自己的房屋为乙的债务设定了抵押,则在甲不能履行乙、丙的到期债务时,乙有权对甲设立抵押的房屋进行变卖,并以变卖后获得的价款优先于丙而实现自己的债权。但需要注意的是,担保物权的优先受偿效力并不是绝对的,在法律另有规定的情形下,担保物权的优先受偿效力就会受到影响。例如,我国《海商法》第 25 条规定,船舶优先权先于船舶留置权受偿,船舶抵押权后于船舶留置权受偿。

担保物权与用益物权都是限制物权,但二者存在着区别。第一,对标的物进行支配的方面不同。用益物权是以占有和使用标的物为目的的权利,主要从物的使用价值方面对标的物进行支配。担保物权并非以对物的占有和使用为目的,而是以取得物的交换价值为目的,因此,担保物权是从物的交换价值方面对物进行的支配。第二,用益物权是独立物权,而担保物权是从属物权。用益物权不以用益物权人对财产享有其他权利为前提。而担保物权的存在是以担保物权人对担保物的所有人或其关系人享有债权为前提。如果债权消灭,担保物权也随之消灭。第三,权利的实现不同。用益物权人取得用益物权时,权利即可实现。而担保物权人取得担保物权后,并不能当即实现其权利。当担保物权所担保的债权未获清偿时,担保物权人才能实现担保物权。第四,在物上代位性方面不同。用益物权没有物上代位性,如果标的物灭失,则用益物权将归于消灭。而担保物权具有物上代位性,担保财产即使毁损、灭失,担保物权仍然存在于担保财产的赔偿金等代替物上。

第三百八十七条　债权人在借贷、买卖等民事活动中,为保障实现其债权,需要担保的,可以依照本法和其他法律的规定设立担保物权。

第三人为债务人向债权人提供担保的,可以要求债务人提供反担保。反担保适用本法和其他法律的规定。

释　义

本条是关于担保物权的适用范围和反担保的规定。

本条第 1 款规定了担保物权的适用范围。债权人在借贷、买卖等民事活动中可以设立担保物权。除了本条明确列举的借贷、买卖两种民事活动之外，在货物运输、加工承揽等民事活动中，也可以设立担保物权。但担保物权不适用于因国家行政行为（如税款）、司法行为（如扣押产生的费用）等不平等主体之间产生的关系；不适用于因身份关系而产生的民事权利义务关系，以及不当得利之债、无因管理之债。债权人设立担保物权的法律依据是本法和其他法律。例如，我国《海商法》规定了船舶抵押权、承运人的留置权等，我国《民用航空法》规定了民用航空器抵押权。因此，设立这些担保物权还应当依照这些法律的规定。

本条第 2 款规定了反担保。反担保是指债务人对为自己债权人提供担保的第三人提供的担保。反担保是相对于本担保而言的，并在本担保关系的基础上设立的。反担保的设立是为了保障债务人以外的第三人将来承担担保责任后，对债务人追偿权的实现而设定的担保。例如，甲以自己的房屋，为乙的债务向丙债权人提供抵押，同时，甲要求乙提供反担保。这意味着当乙不能履行到期债务时，丙债权人有权变卖甲的房屋并以获得的价款优先受偿。甲为确保自己对乙的追偿权的实现，可以要求乙提供反担保。反担保的设立与本担保一样，适用本法和其他法律的规定。

反担保与本担保的联系主要表现为：其一，反担保是以本担保的存在为前提的。反担保依附于本担保而存在，反担保合同也不能游离于担保合同而独立存在。如果第三人没有向债权人提供担保，那么第三人也就不能要求债务人向其提供反担保，债务人也不应向第三人提供反担保。在本担保与反担保关系中，本担保是反担保的前提和基础。其二，反担保中的债权人是本担保中的第三人。其三，反担保是以本担保中担保人为债务人承担担保责任为生效条件。若本担保中的担保人承担了担保责任，该担保人便享有追偿权。也就是说，只有本担保中的担保人承担了担保责任，反担保才能发生效力。而反担保与本担保的区别主要如下：其一，担保的对象不同。本担保的担保对象是债权人对债务人享有的债权。反担保的担保对象是担保人对被担保人（债务人）的追偿权。这种追偿权是在担保人承担担保责任之后才发生的，在性质上是一种新的债权。其二，当事人不同。在由债务人自己担任担保人的抵押、质押担保中，担保合同的当事人为债权人与债务人。而在由债务人之外的第三人担任担保人的抵押、质押担保中，担保合同的当事人是债权人与担保人（第三人）。在反担保中，债权人是本担保中承担了担保责任的第三人，担保人则是本担保中的债务人自己或者债务人以外的其他人。

第三百八十八条 设立担保物权,应当依照本法和其他法律的规定订立担保合同。担保合同包括抵押合同、质押合同和其他具有担保功能的合同。担保合同是主债权债务合同的从合同。主债权债务合同无效的,担保合同无效,但是法律另有规定的除外。

担保合同被确认无效后,债务人、担保人、债权人有过错的,应当根据其过错各自承担相应的民事责任。

释 义

本条是关于担保合同的从属性以及担保合同无效后民事责任的规定。

本条第 1 款规定,设立担保物权的,应当依照本法和其他法律的规定订立担保合同。担保合同包括抵押合同、质押合同和其他具有担保功能的合同。担保合同是主债权债务合同的从合同。根据担保关系的附随性,主债权债务合同无效的,担保合同也就无效,除非法律另有规定。例如,在最高额抵押中,最高额抵押合同有相对的独立性。在连续的交易中,其中一笔债务无效,并不影响整个最高额抵押合同的效力。

本条第 2 款规定了担保合同无效后的民事责任。担保合同无效的原因是多方面的,本条第 1 款规定的主债权债务合同无效是导致担保合同无效的原因之一。除此之外,可以是担保合同违背公序良俗,也可以是债权人与债务人恶意串通损害他人利益等。如果担保合同被确认为无效,就会产生相应的法律后果。债务人、担保人、债权人有过错的,应当根据自己的过错承担相应的民事责任。例如,由于债务人的欺诈行为,导致了主债权债务合同无效。那么,从属于该主债权债务合同的担保合同也因此无效。在此情形下,债务人具有完全的过错,应承担全部的民事责任。

第三百八十九条 担保物权的担保范围包括主债权及其利息、违约金、损害赔偿金、保管担保财产和实现担保物权的费用。当事人另有约定的,按照其约定。

释 义

本条是关于担保物权的担保范围的规定。

担保物权的担保范围,就是担保物权人实现担保物权时,可以就哪些债权对担保财产行使优先受偿权,即担保物权人可以从担保财产变价中优先受偿的范围。依本条规定,担保物权的担保范围包括:

1. 主债权及其利息。主债权是指债权人与债务人之间因债的关系所发生的债权,例如金钱债权、交付货物的债权等。利息是指主债权产生的收益,例如,金钱债权会产生利息。

2. 违约金。即合同双方当事人约定的,一方当事人违约时,应当向另一方当事人支付的金钱。如果约定的违约金低于造成的损失的,当事人可以请求人民法院或仲裁机构予以增加。如果约定的违约金过分高于造成的损失的,当事人可以请求人民法院或仲裁机构予以适当减少。

3. 损害赔偿金。即一方当事人因违约或其他行为给债权人造成了损害而应当承担的赔偿金额。如果当事人一方不履行合同义务或者履行合同义务不符合约定,造成对方损失的,损失赔偿额应相当于因违约所造成的损失,包括合同履行后可以获得的利益。但是,损失赔偿额不得超过违反合同一方订立合同时预见或者应当预见到的因违反合同可能造成的损失。

4. 保管担保财产的费用。即债权人在占有担保财产期间因保管该财产付出的费用。在抵押中,抵押财产由抵押人自己占有和保管,而在质押和留置担保中,质权人、留置权人占有担保财产,质权人和留置权人有保管担保财产的义务。由于债务人或者第三人将担保财产交由质权人、留置权人占有,旨在担保到期债务的履行,保管担保财产的费用不能由质权人、留置权人承担,因此,本条规定保管担保财产的费用应纳入担保物权的担保范围。

5. 实现担保物权的费用。即担保物权人对担保财产进行折价或者变卖、拍卖担保财产中付出的费用。这些费用包括对担保财产的评估费用、拍卖或变卖担保财产的费用等。因为实现担保物权的费用是由于债务人不履行到期债务造成的,所以,这些费用理应纳入担保物权的担保范围,由债务人承担。

当然,如果当事人对担保物权的担保范围另有约定的,则按照其约定。此时,当事人的意思自治应当得到尊重。例如,债务人与债权人可以约定,以债务人自己的房屋只为债权人的主债权及其利息设定抵押。那么,在此情形下,担保物权所担保的范围就仅限于主债权及其利息。

第三百九十条　担保期间,担保财产毁损、灭失或者被征收等,担保物权人可以就获得的保险金、赔偿金或者补偿金等优先受偿。被担保债权的履行期限未届满的,也可以提存该保险金、赔偿金或者补偿金等。

释　义

本条是关于担保物权的物上代位性的规定。

因担保物权不以对标的物本身的利用为目的,而是专以取得标的物的交换价值为目的,所以,标的物本身虽已毁损、灭失,但代替该标的物的交换价值如存在,则该担保物权即转移到该代替物上。[①] 这就是担保物权的物上代位性。根据本条的规定,担保财产的代位物包括:

第一,保险金。担保人为担保财产投保财产保险的,当保险事故发生而导致担保财产毁损、灭失时,担保人可以获得保险金。该保险金可以作为担保财产的代位物。

第二,赔偿金。担保财产因第三人的侵权行为或者其他原因而毁损、灭失的,担保人获得的赔偿金可以作为担保财产的代位物。如果质权人、留置权人在占有担保财产期间因保管不善造成担保财产损失的,则质权人、留置权人应向出质人、留置物的权利人承担损害赔偿责任。在此情形下,赔偿金便不能成为担保财产的代位物。

第三,补偿金。本法第243条第3款规定,征收组织、个人的房屋以及其他不动产,应当依法给予征收补偿,维护被征收人的合法权益;征收个人住宅的,还应当保障被征收人的居住条件。据此,担保财产被国家征收时,担保人获得的补偿金可以作为担保财产的代位物。

在担保期间,若发生了担保财产毁损、灭失或者被征收等情形,担保物权人有权就担保人获得的保险金、赔偿金或者补偿金等优先受偿。若被担保的

---

① 参见梁慧星、陈华彬:《物权法》(第四版),法律出版社2007年版,第305页。

债权履行期尚未届满,担保物权人除了可以提前就担保财产的代位物优先受偿之外,也可以将担保人获得的保险金、赔偿金或者补偿金等代位物向提存机构提存。

第三百九十一条　第三人提供担保,未经其书面同意,债权人允许债务人转移全部或者部分债务的,担保人不再承担相应的担保责任。

释　义

本条是关于债权人未经担保人同意允许债务人转移债务的法律后果的规定。

首先,本条的适用范围是第三人提供担保的情形。如果是债务人以自己的财产提供担保的,则债权人允许债务人转移全部或者部分债务时,债务人仍应承担担保责任。其次,在第三人提供担保的情形下,如果债权人允许债务人转移全部或者部分债务的,应当经该第三人书面同意,其才能继续承担担保责任。最后,在第三人提供担保的情形下,如果债权人允许债务人转移全部或者部分债务的,未经该第三人书面同意,则其不再承担相应的担保责任。即未经担保人书面同意,债权人允许债务人转移全部债务的,担保人不再承担全部的担保责任;未经担保人书面同意,债权人允许债务人转移部分债务的,担保人不再承担该转移部分债务的担保责任。例如,甲公司、乙公司与丙公司签订了一份协议,约定甲公司欠丙公司的 5000 万元债务由乙公司承担。曾为该 5000 万元负债提供房产抵押担保的李某对该协议并不知情。丙公司的债权到期后,乙公司不能偿还该债务。由于甲公司的债务转让时,担保人李某不知情,因此,李某不再承担全部的担保责任。

之所以如此规定,是因为第三人为债务人履行债务提供担保的,往往是基于与债务人之间存在信任关系。如果债务人将其债务的全部或者部分转移给他人,而第三人对新的债务人可能并不了解,也谈不上与其存在信任关系,那么,由第三人对新的债务人的债务提供担保会带来较大的风险。本条的规定目的在于保护第三人作为担保人时的利益,避免债务人擅自转移债务而给担保人带来的风险。当第三人书面同意债务人将全部或部分债务转移给他人时,表明此时第三人愿意继续为新的债务人提供担保,这应当允许。

第三百九十二条 被担保的债权既有物的担保又有人的担保的,债务人不履行到期债务或者发生当事人约定的实现担保物权的情形,债权人应当按照约定实现债权;没有约定或者约定不明确,债务人自己提供物的担保的,债权人应当先就该物的担保实现债权;第三人提供物的担保的,债权人可以就物的担保实现债权,也可以请求保证人承担保证责任。提供担保的第三人承担担保责任后,有权向债务人追偿。

释 义

本条是关于物的担保和人的担保关系的规定。

在同一债权上既有物的担保又有人的担保的,当债务人不履行到期债务或者发生当事人约定的实现担保物权的情形,债权人实现债权的方式分为以下三种情况:

第一,按照约定实现债权。同一债权既有保证又有抵押、质押担保的,债权人享有多个担保权益,在权利行使上的先后次序可能对债权的实现产生影响。为此,本条规定,如果当事人对物的担保和人的担保的关系有约定时,则债权人按照约定实现债权。实务中,债权人与各个担保人可以约定行使各项担保权益的方式,以便于顺利实现债权。

第二,没有约定或者约定不明确,债务人自己提供物的担保的,债权人应当先就该物的担保实现债权。由于债务人是债务的承担者,保证人仅是代替债务人承担责任,因此,在保证人承担了担保责任后,仍然对债务人享有追偿权。在债务人自己提供物的担保的情况下,债权人先就该担保物实现债权,可以避免保证人日后行使追偿权带来的烦琐,有利于节约成本。例如,甲公司向银行借款1000万元,甲公司以其建设用地使用权设立抵押,乙公司为甲公司提供1000万元范围内的保证。本案例中,债务人甲公司以自己的建设用地使用权提供抵押,而第三人乙公司提供担保,银行应当先就债务人甲公司提供的建设用地使用权行使抵押权,仅当抵押物不足以清偿全部债务时,保证人才承担对剩余债务的补充清偿责任。如果撇开抵押物而直接要求保证人承担保证责任,则保证人享有先诉抗辩权。

第三,没有约定或者约定不明确,第三人提供物的担保的,债权人可以就物的担保实现债权,也可以请求保证人承担保证责任。因为在既有第三人提供的物的担保,又有保证人提供的人的担保的情形下,第三人、保证人都不是债务的最终承担者,地位平等。债权人既然为了充分保障自己的债权而设定了双重担保,那么,当债务人不履行到期债务时,就应当允许债权人充分行使担保权利,既可以行使担保物权,也可以请求保证人履行保证责任,而不应当限定其必须先行使担保物权,再向保证人要求其承担保证责任。当第三人或者保证人代替债务人偿还到期债务后,均有权向债务人追偿。为了保障债权人的债权能得到充分实现,本条允许债权人选择向第三人行使担保物权,或者请求保证人承担保证责任。例如,甲公司向银行借款 1000 万元,乙公司以其建设用地使用权为甲公司的 1000 万元债务提供抵押,丙公司为甲公司提供 1000 万元范围内的保证。本案中,当事人之间没有约定物的担保和人的担保的关系。银行可以要求丙公司承担 1000 万元范围内的保证责任,也可以拍卖乙公司的建设用地使用权进行清偿。

第三百九十三条 有下列情形之一的,担保物权消灭:

(一)主债权消灭;

(二)担保物权实现;

(三)债权人放弃担保物权;

(四)法律规定担保物权消灭的其他情形。

释 义

本条是关于担保物权消灭原因的规定。

担保物权消灭的原因如下:

1.主债权消灭。担保物权具有从属性,主债权消灭的,担保物权也随之消灭。如果主债权因清偿、提存、免除、混同等原因而全部消灭时,担保物权将无所依附,从而随之消灭。如果主债权只部分消灭,则担保物权仍然存在,担保财产仍然担保剩余的债权,直至债务全部清偿完毕。

2.担保物权实现。担保财产所担保的债权已到清偿期而债务人不履行债务时,担保物权人可以通过行使担保物权,即将担保财产折价或者拍卖、变卖担保财产,以拍卖、变卖所得的价款优先受偿。担保物权的实现将使债权人设立担保物权的目的实现,担保物权消灭。如果债权人实现担保物权后,债权仍未获得全部清偿,则债权人有权要求债务人就未获得清偿的部分进行清偿。

3. 债权人放弃担保物权。债权人设立担保物权,旨在保障债权的实现。如果债权人放弃了担保物权,则担保物权消灭。这里的"放弃",可以是债权人明确表示放弃担保物权,也可以是债权人以其行为表明放弃担保物权。

4. 法律规定担保物权消灭的其他情形。这是一个兜底性条款。如果出现了法律规定担保物权消灭的其他情形,担保物权消灭。例如,本法第457条规定,留置权人对留置财产丧失占有或者留置权人接受债务人另行提供担保的,留置权消灭。

第十七章　抵　押　权

本章导言 ▶

　　本章是对"抵押权"的规定。该章规定了一般抵押权和最高额抵押权两种抵押权类型。在一般抵押权中,本章规定了抵押权的含义、抵押财产的范围、抵押权的设立及其行使、抵押权的效力等内容;在最高额抵押权中,本章规定了最高额抵押权的含义、最高额抵押权的设立、最高额抵押权担保的债权范围、最高额抵押权的变更、转让以及最高额抵押权担保的债权确定等内容。

第一节　一般抵押权

　　第三百九十四条　为担保债务的履行,债务人或者第三人不转移财产的占有,将该财产抵押给债权人的,债务人不履行到期债务或者发生当事人约定的实现抵押权的情形,债权人有权就该财产优先受偿。

　　前款规定的债务人或者第三人为抵押人,债权人为抵押权人,提供担保的财产为抵押财产。

释　义

　　本条是关于抵押权基本权利的规定。

　　抵押权是指债权人对于债务人或者第三人提供的、作为履行债务担保的财产,在债务人不履行到期债务或者发生当事人约定的实现抵押权的情形时,可以就其卖得价金优先受偿的权利。在抵押权关系中,提供担保财产的债务人或者第三人,称为"抵押人";享有抵押权的债权人称为"抵押权人";抵押人提供的担保财产称为"抵押财产"。

抵押权具有以下特征:

第一,抵押权是一种担保物权。抵押权是抵押权人就抵押财产所卖得价金优先受偿的权利,是通过支配财产的交换价值来达到担保债权的清偿的目的。抵押权人尽管不占有抵押物,但其有权直接支配标的物的交换价值,并于债权未获得满足时将所支配的交换价值予以变价,以供清偿,这是对标的物直接支配的形态之一。

第二,抵押权是在债务人或者第三人提供的财产上设立的物权。债务人或者第三人提供抵押的财产,可以是不动产、动产,也可以是权利。由于在早期社会中,不动产通常具有大于动产的价值,转移对不动产的占有往往影响所有权人对该不动产的使用、收益,所以在抵押权发展的初期,仅能在不动产上设立。在现代社会中,一些动产、权利的价值会比不动产的价值大得多,为了保障债权的实现,法律允许在动产、权利上设定抵押权。

第三,抵押权是不转移标的物占有的物权。抵押权的设立与存续,不需要转移标的物的占有。抵押财产仍然由债务人或者第三人占有。抵押权的这一特征是与质权、留置权等担保物权的显著区别。抵押权的设立之所以不以转移占有为必要,其原因主要在于设定抵押权后,标的物所有人仍可以占有该标的物并对其加以使用、收益、处分,这对抵押人而言有利;抵押权人不负保管标的物的义务,而能取得担保物权,对抵押权人而言也是有利的。

第四,抵押权是就抵押财产卖得价金优先受偿的物权。这里的优先受偿,表现为以下情形:一是对债务人的其他普通债权人而言,就抵押财产卖得的价金,抵押权人有权优先于其他普通债权人受偿。二是对债务人的其他抵押权人而言,先顺位的抵押权优先于后顺位的抵押权就抵押财产卖得的价金受偿。依本法第414条的规定,同一财产向两个以上债权人抵押的,若抵押权均已登记的,按照登记的时间先后确定清偿顺序;已登记的抵押权先于未登记的抵押权受偿;抵押权均未登记的,按照债权比例清偿。如果抵押物卖得的价金不足以清偿其担保的债权,债权人有权就未受清偿的部分要求债务人以其他财产进行清偿。

第三百九十五条 债务人或者第三人有权处分的下列财产可以抵押:

（一）建筑物和其他土地附着物；

（二）建设用地使用权；

（三）海域使用权；

（四）生产设备、原材料、半成品、产品；

（五）正在建造的建筑物、船舶、航空器；

（六）交通运输工具；

（七）法律、行政法规未禁止抵押的其他财产。

抵押人可以将前款所列财产一并抵押。

释　义

本条是关于抵押财产范围的规定。

债务人或者第三人可以将其有权处分的财产设定抵押。这些财产包括以下类型：

1. 建筑物和其他土地附着物。建筑物包括房屋等；其他土地附着物包括房屋以外的桥梁、隧道等构筑物，以及林木、竹木等。根据《城市房地产抵押管理办法》的规定，当事人以某些房屋抵押时应受到一定的限制，主要包括：（1）以享受国家优惠政策购买的房地产抵押的，其抵押额以房地产权利人可以处分和收益的份额比例为限。（2）国有企业、事业单位法人以国家授予其经营管理的房地产抵押的，应当符合国有资产管理的有关规定。（3）以集体所有制企业的房地产抵押的，必须经集体所有制企业职工（代表）大会通过，并报其上级主管机关备案。（4）以有限责任公司、股份有限公司的房地产抵押的，必须经董事会或者股东大会通过，但企业章程另有规定的除外。（5）有经营期限的企业以其所有的房地产设定抵押的，所担保债务的履行期限不应当超过该企业的经营期限。（6）以共有的房地产抵押的，抵押人应当事先征得其他共有人的书面同意。（7）以已出租的房地产抵押的，抵押人应当将租赁情况告知抵押权人，并将抵押情况告知承租人。原租赁合同继续有效。

2. 建设用地使用权。由于我国土地属于国家所有和集体所有，建设用地使用权是一种用益物权。这种权利的主体享有对土地的占有、使用和收益的权利。建设用地使用权的取得分为出让与划拨两种方式。以出让方式取得建设用地使用权抵押的，权利人可自己决定，无须取得土地管理部门的许可；以划拨方式取得的建设用地使用权抵押的,应履行相关手续。以划拨方式取得的建设用地使用权抵押后,在抵押权实现时,需要依法补交土地出让金,土地价值的剩余部分才能用于清偿债务。可见,以划拨方式取得的建设用地使用权的抵押价值不宜高估。

3.海域使用权。海域使用权人有权依法使用海域,并获得收益。根据《海域使用管理法》第27条的规定,海域使用权可以依法转让。因此,按照抵押财产必须具有可转让性的原则,海域使用权依法可以抵押。

4.生产设备、原材料、半成品、产品。这包括企业生产使用的各种机器设备、用于生产家具的木料、尚未组装完成的车辆、轮船等。这些一般动产用于抵押,适应了现代经济发展的要求,丰富了抵押制度的内容,扩大了抵押担保的适用范围。

5.正在建造的建筑物、船舶、航空器。正在建造的建筑物抵押是抵押人为取得在建工程继续建造资金的贷款,以其合法取得的土地使用权,连同在建工程的投入资产,抵押给银行作为偿还贷款的担保。以正在建造的建筑物抵押,抵押人必须具有建设用地规划许可证、建设工程规划许可证等证件。正在建造的船舶、航空器也可以用于抵押。

6.交通运输工具。这包括飞机、火车、汽车、轮船等特殊动产。我国《海商法》《民用航空法》等法律均规定了船舶、航空器等动产可以用于设定抵押。

7.法律、行政法规未禁止抵押的其他财产。这是一项兜底性的规定。只要法律、行政法规对债务人或第三人有权处分的财产设立抵押没有禁止性规定,则这些财产就可以用于设立抵押。例如,根据本法第339条的规定,土地承包经营权人可以向他人流转土地经营权。对土地经营权的抵押,法律、行政法规未加以禁止。土地经营权人可以其享有的土地经营权向金融机构设立抵押。又如,根据《矿产资源法》第6条的规定,探矿权人在完成规定的最低勘查投入后,经依法批准,可将探矿权转让给他人。法律、行政法规未禁止探矿权作为抵押财产。因此,探矿权在满足法律规定的条件时,可以作为抵押财产。

抵押人可以将不同的抵押财产作为一个整体,一并设定抵押。例如,企业将其厂房、建设用地使用权、机器设备等一并抵押给银行,用于贷款的担保。

第三百九十六条 企业、个体工商户、农业生产经营者可以

将现有的以及将有的生产设备、原材料、半成品、产品抵押,债务
人不履行到期债务或者发生当事人约定的实现抵押权的情形,债
权人有权就抵押财产确定时的动产优先受偿。

释 义

本条是关于浮动抵押的规定。

浮动抵押是指民事主体以现有的和将有的财产提供抵押,当债务人不履
行到期债务或者发生当事人约定的实现抵押权的情形,债权人有权就约定实
现抵押权的财产优先受偿。浮动抵押具有如下特点:

第一,抵押人是企业、个体工商户、农业生产经营者。这里的企业,包括公
司制企业、合伙企业、个人独资企业等。农业生产经营者主要是农村承包经营
户,也包括其他从事农业生产经营的主体。

第二,抵押财产包括现有的以及将有的生产设备、原材料、半成品、产品。
其他财产不得用于设立浮动抵押。例如,不动产、应收账款、知识产权等均不
得作为浮动抵押的标的物。

第三,设立浮动抵押应当订立书面的抵押协议。该协议应当对担保的债
权种类和数额、抵押财产的范围、抵押权的实现等问题进行约定。当发生债务
人不履行到期债务或者当事人约定的实现抵押权的情形,债权人有权就实现
抵押权时的动产优先受偿。

需要注意的是,浮动抵押财产在确定之前属于不特定物,抵押人将来取得
的动产属于浮动抵押标的物,抵押人已有的动产也可以自行转让,因此,实现
浮动抵押权必须对抵押财产进行特定化,以确定抵押权效力所及的财产范围。
如果出现了债务履行期届满、当事人约定的实现抵押权的情形等,浮动抵押财
产范围就应当确定。在浮动抵押财产确定之前,浮动抵押权人对未特定化的
标的物没有控制力和支配力。抵押人对抵押财产享有自由处分权,买受人仍
可通过正常经营活动取得浮动抵押财产的所有权。在浮动抵押财产确定之
后,浮动抵押权转化为固定标的物的普通抵押权。

起源于英美法系的浮动担保制度灵活、简便,操作成本低,为企业融资提
供了重要担保方式。但浮动担保权因标的物不特定,担保权人对担保标的物
没有控制力,因此,设立浮动担保的风险也较高。债权人应当慎重选择以浮动

抵押作为债权实现的担保,或者选择信用程度较高的企业、个体工商户、农业生产经营者为浮动抵押人。

第三百九十七条　以建筑物抵押的,该建筑物占用范围内的建设用地使用权一并抵押。以建设用地使用权抵押的,该土地上的建筑物一并抵押。

抵押人未依据前款规定一并抵押的,未抵押的财产视为一并抵押。

释　义

本条是关于房地一并抵押的规定。

土地和建筑物虽然为独立的不动产,但二者不可分离。因此,建设用地使用权与地上建筑物设立抵押时,应当采取二者一并抵押的原则。也就是以建筑物抵押的,该建筑物占用范围内的建设用地使用权一并抵押;以建设用地使用权抵押的,该土地上的建筑物一并抵押。只有这样,才能保证实现抵押权时,建筑物所有权和建设用地使用权同时转让。

如果抵押人未将建筑物与建设用地使用权一并抵押的,仅单独抵押了建筑物或者建设用地使用权,则未抵押的财产视为一并抵押。

第三百九十八条　乡镇、村企业的建设用地使用权不得单独抵押。以乡镇、村企业的厂房等建筑物抵押的,其占用范围内的建设用地使用权一并抵押。

释　义

本条是关于乡镇、村企业建设用地使用权和建筑物抵押的规定。

乡镇、村企业的建设用地属于集体所有的土地。乡镇、村企业的建设用地使用权不能够单独设立抵押。如果以乡镇、村企业的厂房等建筑物设立抵押的,该建筑物占用范围内的建设用地使用权一并抵押。

第三百九十九条　下列财产不得抵押：

（一）土地所有权；

（二）宅基地、自留地、自留山等集体所有土地的使用权，但是法律规定可以抵押的除外；

（三）学校、幼儿园、医疗机构等为公益目的成立的非营利法人的教育设施、医疗卫生设施和其他公益设施；

（四）所有权、使用权不明或者有争议的财产；

（五）依法被查封、扣押、监管的财产；

（六）法律、行政法规规定不得抵押的其他财产。

释　义

本条是关于禁止抵押的规定。

依据本条的规定，下列财产不得抵押：

1. 土地所有权。在我国，实行土地公有制，土地属于国家和集体所有。对国家所有的土地，任何单位和个人均不能取得所有权。单位、个人可以通过出让或者划拨的方式取得国有土地的使用权。集体所有的土地，单位和个人也不能取得所有权，仅在符合公共利益需要的情形下，国家可以通过依法征收取得集体土地的所有权。由于土地所有权不具有可转让性，因此，土地所有权不得作为抵押财产。如果允许土地所有权抵押，将可能使土地所有权转为个人所有，这是有违土地公有制的。

2. 宅基地、自留地、自留山等集体所有土地的使用权，但是法律规定可以抵押的除外。宅基地是农民赖以生存的所在。目前我国农村社会保障制度尚未健全，宅基地使用权仍是农民的安身立命之本。如果允许宅基地使用权抵押，一旦农民失去宅基地，将会丧失生存的基本条件，不利于社会的稳定。因此，本条禁止宅基地使用权抵押。另外，自留山、自留地等是农民的基本生产资料，具有社会保障的性质，因此，本条规定自留地、自留山等集体所有土地的使用权不得抵押。当然，如果法律规定集体所有土地的使用权可以抵押的，则其可以作为抵押财产抵押。

3. 学校、幼儿园、医疗机构等为公益目的成立的非营利法人的教育设施、医疗卫生设施和其他公益设施。为公益目的或者其他非营利目的成立，不向出资人、设立人或者会员分配所取得利润的法人,为非营利法人,包括事业单位、社会团体、基金会、社会服务机构等。这里的"其他公益设施",包括公共图书馆、博物馆、美术馆、文化宫等。如果允许以这些公益设施设立抵押,就可能在实现抵押权时,这些公益设施被变卖或者拍卖。这样,学校、幼儿园、医疗机构等以公益为目的的非营利法人将难以维持,进而出现学校、幼儿园、医疗机构停办等现象,不利于社会公益事业的发展。

不过,禁止学校、幼儿园、医疗机构等为公益目的成立的非营利法人的教育设施、医疗卫生设施和其他公益设施设立抵押,并不意味着这些机构的所有财产均不得抵押。如果学校、幼儿园、医疗机构等以公益为目的成立的非营利法人以非公益设施设立抵押的,应当允许。例如,医院的救护车不得作为抵押财产,但医院用于接送职工的客车可以作为抵押财产。

4. 所有权、使用权不明或者有争议的财产。抵押人提供抵押的财产必须是其享有所有权或处分权的财产。如果抵押财产的所有权、使用权不明或者有争议,将不仅会造成对真正权利人利益的侵害,而且会在实现抵押权时产生各种纠纷,影响社会经济秩序。例如,民事主体就动产或不动产的归属问题尚未达成一致,人民法院或仲裁机构正在进行审理或仲裁,而未形成最终的判决或裁决,此时,该动产或不动产的所有人或使用人尚未确定。

5. 依法被查封、扣押、监管的财产。依法被查封、扣押的财产是指人民法院、行政机关依法采取强制措施,就地贴上封条或者转运到别处,并不得占有、使用或者处分的财产。依法监管的财产是指行政机关依法监督、管理的财产。例如,我国《海关法》第 37 条规定,海关监管货物,未经海关许可,不得开拆、提取、交付、发运、调换、改装、抵押、质押、留置、转让、更换标记、移作他用或者进行其他处置。被查封、扣押、监管的财产因为失去了可转让性,权利人不能处分该财产,因而不得成为抵押财产。但被查封、扣押、监管的财产不得抵押是相对的,具有期限性,在查封、扣押、监管期满后,标的物仍然可以作为抵押财产。如果在抵押权设定之后,抵押物才被依法查封、扣押、监管的,则抵押权不受影响。

6. 法律、行政法规规定不得抵押的其他财产。这是一项兜底性规定。除了本条列举的前五项财产不得抵押之外,如果法律、行政法规规定其他财产不得抵押的,也不得以该财产设立抵押。例如,法律法规禁止流通的财产(枪支、弹药、毒品等),不得自由买卖,当然也不得作为抵押财产。我国《渔业法》

第 23 条规定:"国家对捕捞业实行捕捞许可证制度。……捕捞许可证不得买卖、出租和以其他形式转让,不得涂改、伪造、变造。"捕捞许可证是单位和个人享有捕捞权的凭证。渔业法规定捕捞许可证不得转让,捕捞权自然也就不得转让。因此,捕捞权不得作为抵押财产。

第四百条 设立抵押权,当事人应当采用书面形式订立抵押合同。

抵押合同一般包括下列条款:

(一)被担保债权的种类和数额;

(二)债务人履行债务的期限;

(三)抵押财产的名称、数量等情况;

(四)担保的范围。

释 义

本条是关于设立抵押权的合同的规定。

抵押权法律关系比较复杂,在实现抵押权时,往往涉及第三人的利益,因此,设立抵押权,当事人应当采用书面形式订立抵押合同。

抵押合同一般包括以下条款:

1. 被担保债权的种类和数额。债权可以因合同、无因管理、不当得利、侵权行为四种原因而产生,但不能由此推论"被担保债权的种类"包括合同之债、无因管理之债、不当得利之债以及侵权损害赔偿之债。只有在借贷、买卖、货物运输、加工承揽等经济活动中,债权人需要以抵押方式保障其债权实现的,才可以设定抵押。因此,"被担保债权"就是指被担保的合同产生的债权,即合同之债。被担保债权的种类,是指抵押担保的债务究竟为哪一类合同,且应将该合同与其他合同相区别。根据本法第三编第二分编的规定,典型合同主要有买卖合同,供用电、水、气、热力合同,借款合同,租赁合同等。除了这些典型合同之外,其他非典型合同产生的债权也可作为被担保的债权。被担保债权的数额,是指主债权的标的额。

2. 债务人履行债务的期限。所谓债务人履行债务的期限,是指债务人应履行债务或者债权人请求债务人履行债务的期限。在债务履行期限到来之前,债权人不得请求债务人履行债务。在债务已到履行期而债务人不履行债务的,债权人方可实现抵押权。

3. 抵押财产的名称、数量等情况。抵押权是在特定的抵押财产上设立的物权,因此,在抵押权合同中,应明确抵押财产的名称、数量、质量、所有权权属或者使用权权属等情况。

4. 担保的范围。抵押财产担保的范围,是指抵押财产拍卖、变卖之后抵押权人可以优先受偿的范围。抵押财产担保的范围包括被担保的主债权及利息、违约金、损害赔偿金、实现抵押权的费用等。当事人可以在抵押合同中约定上述范围中的一项或几项,也可以对上述各项都承担担保责任。抵押权人在实现抵押权时能从抵押财产折价或拍卖、变卖的价款中优先受偿的范围是依据该条款来确定的。如果抵押担保的债权额超过了抵押财产本身的价值,则超过的部分不具有优先受偿的效力。如果抵押财产本身的价值大于所担保的债权额,则抵押财产价值的余额部分,可以再次抵押。确定了抵押财产的担保范围之后,抵押人可以将抵押财产剩余的价值再行提供抵押,以充分实现融通资金的需要。

上述四个条款是抵押合同一般都具备的条款,除此之外,抵押人与抵押权人还可以约定其他条款。例如,抵押人如果提前偿还债务,应向谁提存;发生纠纷后是否可以仲裁;等等。

第四百零一条 抵押权人在债务履行期限届满前,与抵押人约定债务人不履行到期债务时抵押财产归债权人所有的,只能依法就抵押财产优先受偿。

释 义

本条是关于禁止流押的规定。

流押合同或者流押条款是指在抵押合同中当事人约定,债务履行期限届满而债务人不履行债务时,抵押物的所有权转移给债权人。禁止流押的规定体现了民法的公平原则,有利于保护债务人的利益。因为债务人一时的急需而向债权人借款,债权人可能利用债务人的急需,以不公平的形式订立流押合同,损害债务人的利益。例如,甲向乙借款 20 万元,以自己的房屋设定抵押,该房屋的价值为 50 万元。若允许甲与乙在抵押合同中约定,甲不履行到期债务时,其房屋的所有权转移给乙。这对甲而言,有失公平。此外,从债权人的角度而言,抵押权设立后,抵押财产的价值下降,债权人直接取得抵押财产的所有权也可能不利。

流押合同或流押条款仅为当事人就抵押权实现方式进行的一项约定,而不是抵押合同的全部。抵押合同的主要目的在于设定抵押权,流押合同或流押条款可能出现在抵押合同之中,也有可能没有出现在抵押合同之中。因此,在抵押合同中存在流押条款时,该流押条款应无效,但抵押合同并不因此而全部无效。依据本条规定,抵押权人在债务履行期限届满前,与抵押人约定债务人不履行到期债务时抵押财产归债权人所有的,并不导致抵押合同全部无效;当债务人不履行到期债务或发生当事人约定的情形时,抵押权人依法行使抵押权,就抵押财产卖得的价金优先受偿。

第四百零二条 以本法第三百九十五条第一款第一项至第三项规定的财产或者第五项规定的正在建造的建筑物抵押的,应当办理抵押登记。抵押权自登记时设立。

释 义

本条是关于不动产抵押登记的规定。

根据本条规定,需要进行抵押登记的财产为:(1)建筑物和其他土地附着物;(2)建设用地使用权;(3)海域使用权;(4)正在建造的建筑物、船舶、航空器。以这些财产设立抵押的,应当办理抵押登记,抵押权自登记时设立。抵押登记,有利于保护债权人利益和第三人利益。债权人可以知道抵押财产的权属关系以及抵押权的顺位,以决定是否接受该财产设立抵押。第三人与抵押人进行交易时,则可以作出合理的判断,以免遭受损害。若以上述财产设立抵押,未办理抵押登记,则抵押权未设立。

《不动产登记暂行条例实施细则》第四章第九节对抵押权登记作了专门规定。具体如下:以建设用地使用权、海域使用权抵押的,该土地、海域上的建筑物、构筑物一并抵押;以建筑物、构筑物抵押的,该建筑物、构筑物占用范围内的建设用地使用权、海域使用权一并抵押。自然人、法人或者其他组织为保障其债权的实现,依法以不动产设定抵押的,可以由当事人持不动产权属证书、抵押合同与主债权合同等必要材料,共同申请办理抵押登记。抵押合同可以是单独订立的书面合同,也可以是主债权合同中的抵押条款。以建设用地使用权以及全部或者部分在建建筑物设定抵押的,应当一并申请建设用地使用权以及在建建筑物抵押权的首次登记。当事人申请在建建筑物抵押权首次登记时,抵押财产不包括已经办理预告登记的预购商品房和已经办理预售备案的商品房。申请在建建筑物抵押权首次登记的,当事人应当提交下列材料:(1)抵押合同与主债权合同;(2)享有建设用地使用权的不动产权属证书;(3)建设工程规划许可证;(4)其他必要材料。

第四百零三条 以动产抵押的,抵押权自抵押合同生效时设立;未经登记,不得对抗善意第三人。

释 义

本条是关于动产抵押效力的规定。

根据本条的规定,当事人以动产抵押的,可以办理抵押登记,也可以不办理抵押登记,抵押权自抵押合同生效时设立。如果以动产设立抵押,未办理抵押登记的,则不得对抗善意第三人。善意是指不知道,即根本不知晓某项财产上已设立了抵押。如果某人明知某项财产上已设立了抵押权而仍与抵押人订立买卖合同,则属于恶意。之所以对动产抵押没有采取与不动产抵押同样的登记要求,一方面是为了维持交易的便捷,另一方面是使当事人斟酌具体情况,决定是否申请登记,以保障自己的权益。例如,甲向乙借款,以自己所有的一套机器设备设立抵押,但未办理抵押权登记。如果甲将该套机器设备卖给善意的丙,丙向甲支付了价款,则在此情形下,该机器设备的所有权属于丙,乙不得对该机器设备行使抵押权,只能要求甲提供新的担保或者要求甲及时清偿债务。又如,甲向乙借款,以自己所有的汽车设立抵押,但未办理抵押权登记。其后,甲又向丙借款,仍以该汽车设定抵押,但办理了抵押权登记。在此情形下,丙的抵押权可以优先于乙的抵押权行使。

依据 2019 年国家市场监督管理总局修订的《动产抵押登记办法》的规定,企业、个体工商户、农业生产经营者以生产设备、原材料、半成品、产品抵押的,应当向抵押人住所地的县级市场监督管理部门办理登记。这类动产的抵押权登记,可以由抵押合同一方作为代表到登记机关办理,也可以由抵押合同双方共同委托的代理人到登记机关办理。当事人应当保证其提交的材料内容真实准确。当事人应当持下列文件向登记机关办理设立登记:(1)抵押人、抵押权人签字或者盖章的《动产抵押登记书》;(2)抵押人、抵押权人主体资格证明或者自然人身份证明文件;(3)抵押合同双方指定代表或者共同委托代理人的身份证明。当事人办理动产抵押登记的设立,提交材料齐全,符合本办法形式要求的,登记机关应当予以办理,在当事人所提交的《动产抵押登记书》上加盖动产抵押登记专用章,并注明盖章日期;当事人办理动产抵押登记的设立所提交的材料不符合本办法规定的,登记机关不予办理,并应当向当事人告知理由。当事人可以通过全国市场监管动产抵押登记业务系统在线办理动产抵押登记的设立;社会公众可以通过全国市场监管动产抵押登记业务系统查询相关动产抵押登记信息。

以航空器、船舶、机动车等交通运输工具设立抵押的,抵押权登记应依据《民用航空器权利登记条例》《民用航空器权利登记条例实施办法》《船舶登记条例》《船舶登记办法》《机动车登记规定》的相关规定办理。其中,民用航空器抵押权的登记机关为国务院民用航空主管部门的民用航空器权利登记职能机构;船舶抵押权的登记机关为交通运输主管部门的各级海事主管机构;机动车抵押权的登记机关为各级公安机关交通管理部门。

对于以上述动产之外的其他动产抵押的,包括个人、事业单位、社会团体和其他非企业组织所有的机械设备、牲畜等生产资料,位于农村的个人私有房产,个人所有的家具、家用电器、金银珠宝及其制品等生活资料等,抵押权登记应根据《公证机构办理抵押登记办法》的相关规定进行办理。当事人以"其他动产"抵押的,抵押人所在地的公证机构为登记部门。

第四百零四条　以动产抵押的,不得对抗正常经营活动中已经支付合理价款并取得抵押财产的买受人。

释　义

本条是关于抵押的动产转让效力的规定。

根据本条规定,动产抵押权设立后,具有优先受偿的效力,但不得对抗正常经营活动中已经支付合理对价并取得抵押财产的买受人。债务人或者第三人以动产设立抵押的,该动产的所有权仍归属于债务人或者第三人自身。因此,债务人或者第三人仍享有对该动产的处分权。如果在正常经营活动中,买受人已经向抵押人支付了合理价款,并取得了抵押财产的所有权,则抵押权人不得对该抵押财产行使抵押权。这是对正常经营活动的买受人的保护。

事实上,我国关于抵押财产转让效力的认定,经过了一个曲折的发展过程。在改革开放之后的相当一段时期内,不少人担心允许抵押人自由转让抵押物会危及抵押权人的交易安全,因此,在《民法通则》并未就抵押物的转让问题作明确规定的情况下,将未经抵押权人同意之抵押物转让行为认定为无效,在担保法通过之前,即获得了当时最高人民法院相关司法政策的支持。例如 1988 年制定的《最高人民法院关于贯彻执行〈中华人民共和国民法通则〉若干问题的意见》第 115 条规定:"抵押物如由抵押人自己占有并负责保管,在抵押期间,非经债权人同意,抵押人将同一抵押物转让他人,或者就抵押物价值已设置抵押部分再作抵押的,其行为无效。"2007 年实施的《物权法》第 191 条则要求抵押人经抵押权人同意才能转让抵押财产。虽然将抵押权人的同意作为抵押物转让有效的前提能够在一定程度上实现对抵押权人利益的保护,但这一态度既阻碍对物的利用,也损害到买受人的交易安全。因此,本法第 406 条规定,抵押人转让抵押财产的,及时通知抵押权人即可。在进一步放松抵押财产转让限制的立法背景下,本条允许抵押动产的买受人通过正常经营活动并支付合理价款,取得抵押动产的所有权,此时,抵押权人不得以其抵押权对抗买受人。

第四百零五条 抵押权设立前,抵押财产已经出租并转移占有的,原租赁关系不受该抵押权的影响。

释 义

本条是关于抵押权与租赁权关系的规定。

在抵押财产为房屋等财产时,在抵押权设立之前,抵押人可能已经将该房屋等抵押财产出租给他人,承租人已占有抵押财产。为了保护承租人尤其是不动产承租人的利益,维护社会稳定,各国民法上都确立了"买卖不破租赁"规则,即租赁关系成立后,出租人将租赁物出卖给他人的,原租赁关系不受影响,承租人对买受人仍可以主张租赁权。抵押权是一种担保物权,从本质上讲并无优先于所有权的效力。因此,如果租赁关系设立在先而抵押权设立在后,租赁权优先于抵押权,原租赁关系不受该抵押权的影响。

第四百零六条 抵押期间,抵押人可以转让抵押财产。当事人另有约定的,按照其约定。抵押财产转让的,抵押权不受影响。

抵押人转让抵押财产的,应当及时通知抵押权人。抵押权人能够证明抵押财产转让可能损害抵押权的,可以请求抵押人将转让所得的价款向抵押权人提前清偿债务或者提存。转让的价款超过债权数额的部分归抵押人所有,不足部分由债务人清偿。

释 义

本条是关于抵押期间抵押财产转让的规定。

在抵押期间,抵押人对抵押财产仍然享有所有权或者处分权。因此,抵押人可以转让抵押财产。如果抵押人与抵押权人在抵押合同中约定,抵押财产不得转让的,则抵押人不得转让抵押财产。抵押人转让抵押财产的,抵押权人的抵押权不受影响,依然存在。

抵押人转让抵押财产的,应当及时通知抵押权人。也就是说,抵押人转让抵押财产,只要及时通知抵押权人即可,并不需要征得抵押权人的同意。然而,我国社会目前正处于转型时期,信用体系尚不健全,实践中一些抵押人在设定抵押权后擅自转让抵押财产,从而使得抵押权人的债权失去保障,影响抵押权制度担保功能的发挥。例如,抵押人转让抵押财产的价款显著低于市场价值,就有可能损害抵押权人的利益。为了保护抵押权人的利益,本条规定抵押权人能够证明抵押财产转让可能损害抵押权的,可以请求抵押人将转让所得的价款向抵押权人提前清偿债务或者提存。如果抵押财产转让的价款超过债权数额的,该超过的部分价款归抵押人所有。如果抵押财产转让的价款低于债权数额的,不足的部分数额则由债务人清偿。

本条对抵押财产的转让采取通知主义,主要原因在于:首先,从比较法来看,各国大多采自由转让说,即使未经抵押权人同意,抵押人也可以自由转让抵押财产。其次,尊重抵押人对抵押财产的处分权,符合物权的基本特征。因为在抵押权设定后,抵押人仍是抵押财产的所有权人或处分权人,对抵押财产仍享有处分权。最后,有利于鼓励交易,促进物尽其用。在抵押权设定后允许抵押人自由转让,有利于所有权人或处分权人对抵押财产的充分利用,充分发挥物的使用价值,提高物的利用效率。允许抵押人自由转让抵押财产也有利于促进财产的流转。①

第四百零七条 抵押权不得与债权分离而单独转让或者作为其他债权的担保。债权转让的,担保该债权的抵押权一并转让,但是法律另有规定或者当事人另有约定的除外。

释　义

本条是关于抵押权转让或者作为其他债权担保的规定。

抵押权具有从属性。抵押权转让的,应当与抵押权所担保的债权一并转让。抵押权人以抵押权向他人提供担保的,抵押权应当与其所担保的债权一并向他人提供担保。

抵押权不具有独立存在的特性,如果债权转让的,担保该债权的抵押权应当一并转让。但是,如果法律另有规定或者当事人另有约定的除外。例如,本法第 421 条规定,最高额抵押担保的债权确定前,部分债权转让的,最高额抵押权不得转让。又如,抵押人与抵押权人约定:债权让与时抵押权不随之转移,此项约定在当事人之间可视为抵押权的约定消灭事由。如果此后发生了债权让与的情形,则构成抵押权消灭的原因。另外,在债权部分转让的情形下,抵押权人在转让债权时,可与受让人约定,仅转让债权而不转让抵押权。

第四百零八条 抵押人的行为足以使抵押财产价值减少的,抵押权人有权请求抵押人停止其行为;抵押财产价值减少的,抵押权人有权请求恢复抵押财产的价值,或者提供与减少的价值相

---

①　参见王利明:《抵押财产转让的法律规制》,《法学》2014 年第 1 期。

应的担保。抵押人不恢复抵押财产的价值,也不提供担保的,抵押权人有权请求债务人提前清偿债务。

释 义

本条是关于抵押权人的保全权利的规定。

抵押权是以抵押财产的交换价值作为债权担保的担保物权。如果在抵押期间抵押人的行为足以使抵押财产的价值减少的,那么在抵押权人实现抵押权时,就可能无法获得完全清偿。因此,为了保护抵押权人的利益,抵押权人有权请求抵押人停止其行为。抵押人侵害抵押财产的行为主要是积极行为,但也包括消极行为。前者如拆毁抵押物、砍伐抵押的林木等,后者如不按时维修抵押物等。判断抵押人侵害抵押财产的标准,本条采用客观减少的标准。客观减少标准对抵押权人有利,且判断简单易行,既不需要计算抵押财产价值减少到是否低于债权,又不需要证明抵押人是否主观上存在恶意,因此,被多数国家立法所采用。[1] "足以使抵押财产价值减少"的行为既包括已经发生的行为,也包括正在发生或者尚未发生但有减少抵押财产价值的现实危险的行为。例如,抵押已经取得伐木许可证但尚未砍伐抵押林木的行为。如果由于抵押权人的行为、自然灾害或市场因素而造成抵押财产的价值减少的,抵押权人不能行使该权利。

如果抵押人的行为导致抵押财产价值减少的,会影响抵押权人的利益。为此,抵押权人有权要求抵押人恢复抵押财产的价值。例如,抵押房屋前面原本有一个美丽的花园,因抵押人怠于修整而导致花园荒芜,该抵押房屋的价值将减少。所以,抵押权人有权要求抵押人重新修理花园,恢复原状。如果抵押财产的价值难以恢复或者恢复的成本过高的,抵押权人也可以要求抵押人提供与减少的价值相应的担保。如果抵押人既不恢复抵押财产的价值也不提供担保的,抵押权人则有权请求债务人提前清偿债务,以防止抵押权人的利益受到损害。

第四百零九条 抵押权人可以放弃抵押权或者抵押权的顺

---

[1] 参见曹士兵:《中国担保制度与担保方法》,中国法制出版社 2008 年版,第 247 页。

位。抵押权人与抵押人可以协议变更抵押权顺位以及被担保的债权数额等内容。但是,抵押权的变更未经其他抵押权人书面同意的,不得对其他抵押权人产生不利影响。

债务人以自己的财产设定抵押,抵押权人放弃该抵押权、抵押权顺位或者变更抵押权的,其他担保人在抵押权人丧失优先受偿权益的范围内免除担保责任,但是其他担保人承诺仍然提供担保的除外。

释 义

本条是关于抵押权人放弃抵押权、抵押权的顺位及变更的规定。

抵押权是抵押权人的一项权利。抵押权人可以放弃抵押权。抵押权人放弃抵押权,不需要经过抵押人的同意。如果抵押权人放弃了抵押权,则抵押权消灭,债权人不得就抵押人提供抵押的财产优先受偿。

抵押权的顺位,是指抵押权人优先受偿的顺序。本法第414条对同一财产向两个以上债权人抵押的,不同抵押权人的受偿顺位作了规定。抵押权的顺位是抵押权人享有的一项利益,抵押权人可以放弃其顺位。如果抵押权人放弃了抵押权的顺位,则放弃人处于最后顺位,所有后顺位的抵押权人的顺位依次递进。例如,黄河公司以其房屋作抵押,先后向甲银行借款100万元,向乙银行借款300万元,向丙银行借款500万元,并依次办理了抵押登记。如果甲银行放弃抵押权的顺位,则乙银行、丙银行的抵押权依次递进为第一顺位、第二顺位的抵押权。

抵押权人与抵押人可以协议变更抵押权顺位以及被担保的债权数额等内容。但是,抵押权的变更,未经其他抵押权人书面同意,不得对其他抵押权人产生不利影响。例如,黄河公司以其房屋作抵押,先后向甲银行借款100万元,向乙银行借款300万元,向丙银行借款500万元,并依次办理了抵押登记。后丙银行与甲银行商定交换各自抵押权的顺位,并办理了变更登记,但乙银行并不知情。因黄河公司无力偿还三家银行的到期债务,银行拍卖其房屋,仅得价款600万元。本案例中,丙银行与甲银行商定交换各自抵押权的顺位,并办理了变更登记,但丙银行与甲银行的抵押权顺位变更,未经乙银行同意,抵押权顺位变更在其对乙银行抵押权所造成的不利影响之范围内,对乙银行不产生效力。即经过抵押权顺位变更之后,丙获得的第一顺位抵押权只是在 100 万元的额度内优先于乙银行的抵押权受偿,剩下的 400 万元落后于乙银行的抵押权,但却优先于甲银行的抵押权而受偿。黄河公司无力偿还三家银行的到期债务,银行拍卖其房屋,仅得价款 600 万元。关于三家银行对该价款的分配是,甲银行得不到清偿、乙银行 300 万元、丙银行 300 万元。

本条第 2 款规定,债务人以自己的财产设定抵押,抵押权人放弃该抵押权、抵押权顺位或者变更抵押权的,其他担保人在抵押权人丧失优先受偿权益的范围内免除担保责任,但是其他担保人承诺仍然提供担保的除外。这里的"其他担保人",包括为债务人的债务提供担保的保证人、提供抵押或者质押的第三人。

第四百一十条 债务人不履行到期债务或者发生当事人约定的实现抵押权的情形,抵押权人可以与抵押人协议以抵押财产折价或者以拍卖、变卖该抵押财产所得的价款优先受偿。协议损害其他债权人利益的,其他债权人可以请求人民法院撤销该协议。

抵押权人与抵押人未就抵押权实现方式达成协议的,抵押权人可以请求人民法院拍卖、变卖抵押财产。

抵押财产折价或者变卖的,应当参照市场价格。

释 义

本条是关于抵押权实现的规定。

抵押权实现的条件是:其一,债务履行期届满,债务人不履行到期债务。其二,发生了抵押人与抵押权人约定的实现抵押权的情形。例如,可以约定当抵押人的行为造成抵押财产减少或者抵押人分离抵押财产、转让抵押财产时,抵押权人有权实现抵押权;也可以约定当债务人有违约行为时(如停止支付利息),抵押权人有权实现抵押权。具备上述两个条件之一,抵押权人就可以实现抵押权。

抵押权的实现方式有以下三种:

一是折价。即抵押人与抵押权人达成协议,将抵押财产折价用于清偿债务,并使抵押权人取得抵押财产的所有权。折价协议必须是在抵押权实现时才能订立,且抵押财产的所有权必须在折价协议订立之后才能转移。如果在抵押合同订立之时,抵押人与抵押权人在合同中约定,债务人不履行到期债务的,抵押财产的所有权转移给抵押权人,此种约定属于流押条款,应被宣告无效。流押是由抵押权人直接取得抵押财产的所有权,不需要对抵押财产进行估价,而折价时需要参考抵押财产的市场价值,然后对抵押财产进行估价。

此外,折价协议不得损害其他债权人的利益。如果在同一抵押财产上设立了多个抵押权,则先顺位的抵押权人与抵押人订立折价合同时,不得压低抵押财产的价值,损害其他抵押权人的利益。若协议损害其他债权人利益的,其他债权人可以请求人民法院撤销该协议。例如,甲以一套价值500万元的住房为自己的债务先后向乙、丙设定了抵押,并办理了抵押登记。在甲不履行到期债务的情形下,乙与甲达成折价协议,该房屋仅以100万元的价格折价归属于乙,以满足乙的债权。这样,乙与甲之间的折价协议就损害了丙债权人的利益。此时,丙有权请求人民法院撤销该折价协议。

二是拍卖。拍卖是指在特定的时间和场合,在拍卖人的主持下,竞买人进行竞价购买,提出价格最高者将购得抵押财产。由于拍卖采取的是公开竞价的方式,往往能体现抵押财产的最大价值,因此,拍卖形式是一种较好的实现抵押权的方式。

三是变卖。变卖是指抵押权人通过买卖或者以招标转让等方式将抵押财产出卖。抵押权人变卖抵押财产,应当参照市场价格。

如果抵押权人与抵押人未就抵押权的实现方式达成协议的,根据本条规定,抵押权人可以请求人民法院拍卖、变卖抵押财产。

第四百一十一条 依据本法第三百九十六条规定设定抵押的,抵押财产自下列情形之一发生时确定:

(一)债务履行期限届满,债权未实现;

(二)抵押人被宣告破产或者解散;

(三)当事人约定的实现抵押权的情形;

(四)严重影响债权实现的其他情形。

释　义

本条是关于浮动抵押财产的确定的规定。

在浮动抵押设定时，抵押人以现有的和将来的财产设定抵押。这就是说，在浮动抵押设定时，抵押财产是不确定的。但是抵押权实现时，抵押财产必须确定，只有抵押财产确定，抵押权人才能将抵押财产折价或者拍卖、变卖，以实现抵押权。本条规定了用于设立浮动抵押的财产只有在发生法定的情形下才能确定。这些情形包括以下四种：

1. 债务履行期限届满，债权未实现。在这种情形下，抵押财产应确定，自债务履行期限届满之日起，抵押人不得再处分抵押财产。

2. 抵押人被宣告破产或者解散。由于在这种情形下，抵押财产不再发生变动，抵押权人应对抵押财产享有优先受偿的权利。

3. 当事人约定的实现抵押权的情形。抵押人与抵押权人可以约定实现抵押权的条件。如果抵押人与抵押权之间约定的实现抵押权的情形出现，则抵押权人可以实现抵押权。

4. 严重影响债权实现的其他情形。如果发生了严重影响债权实现的其他情形，例如，抵押人为逃避债务隐匿财产、转移财产，或者以不正常的低价出卖财产等，则抵押权人有权要求确定抵押财产，实现抵押权，以保护自己的利益。

第四百一十二条　债务人不履行到期债务或者发生当事人约定的实现抵押权的情形，致使抵押财产被人民法院依法扣押的，自扣押之日起，抵押权人有权收取该抵押财产的天然孳息或者法定孳息，但是抵押权人未通知应当清偿法定孳息义务人的除外。

前款规定的孳息应当先充抵收取孳息的费用。

释　义

本条是关于抵押财产孳息的规定。

抵押权设立后，抵押财产的所有权仍属于抵押人。因此，抵押人使用抵押财产产生的孳息应当归属于抵押人所有。但是，当债务人不履行到期债务或者发生当事人约定的实现抵押权的情形，致使抵押财产被人民法院依法扣押的，抵押人无法再行利用抵押财产，若抵押财产的孳息仍由抵押人收取，则不利于抵押权人利益的保护。因此，本条规定，债务人不履行到期债务或者发生当事人约定的实现抵押权的情形，致使抵押财产被人民法院依法扣押的，自扣押之日起，抵押权人有权收取该抵押财产的天然孳息或者法定孳息。对于收取抵押财产的法定孳息的情形，例如收取租金，抵押权人应当通知清偿义务人。如果抵押权人未通知应当清偿法定孳息的义务人，义务人就无法将法定孳息交付给抵押权人，抵押权的效力也就无法及于法定孳息。

抵押权人收取天然孳息或者法定孳息，需要付出一定的费用。抵押权人收取的孳息应当先充抵收取孳息的费用，剩余的孳息与抵押财产一并用于清偿债务人的债务。

第四百一十三条　抵押财产折价或者拍卖、变卖后，其价款超过债权数额的部分归抵押人所有，不足部分由债务人清偿。

释　义

本条是关于抵押财产变价超过或不足债权数额的处理。

抵押财产按照本法规定的方式和程序折价或者拍卖、变卖后，所变现的价款可能超出其所担保的债权数额或者不足清偿债权。若抵押财产变现后的价款超过债权数额的，超过部分价款归属于抵押人所有。若抵押财产变现后的价款不足以清偿债务的，不足部分则由债务人清偿。例如，甲以其房屋设定抵押，向乙借款 200 万元。债务履行期届满后甲不能履行到期债务，此时乙有权将该房屋变卖。若该房屋卖得 300 万元，则超过债权数额的部分 100 万元归甲所有。若该房屋仅卖得价款 150 万元，则不足的部分 50 万元仍由甲清偿。

第四百一十四条　同一财产向两个以上债权人抵押的，拍卖、变卖抵押财产所得的价款依照下列规定清偿：

（一）抵押权已经登记的，按照登记的时间先后确定清偿顺序；

（二）抵押权已经登记的先于未登记的受偿；

（三）抵押权未登记的，按照债权比例清偿。

其他可以登记的担保物权，清偿顺序参照适用前款规定。

释　义

本条是关于同一财产向两个以上债权人抵押的，数个抵押权清偿顺序的规定。

在抵押财产的价值大于所担保的债权数额时，抵押人可以就同一抵押财产向其他的债权人再次抵押。

同一财产向两个以上债权人抵押的，拍卖、变卖抵押财产所得的价款依照下列原则清偿：

1. 如果数个抵押权均已登记的，按照登记的时间先后确定清偿顺序。前一顺位的抵押权实现后，处于后一顺位的抵押权，只能就抵押财产剩下的部分受偿。如果抵押权登记的时间相同的，则不同的抵押权处于同一顺位，按照各自担保的债权的比例来受偿。

2. 抵押权已经登记的优先于未登记的受偿。对不动产抵押而言，由于本法规定以不动产设立抵押的，抵押权应当办理登记才能发生效力，所以，不会出现"抵押权已登记的优先于未登记的受偿"这种情形。对动产抵押而言，若有的抵押权已经办理抵押登记，有的抵押权未办理抵押登记，则抵押权已经登记的优先于未登记的受偿。

3. 抵押权未登记的，按照债权比例清偿。对不动产抵押而言，未办理抵押权登记的，该抵押权不产生效力。对动产抵押而言，若抵押权未登记的，不影响抵押权的成立，拍卖、变卖抵押财产所得的价款则按照各个债权占债权总额的比例来清偿。

本条还明确了实现担保物权的统一受偿规则，规定其他可以登记的担保物权，清偿顺序参照适用前款规定。即已登记的，按照登记的时间先后确定清偿顺序，已登记的先于未登记的受偿，未登记的按照债权比例清偿。

第四百一十五条　同一财产既设立抵押权又设立质权的，拍卖、变卖该财产所得的价款按照登记、交付的时间先后确定清偿顺序。

释 义

本条是关于同一财产上抵押权与质权并存时如何受偿的规定。

质权是指债权人在债务人不履行到期债务或者发生当事人约定的情形时,就债务人或者第三人转移占有而供作担保的动产或者权利所卖得的价金优先受偿的权利。本法以质权标的的不同为标准,将质权分为动产质权与权利质权。动产质权是以动产为标的物的质权,权利质权是以可让与的财产权为标的的质权。由于本法第440条对可以设立质权的权利作了明确规定,而这些权利不能成为抵押权的标的,因此,本条所称"同一财产既设立抵押权又设立质权",应当是指在同一动产上,既设立了抵押权,又设立了质权。

在同一动产上既设立了抵押权又设立了质权的,若债务人不履行到期债务或者发生当事人约定的情形时,抵押权人、质权人就有权实现抵押权、质权。拍卖、变卖该财产所得的价款按照登记、交付的时间先后确定清偿顺序。因此,确定抵押权与质权的次序的方法就是比较动产抵押的登记时间与出质动产的交付时间,视二者谁先谁后。如果以动产抵押的,未办理抵押权登记,则不得对抗善意第三人。在此情形下,即使动产抵押设立于动产质权之前,也不能对抗动产质权,质权享有优先次序。

第四百一十六条 动产抵押担保的主债权是抵押物的价款,标的物交付后十日内办理抵押登记的,该抵押权人优先于抵押物买受人的其他担保物权人受偿,但是留置权人除外。

释 义

本条是关于动产抵押担保的主债权为抵押物的价款时抵押权优先性的规定。

在实践中,会出现动产抵押担保的主债权是购买抵押物的价款的情形。例如,甲是一个货物销售商,从银行贷款100万元购买了一批货物,并将该批货物抵押给银行作为担保。甲与银行在该批货物交付后10日内办理了抵押登记。依据本条的规定,银行抵押权人优先于甲的其他担保物权人受偿。但是,如果甲因未支付运输费用,货物运输人乙有权留置该批货物。此时,乙的留置权优先于银行抵押权。

第四百一十七条　建设用地使用权抵押后,该土地上新增的建筑物不属于抵押财产。该建设用地使用权实现抵押权时,应当将该土地上新增的建筑物与建设用地使用权一并处分。但是,新增建筑物所得的价款,抵押权人无权优先受偿。

释　义

本条是关于建设用地使用权抵押的特别规定。

抵押人在将建设用地使用权抵押时,应当将该建设用地使用权与土地上的建筑物一并抵押。如果建设用地使用权抵押后,该土地上新增了房屋等建筑物,该新增的建筑物不属于抵押财产的范围,抵押权的效力当然不及于该新增的建筑物。由于建设用地使用权无法与该土地上新增的建筑物相分离,因此,当抵押权人实现抵押权时,应当将建设用地使用权与该土地上新增的建筑物一并拍卖或者变卖。既然抵押权的效力不及于土地上新增的建筑物,抵押权人对拍卖或者变卖新增建筑物所得的价款,就没有优先受偿的权利,只能作为普通债权人行使权利。

第四百一十八条　以集体所有土地的使用权依法抵押的,实现抵押权后,未经法定程序,不得改变土地所有权的性质和土地用途。

释　义

本条是关于以集体土地使用权抵押的,抵押权实现的限制的规定。

本法规定了集体所有土地的使用权可以依法抵押,这包括土地经营权、乡镇、村企业的建设用地使用权等。以集体所有土地的使用权依法抵押的,抵押权人实现抵押权后,未经法定程序不得改变土地所有权的性质和土地用途。这一规定体现了严格控制集体所有土地的性质和用途的政策,防止农业用地的流失,促进农村经济的发展。

第四百一十九条 抵押权人应当在主债权诉讼时效期间行使抵押权;未行使的,人民法院不予保护。

释 义

本条是关于抵押权存续期间的规定。

抵押权为担保物权,根据本法第 393 条的规定,在主债权消灭、抵押权实现、债权人放弃担保物权或者法律规定抵押权消灭的其他情形下,抵押权消灭。如果没有发生上述情形的,抵押权是否有存续期间呢?本条规定,抵押权人应当在主债权诉讼时效期间行使抵押权,未行使的,人民法院将不予保护。这是为了促进抵押权人及时行使权利,避免出现抵押权人怠于行使权利,影响抵押财产经济价值发挥的现象。

第二节 最高额抵押权

第四百二十条 为担保债务的履行,债务人或者第三人对一定期间内将要连续发生的债权提供担保财产的,债务人不履行到期债务或者发生当事人约定的实现抵押权的情形,抵押权人有权在最高债权额限度内就该担保财产优先受偿。

最高额抵押权设立前已经存在的债权,经当事人同意,可以转入最高额抵押担保的债权范围。

释 义

本条是关于最高额抵押概念的规定。

最高额抵押是指抵押人与抵押权人达成协议,在最高债权额限度内,以抵押财产对一定期间内连续发生的债权提供担保。例如,甲公司以其厂房(价值 1 亿元)为抵押,向乙银行借款,双方于 2019 年 1 月 5 日约定,自 2019 年 2 月 1 日起至 2020 年 12 月 31 日止甲公司对乙银行的债务均以该

厂房作抵押。由于该厂房价值1亿元,因此,双方约定担保借款的最高限额
为1亿元。

最高额抵押具有以下特征:

1.最高额抵押是为将来发生的债权提供担保。在一般抵押中,抵押权的
设定是以债权的存在为前提的,抵押权是为担保债权的实现而存在的。然而,
最高额抵押权的设定,则不以债权已经存在为前提,而是对将来发生的债权提
供担保。这一特点使得最高额抵押权在抵押权的发生上不具有从属性。

2.最高额抵押担保的债权最高限额确定,但实际发生的债权数额不确定。
一般抵押所担保的债权是确定的,但最高额抵押所担保的将来债权是不确定
的,即将来债权是否发生,其数额是多少,均处于不确定的状态。对一般抵押
而言,因设定抵押时担保的债权已经确定,因此不存在最高限额的确定问题。
而最高额抵押担保的债权最高限额是确定的,在此限额内对债权提供担保。

3.最高额抵押是对一定期限内连续发生的债权提供担保。一般抵押是对
已经存在的一个独立的债权提供担保。而最高额抵押是对一定期限内连续发
生的债权提供担保。

最高额抵押是对将来发生的债权提供担保,如果最高额抵押权设立前已
经存在债权,该债权能否被转入最高额抵押担保的债权范围内呢? 本条第2
款规定,最高额抵押权设立前已经存在的债权,经当事人同意,可以转入最高
额抵押担保的债权范围。

对于长期贷款合同、批发商与零售商之间的继续性交易合同等,若每次交
易都设定一个一般抵押权,则程序烦琐,给当事人带来诸多不便。最高额抵押
有利于简化手续,方便当事人,促进资金融通,更好地发挥抵押担保的功能。

第四百二十一条　最高额抵押担保的债权确定前,部分债权
转让的,最高额抵押权不得转让,但是当事人另有约定的除外。

释　义

本条是关于最高额抵押权转让的规定。

最高额抵押担保的债权确定后,主债权在约定的限额内就抵押财产优先
受偿,此时最高额抵押与一般抵押不存在区别,主债权转让的,抵押权随之转

让。在最高额抵押担保的债权确定前,部分债权转让的,最高额抵押权不得随之转让。这是因为最高额抵押是对一定期限内连续发生的债务提供担保,若部分债权转让,最高额抵押权也随之转让,会导致已发生的其他债权以及将来发生的债权丧失最高额抵押担保的后果。例如,甲、乙双方于2018年3月6日签订钢材供应合同,乙以自己的建设用地使用权为其价款支付提供了最高额抵押,约定2019年3月5日为债权确定日,并办理了登记。甲在2018年11月将自己对乙已取得的债权全部转让给丙。此时,甲将上述债权转让给丙后,最高额抵押权不随之转让。

但是,抵押人与抵押权人可以约定在最高额抵押担保的债权确定前,部分债权转让的,最高额抵押权随之转让,或者约定在最高额抵押担保的债权确定前,部分债权转让的,部分抵押权随之转让,原最高额抵押权担保的债权数额相应减少。

　　第四百二十二条　最高额抵押担保的债权确定前,抵押权人与抵押人可以通过协议变更债权确定的期间、债权范围以及最高债权额。但是,变更的内容不得对其他抵押权人产生不利影响。

释　义

本条是关于抵押人与抵押权人协议变更最高额抵押权的规定。

最高额抵押担保的债权确定前,抵押权人与抵押人可以协议变更以下内容:(1)债权确定的期间。债权确定的期间又称为决算期,对于最高额抵押合同约定的决算期,抵押权人与抵押人可以协议变更,既可以延长决算期,也可以缩短决算期。(2)债权范围。抵押权人与抵押人可以协议变更最高额抵押权担保的债权范围。(3)最高债权额。最高额抵押权设立后,抵押权人与抵押人可以协议变更最高额抵押担保的最高债权额。

但是,抵押人如果将抵押财产为多个债权人设定抵押后,其与最高额抵押权人达成协议变更债权确定的期间、债权范围、最高债权额等内容时,有可能损害顺位在后的其他抵押权人的利益。为防止抵押权人与抵押人的变更损害其他抵押权人的利益,本条规定,抵押权人与抵押人协议变更的内容不得对其他抵押权人产生不利影响。如果抵押权人与抵押人通过协议变更的内容对其他抵押权人产生不利影响的,该变更无效。

第四百二十三条　有下列情形之一的,抵押权人的债权确定:

(一)约定的债权确定期间届满;

(二)没有约定债权确定期间或者约定不明确,抵押权人或者抵押人自最高额抵押权设立之日起满二年后请求确定债权;

(三)新的债权不可能发生;

(四)抵押权人知道或者应当知道抵押财产被查封、扣押;

(五)债务人、抵押人被宣告破产或者解散;

(六)法律规定债权确定的其他情形。

释　义

本条是关于最高额抵押权所担保的债权确定事由的规定。

最高额抵押权所担保的债权的确定,是指对最高额抵押所担保的债权范围进行定额化的事由出现后,对最高额抵押所担保的债权额进行的固定化。最高额抵押权所担保的债权确定后,抵押权人通常开始行使抵押权。

最高额抵押权所担保的债权确定的事由包括:

1. 约定的债权确定期间届满。最高额抵押权人与抵押人在最高额抵押合同中约定了债权确定日期的,该约定的日期届至时,最高额抵押权所担保的债权即可确定。

2. 没有约定债权确定期间或者约定不明确,抵押权人或者抵押人自最高额抵押权设立之日起满二年后请求确定债权。最高额抵押是对一定期间连续发生的债务提供担保的方式,若允许抵押权人或者抵押人随时请求确定债权,则不利于最高额抵押功能的发挥;若不规定一个时间确定债权,又不利于最高额抵押关系的稳定和最高额抵押权人利益的保护。因此,本条规定没有约定债权确定期间或者约定不明确,抵押权人或者抵押人自最高额抵押权设立之日起满二年后请求确定债权。

3. 新的债权不可能发生。如果最高额抵押权所担保的债权已经没有发生的可能性,如主债权合同被解除等,则构成最高额抵押权确定的原因。例如,甲、乙双方签订水泥供应合同,乙以自己的房屋为其价款支付提供了最高额抵押。若因甲方严重违约,导致水泥供应合同终止,新的债权当然不可能发生,最高额抵押权所担保的债权确定。

4. 抵押权人知道或者应当知道抵押财产被查封、扣押。在最高额抵押关系存续期间,如果抵押财产被查封、扣押的,抵押财产有可能被拍卖、变卖。人民法院查封、扣押被执行人设定最高额抵押权的抵押财产的,应当通知抵押权人,抵押权人受抵押担保的债权数额自收到人民法院通知时起不再增加;人民法院虽然没有通知抵押权人,但有证据证明抵押权人知道查封、扣押事实的,受抵押担保的债权数额从其知道该事实时起不再增加。在上述情形下,最高额抵押权所担保的债权确定。

5. 债务人、抵押人被宣告破产或者解散。最高额抵押的债务人、抵押人被宣告破产或者解散的,应当依照《企业破产法》《公司法》等法律的规定进行清算。《企业破产法》第 109 条规定,对破产人的特定财产享有担保权的权利人,对该特定财产享有优先受偿的权利。可见,在债务人、抵押人被宣告破产的情形下,最高额抵押权担保的债权有确定的必要。《公司法》第 183 条、第 186 条规定,公司解散事由出现后,应当组成清算组进行清算。清算组在清理公司财产、编制资产负债表和财产清单后,应当制定清算方案,并报股东会、股东大会或者人民法院确认。公司财产在分别支付清算费用、职工的工资、社会保险费用和法定补偿金,缴纳所欠税款,清偿公司债务后的剩余财产,有限责任公司按照股东的出资比例分配,股份有限公司按照股东持有的股份比例分配。可见,债务人、抵押人解散时,最高额抵押权担保的债权应当确定,以维护债权人的利益。

6. 法律规定债权确定的其他情形。这是一个兜底性条款。如果发生法律规定债权确定的其他情形,最高额抵押权担保的债权确定。例如,根据本法第420 条的规定,发生最高额抵押权人与抵押人约定的实现抵押权的情形,抵押权人有权在最高债权限额内就担保财产优先受偿。据此,如果发生最高额抵押权人与抵押人约定的实现抵押权的情形,抵押权人的债权额就应当确定,否则最高额抵押权人无法就抵押财产优先受偿。

第四百二十四条 最高额抵押权除适用本节规定外,适用本章第一节的有关规定。

释 义

本条是关于最高额抵押权适用一般抵押权有关条款的规定。

最高额抵押权适用本章第一节一般抵押权的规定主要如下:(1)关于抵押权设立的规定。本法第 395 条、第 397 条、第 398 条、第 399 条、第 400 条等关于抵押财产的范围、抵押合同等问题的规定,均可适用于最高抵押权。(2)关于抵押权登记的规定。本法第 402 条、第 403 条关于抵押权登记效力的规定,可适用于最高额抵押权。(3)关于抵押权的效力的规定。本法第 405 条、第 406 条等关于抵押权效力的规定,可适用于最高额抵押权。(4)关于抵押权保全与实现的规定。本法第 408 条、第 409 条关于抵押权保全的规定,以及第 410 条、第 411 条、第 412 条、第 413 条、第 414 条等关于抵押权实现的规定,可适用于最高额抵押权。

第十八章 质 权

本章导言 ▶

本章是对"质权"的规定。该章规定了动产质权和权利质权两种质权类型。在动产质权中,该章规定了动产质权的含义、动产质权的设立、出质人以及质权人的权利义务、动产质权的实现及其消灭等内容;在权利质权中,该章规定了权利质权的客体、权利质权的设立及其效力等内容。

第一节 动产质权

第四百二十五条 为担保债务的履行,债务人或者第三人将其动产出质给债权人占有的,债务人不履行到期债务或者发生当事人约定的实现质权的情形,债权人有权就该动产优先受偿。

前款规定的债务人或者第三人为出质人,债权人为质权人,交付的动产为质押财产。

释 义

本条是关于动产质权的一般规定。

动产质权具有以下特征:

1. 动产质权以他人的动产为标的物。动产质权的标的物为动产,其他的财产不能成为动产质权的标的物。此外,动产质权的标的物是他人所有的动产。

2. 动产质权为占有债务人或第三人移交的动产的担保物权。动产质权的设定与存在,必须以质权人占有由债务人或第三人交付的动产。

3.动产质权是就动产卖得的价金优先受偿的权利。动产质权为担保债权的实现而存在,因此在债权已届清偿期而未获得清偿时或者发生当事人约定的实现质权的情形时,质权人可以变卖动产,并以卖得的价金优先受偿。

4.动产质权是担保物权。债务人或第三人将动产交由债权人占有,是为了担保债权的实现。质权人通常只能占有动产,不得使用和收益。

第四百二十六条 法律、行政法规禁止转让的动产不得出质。

释 义

本条是关于禁止出质的动产的规定。

本条之所以规定法律、行政法规禁止转让的动产不得出质,是由质权的特征所决定的。质押财产由出质人移交给质权人占有是质权成立的前提,并且质权是以质权人取得质物的交换价值为实质内容。这就要求该质押财产必须是可以转让的。如果质押财产是法律、行政法规禁止转让的动产,出质人与质权人订立的质押合同就因违反法律、行政法规的强制性规定而无效,质权无从产生。

物可分为流通物、限制流通物与禁止流通物。禁止流通物是法律、行政法规不允许在民事主体之间自由流通的物。例如,军事装备、毒品、淫秽物品等,不能作为出质的动产。又如,学校、幼儿园、医院等以公益为目的的事业单位、社会团体的教育设施、医疗卫生设施和其他公益设施,以及国家机关承担公共管理和公共服务职能的动产,也不得出质。

第四百二十七条 设立质权,当事人应当采用书面形式订立质押合同。

质押合同一般包括下列条款:

(一)被担保债权的种类和数额;

(二)债务人履行债务的期限;

(三)质押财产的名称、数量等情况;

(四)担保的范围;

(五)质押财产交付的时间、方式。

释　义

本条是关于质押合同的规定。

质押合同是一种要式民事法律行为,其成立除了出质人与质权人之间意思表示一致以外,还必须采取书面形式。若不采取书面形式,质押合同将不成立,当然不会产生质权。

质押合同的内容一般包括:

一、被担保债权的种类和数额

被担保债权的种类是指被担保的债权是金钱之债、种类物给付之债、特定物给付之债或是以作为或不作为为标的的债权等。被担保债权的数额是指能够量化并以计算单位计算出来的债权的数额。该数额的确定是为了明确质押担保的范围以及就质押财产优先受偿的债权的范围。

二、债务人履行债务的期限

债务人履行债务的期限是质权得以实行的期限。在债务人履行债务的期限到来之前,虽然质押关系已经成立,但质权人不能实行质权。债务履行期到来,债务人未履行债务时,质权人即可行使质权。

三、质押财产的名称、数量等情况

质押财产的名称使之与其他财产区分开来,使质押财产特定化。质押财产的数量表明质押财产在量上的大小、多少,这是计算质押财产价值的基础。此外,质押合同还可以对质押财产的质量、状况等进行约定。

四、担保的范围

质押担保的范围包括主债权及利息、违约金、损害赔偿金、质物保管费用和实现质权的费用。出质人和质权人可以对质押担保的范围进行约定。

五、质押财产交付的时间、方式

质押财产交付的时间是质押合同订立后,出质人将质物交付给质权人占有的时间。由于质权自出质人交付质押财产时设立，因此，在质押合同中明确了质押财产交付的时间，就可明确质权设立的时间。质押财产交付的方式可以是出质人将动产现实交付给质权人，也可以是出质人采取指示交付的方式将动产交付给质权人。如果出质人与质权人约定，出质人以占有改定的方式代替交付，由出质人直接占有质押财产，此种方式能否作为质押财产交付的方式呢？在占有改定的情况下，质押财产从外观上仍由出质人占有，从而使质权的设立没有完成应有的公示方法，所以，占有改定的方式不适用于质权的设定。

第四百二十八条　质权人在债务履行期限届满前，与出质人约定债务人不履行到期债务时质押财产归债权人所有的，只能依法就质押财产优先受偿。

释　义

本条是关于禁止流质的规定。

流质合同，是指设立动产质权时或在债务清偿期届满前，出质人与质权人订立的债务履行期届满而债权未获得清偿，质押财产的所有权归质权人所有的约款的合同。各国民法一般都禁止出质人与质权人以"流质合同"处分质押财产。由于质权人可能趁债务人某种急迫需要或陷于穷困的情势，迫使债务人与其签订合同，以价值过高的质押物担保较小的债权额，并在债务人不能履行到期债务时取得质押物的所有权。在这种情形下，就有必要禁止流质合同，以保护出质人的利益。

第四百二十九条　质权自出质人交付质押财产时设立。

释　义

本条是关于动产质权设立的规定。

动产质权以动产为标的，而动产具有易于转移的特征。因此，为了保障动产质权的实现，本条规定了动产质权自出质人交付质押财产时设立。这意味着尽管出质人与质权人之间订立了动产质押合同,但只要出质人未将质押财产交付给质权人,那么动产质权便不能设立。

第四百三十条 质权人有权收取质押财产的孳息,但是合同另有约定的除外。

前款规定的孳息应当先充抵收取孳息的费用。

释 义

本条是关于质权人收取孳息的权利的规定。

动产质押的标的物既然是由质权人占有的,由质权人收取质押财产所生的孳息,最为便利。所谓孳息,包括天然孳息和法定孳息。质物所产生的天然孳息是由于自然原因而产生的利益,例如母牛生产的小牛等。质物所产生的法定孳息是法律规定由质物所产生的利益,例如质物产生的租金等。

如果出质人与质权人在质押合同中没有约定质权人有收取孳息的权利,则质权的效力及于孳息。即质权人可依据质权对孳息优先受偿。如果出质人与质权人在质押合同中约定了质权人不享有收取孳息的权利,则质权人不能收取质物的孳息作为债权的担保。

质权人收取质押财产的孳息所产生的费用,应当由孳息先充抵。例如,以母牛作为质物的,接生小牛产生的费用应由将小牛卖得价款先充抵。

第四百三十一条 质权人在质权存续期间,未经出质人同意,擅自使用、处分质押财产,造成出质人损害的,应当承担赔偿责任。

释 义

本条是关于质权人使用、处分质押财产的限制性规定。

质权人在质权存续期间,有权占有质押财产,但未经出质人同意,不得擅自使用、处分质押财产。这是因为出质人将质押财产转移给质权人占有,已极大限制了出质人对质押财产所有权权能的行使。如果对质权人的权利不加以约束,允许其自由使用、处分质押财产,会给出质人的所有权造成侵害。此外,质押的功能在于担保质权人的债权能够得到实现。质权人占有质押财产,表明已将质押财产转移至质权人的控制之下,以保障债权的实现。而质权人使用、处分质押财产并非质权设立的目的。当然,如果出质人同意质权人在质权存续期间使用、处分质押财产的,应当得到允许,这是对当事人意思自治的尊重。

质权人未经出质人同意,擅自使用、处分质押财产,一旦造成质押财产的损害灭失,则应由质权人对出质人承担民事赔偿责任。

第四百三十二条　质权人负有妥善保管质押财产的义务;因保管不善致使质押财产毁损、灭失的,应当承担赔偿责任。

质权人的行为可能使质押财产毁损、灭失的,出质人可以请求质权人将质押财产提存,或者请求提前清偿债务并返还质押财产。

释　义

本条是关于质权人妥善保管质物义务的规定。

依据本条第 1 款的规定,质权人在占有质物的同时负有妥善保管质物的义务;如果质权人因保管不善致使质物毁损、灭失的,应当承担赔偿责任。这是因为虽然质物由质权人占有,但其所有权仍属于出质人。如果质权人对质物保管不善致使质物毁损、灭失,就侵害了出质人对质物的所有权。

如果质权人的行为可能使质押财产毁损、灭失,出质人可以请求质权人将质押财产提存,或者请求提前清偿债务并返还质押财产。本条第 2 款的规定是为了更好地保护质物,以保障出质人与质权人的利益。

第四百三十三条　因不可归责于质权人的事由可能使质押财产毁损或者价值明显减少,足以危害质权人权利的,质权人有权请求出质人提供相应的担保;出质人不提供的,质权人可以拍卖、变卖质押财产,并与出质人协议将拍卖、变卖所得的价款提前清偿债务或者提存。

释　义

本条是关于质押财产保全的规定。

质押财产是质权的标的物,它之所以能够担保债权的实现,是因为其具有交换价值。如果质权设立后,由于不可归责于质权人的事由,质押财产有损毁或价值明显减少的可能,并足以危害质权人的权利的,质权人可以要求出质人提供相应的担保。所谓"相应的担保",是指质权人要求出质人提供的担保的价值与质押财产损毁或减少部分的价值相当。在出质人拒绝提供担保的情况下,质权人有权拍卖或变卖质押财产。拍卖或变卖所得的价款是质押财产的替代物,质权的效力应当及于该替代物上。质权人可以与出质人通过协议将拍卖、变卖所得的价款提前清偿债务或者提存。如果质押财产拍卖或变卖所得的价款超过所担保的债权数额的,该超过部分归出质人所有。将质押财产拍卖、变卖所得的价款提存后,只有在债务清偿期届至时,质权人才得以提存的价款清偿债务。

第四百三十四条　质权人在质权存续期间,未经出质人同意转质,造成质押财产毁损、灭失的,应当承担赔偿责任。

释　义

本条是关于转质权的规定。

质权人在质权存续期间,为了对自己的债务提供担保,而将质物移转占有给第三人,从而在该质物上设定新的质权,此种情况称为转质。根据是否经过出质人同意而转质,转质分为承诺转质与责任转质。承诺转质是指质权人取得出质人的同意,为担保自己债务的履行,而将质物转移占有给第三人,并在质物上设立新的质权的行为。在承诺转质的情形下,新设立的质权(转质权)与原质权及其被担保的债权是不同的,转质权不受原质权的限制。质权人仅对因转质人的过错而发生的损失承担责任,对质物转质后非因转质人的过错而发生的损失,质权人不承担责任。责任转质是指在质权存续期间,质权人未经出质人同意,而将质物转质给第三人,从而设立新的质权的行为。一方面,质权人因质权的设定而占有质押财产,妨碍了质押财产的使用价值的发挥。若质权人能通过转质而充分利用质押财产的交换价值,可以弥补质押财产的使用价值不能充分发挥的缺陷,有利于实现"物尽其用、物有所值"的理念。另一方面,质押财产的所有权仍归属于出质人。出于对出质人质押财产的安全性考虑,本条规定转质未经出质人同意,造成质押财产毁损、灭失的,质权人应当承担赔偿责任。在责任转质情形下,转质人一旦实行责任转质,就应对质物因此所发生的全部损害承担赔偿责任。转质人不仅对其因过错而造成的损害负责赔偿,而且也应承担质物因不可抗力所造成的损毁灭失的风险。

第四百三十五条 质权人可以放弃质权。债务人以自己的财产出质,质权人放弃该质权的,其他担保人在质权人丧失优先受偿权益的范围内免除担保责任,但是其他担保人承诺仍然提供担保的除外。

释 义

本条是关于质权放弃的规定。

质权是一种担保物权,质权人享有优先于一般债权人就质押财产优先受偿的权利,这种权利可以放弃。质权人放弃质权,应当以明示为之。质权人不行使质权或怠于行使质权,不得推定为质权人放弃质权。如果质权人放弃质权的,质权归于消灭。

在同一债权既有债务人以自己的财产设定的质押担保又有其他担保人(包括人保和物保)的情形下,质权人放弃质权,则直接影响其他担保人的利益。因此,本条规定,在质权人放弃质权时,如果债务人是以自己的财产出质的,其他担保人在质权人丧失优先受偿权益的范围内原则上不再承担担保责任。当然,若其他担保人承诺仍然为债务人的债务承担全部担保责任的,则法律允许。例如,甲公司因生产经营需要向某银行借款 500 万元,借款的期限为一年,甲公司以其自己所有的价值 500 万元的设备提供质押担保,乙公司为甲公司的上述借款提供了连带责任保证。合同签订后,某银行按约向甲公司发放借款 500 万元,甲公司也将其价值 500 万元的设备交付给某银行。但在该借款期间,甲公司因生产经营需要,向该银行要求取回价值 200 万元的部分设备,该银行表示同意。上述借款到期后,甲公司未按约偿还借款本息,该银行要求甲、乙公司承担连带还款责任。本案中,银行同意甲公司取回了价值200万元的质押物,就表明银行在价值200万元质押物范围内放弃了质权。乙应在该银行放弃质权范围内(即200万元)免除担保责任,故乙公司只对甲公司所欠该银行300万元借款本息承担连带清偿责任。

第四百三十六条 债务人履行债务或者出质人提前清偿所担保的债权的,质权人应当返还质押财产。

债务人不履行到期债务或者发生当事人约定的实现质权的情形,质权人可以与出质人协议以质押财产折价,也可以就拍卖、变卖质押财产所得的价款优先受偿。

质押财产折价或者变卖的,应当参照市场价格。

释 义

本条是关于质物返还和质权实现的规定。

一旦债务人已经履行了到期债务或者出质人提前清偿所担保的债权,质权人的债权便获得满足,此时债权归于消灭,质权也相应地消灭。质权消灭的重要法律后果是质权人将质押财产返还给出质人。

债务人不履行到期债务或者发生当事人约定的实现质权的情形,质权人有权实现质权。质权人实现质权的方式有三种:一是折价方式。质权人与出质人订立协议,由质权人出价购买该质押财产。质押财产折价的,应当参照市场价格。二是拍卖方式。即以公开竞价的方式将质押财产卖给出价最高的人。拍卖质押财产所得的价款应当优先用于清偿债务,清偿债务后有余额的,应当返还给出质人,不足以清偿债务的应由债务人补足。三是变卖方式。即将质押财产出卖给他人,以其价款清偿债务。质权人变卖质押财产的,应当参照市场价格。变卖质押财产用于清偿债务后有余额的,应当返还给出质人,不足以清偿债务的应由债务人补足。

第四百三十七条 出质人可以请求质权人在债务履行期限届满后及时行使质权;质权人不行使的,出质人可以请求人民法院拍卖、变卖质押财产。

出质人请求质权人及时行使质权,因质权人怠于行使权利造成出质人损害的,由质权人承担赔偿责任。

释 义

本条是关于质权人及时行使质权的规定。

出质人请求质权人在债务履行期届满后及时行使质权,对质权人并无不利,质权人应当及时实现质权。这样,既能保护质权人的利益,也能保障出质人的利益。对出质人"请求"的方式,法律未作明文规定,出质人可以自行选择,发函、传真、电话、电子邮件等方式均可。由于本条将出质人请求质权人行使质权作为出质人"请求人民法院拍卖、变卖质押财产"的前提,因此,出质人"请求"的方式应以能够被证明为宜。出质人请求质权人及时行使质权而质权人不行使质权的,为了实现质押财产的价值,出质人可以请求人民法院拍卖、变卖质押财产,并以拍卖、变卖后所得的价款优先清偿债务。

在债务履行期届满时,出质人请求质权人及时行使质权,既有利于质权人质权的顺利实现,又有利于保护出质人的利益。质押财产的所有权归属于出质人,质权人及时行使质权,可以避免由于市场原因导致质押财产的价格下跌而给出质人带来的风险。另外,若质押财产的价值大于债权数额的,质权人应及时行使质权,并将剩余的余款返还给出质人,这对出质人而言是有利的。因质权人怠于行使质权,未及时变卖或者拍卖质押财产而造成出质人损害的,应当由质权人承担赔偿责任。

第四百三十八条 质押财产折价或者拍卖、变卖后,其价款超过债权数额的部分归出质人所有,不足部分由债务人清偿。

释 义

本条是关于质押财产变价款的归属的规定。

质押的目的在于担保债权的实现。当债务人不履行到期债务或者发生当事人约定的实现质权的情形时,质权人有权行使质权,将质押财产折价或者拍卖、变卖。由于质押财产的所有权属于出质人，因此，如果质权人将质押财产折价或者拍卖、变卖后，其价款超过债权数额的，该超过的部分应当归属于出质人。如果质押财产折价或者拍卖、变卖后的价款不足以清偿全部债务的，不足部分应当由债务人清偿。因为债务人负有清偿到期债务的义务，质押财产仅用于担保债务的履行，质押财产变价款不足以清偿全部债务，最终仍应当由债务人履行清偿义务。

第四百三十九条 出质人与质权人可以协议设立最高额质权。

最高额质权除适用本节有关规定外，参照适用本编第十七章第二节的有关规定。

释 义

最高额质权是指质权人与出质人达成协议，在约定的一定债权限额内，以质押财产对一定期限内连续发生的债权提供担保。最高额质权具有以下特征：(1)最高额质权的质押财产必须转移占有。这是最高额质押与最高额抵押的区别所在。(2)最高额质权是对将来发生债权提供担保。在一般的质权中，被担保的债权数额是确定的，仅为既存的债权。但在最高额质权中，被担保的债权则为一定期限内连续发生的债权。直到决算期届至时，实际发生的债权数额才得以确定。(3)最高额质权所担保的债权有最高限额。预定的债权最高限额并非担保的实际债权数额，实际的债权数额在最高额质权存续期间不断发生变化。

由于最高额质押有利于简化质押担保的手续，为当事人提供交易的便利，能更好地发挥质押担保的功能，因此，本条对最高额质权进行了规定。最高额质权除适用本节有关规定外，参照适用本编第十七章第二节关于最高额抵押的规定。

第二节 权 利 质 权

第四百四十条 债务人或者第三人有权处分的下列权利可

以出质：

（一）汇票、本票、支票；

（二）债券、存款单；

（三）仓单、提单；

（四）可以转让的基金份额、股权；

（五）可以转让的注册商标专用权、专利权、著作权等知识产权中的财产权；

（六）现有的以及将有的应收账款；

（七）法律、行政法规规定可以出质的其他财产权利。

释 义

本条是关于可以出质的权利的规定。

权利质权是指债务人或者第三人以所有权之外的可转让的财产权为标的而设立的质权。权利质权是与动产质权相并立的另一类质权，二者均以取得标的（物）的交换价值为目的。只不过前者以一定的权利为标的，因此称为权利质权。可作为权利质权的标的的权利，应具备以下条件：一是须为财产权。人格权、身份权等权利，不具有经济价值，无法为债权实现提供担保，不得成为权利质权的标的。二是须为可转让的财产权。由于在债务人不履行到期债务或者发生当事人约定实现质权的情形时，质权人有权就用于出质的权利优先受偿，因此，作为权利质权标的的权利，应当具有可转让性。三是须为法律规定适于出质的财产权。权利作为质权标的必须适合于出质。只有法律规定的可以出质的权利才能成为质权标的。不动产用益物权（如建设用地使用权、土地承包经营权、地役权）不得成为质权的客体。

本条规定，下列权利可以出质：

1. 汇票、本票、支票。根据我国《票据法》的规定，汇票是由出票人签发的，委托付款人在见票时或者在指定日期无条件支付确定的金额给收款人或者持票人的票据。本票是出票人签发的，承诺自己在见票时无条件支付确定的金额给收款人或者持票人的票据。支票是出票人签发的，委托办理支票存款业务的银行或者其他金融机构在见票时无条件支付确定金额给收款人或者持票人的票据。

2. 债券、存款单。债券是依法定程序发行的,约定在一定期限内还本付息的有价证券。依据债券发行的主体不同,债券可分为政府债券(中央人民政府或者地方人民政府发行)、金融债券(银行或者非银行金融机构发行)、企业债券(公司或者其他企业发行)。存款单,也称存单,是存款人在银行或者储蓄机构存款后,由银行或者储蓄机构开具的到期还本付息的凭证。

3. 仓单、提单。仓单是保管人向存货人交付的提取仓储物的凭证。本法第 908 条规定,存货人交付仓储物的,保管人应当出具仓单、入库单等凭证。依据《海商法》第 71 条的规定,提单是指用以证明海上货物运输合同和货物已经由承运人接收或者装船,以及承运人保证据以交付货物的单证。提单中载明的向记名人交付货物,或者按照指示人的指示交付货物,或者向提单持有人交付货物的条款,构成承运人据以交付货物的保证。

4. 可以转让的基金份额、股权。依据我国《证券投资基金法》的规定,基金份额是指基金管理人向投资者发行的,表示持有人按照其持有的份额对基金财产享有收益分配权和其他相关权利,并承担相应义务的凭证。股权是有限责任公司或者股份有限公司的股东向公司直接投资而享有的权利。

只有可以转让的基金份额、股权才能成为质权的标的,不能转让的基金份额、股权不得成为质权的标的。例如,我国《公司法》第 141 条规定:"发起人持有的本公司股份,自公司成立之日起一年内不得转让。公司公开发行股份前已发行的股份,自公司股票在证券交易所上市交易之日起一年内不得转让。公司董事、监事、高级管理人员应当向公司申报所持有的本公司的股份及其变动情况,在任职期间每年转让的股份不得超过其所持有本公司股份总数的百分之二十五;所持本公司股份自公司股票上市交易之日起一年内不得转让。上述人员离职后半年内,不得转让其所持有的本公司股份。"

5. 可以转让的注册商标专用权、专利权、著作权等知识产权中的财产权。注册商标专用权,是指商标注册人依法对注册商标享有的独占使用权。注册商标专用权的内容包括人身权和财产权。只有可转让的注册商标专用权中的财产权,才能成为质权的标的。例如,我国《商标法》第 43 条规定:"商标注册人可以通过签订商标使用许可合同,许可他人使用其注册商标。"

专利权,是指国家专利主管机关授予专利申请权人在一定期限内对其发明创造享有的专有权。其中的发明创造,包括发明、实用新型和外观设计。专

利权中的财产权才可以成为质权的标的。例如,我国《专利法》第 11 条规定:
"发明和实用新型专利权被授予后,除本法另有规定的以外,任何单位或者个
人未经专利权人许可,都不得实施其专利,即不得为生产经营目的制造、使用、
许诺销售、销售、进口其专利产品,或者使用其专利方法以及使用、许诺销售、
销售、进口依照该专利方法直接获得的产品。"这表明专利实施许可权是专利
权中的财产权,可以成为质权的标的。

　　著作权,是指文学、艺术和科学作品的创作者对其作品享有的权利。著作
权人的权利包括人身权和财产权。依据我国《著作权法》第 10 条的规定,著
作权中的财产权包括复制权、发行权、出租权、展览权等。只有著作权中的财
产权,才能成为质权的标的。

　　除了注册商标专用权、专利权、著作权中的财产权可成为质权的标的之
外,其他知识产权中可转让的财产权也可成为质权的标的。例如,植物新品种
权、集成电路布图设计专有权等。

　　6. 现有的以及将有的应收账款。根据中国人民银行颁布的《应收账款质
押登记办法》第 2 条的规定,应收账款是指权利人因提供一定的货物、服务或
设施而获得的要求义务人付款的权利以及依法享有的其他付款请求权,包括
现有的和未来的金钱债权,但不包括因票据或其他有价证券而产生的付款请
求权,以及法律、行政法规禁止转让的付款请求权。应收账款包括下列权利:
(1)销售、出租产生的债权,包括销售货物,供应水、电、气、暖,知识产权的许
可使用,出租动产或不动产等;(2)提供医疗、教育、旅游等服务或劳务产生的
债权;(3)能源、交通运输、水利、环境保护、市政工程等基础设施和公用事业
项目收益权;(4)提供贷款或其他信用活动产生的债权;(5)其他以合同为基
础的具有金钱给付内容的债权。

　　7. 法律、行政法规规定可以出质的其他财产权利。这是兜底性的条款。
除了上述六种权利可以作为质权的标的之外,法律、行政法规规定可以出质的
其他财产权利,也可以作为质权的标的。

　　第四百四十一条　以汇票、本票、支票、债券、存款单、仓单、
提单出质的,质权自权利凭证交付质权人时设立;没有权利凭证
的,质权自办理出质登记时设立。法律另有规定的,依照其规定。

释 义

本条是关于以汇票、本票、支票、债券、存款单、仓单、提单出质的权利质权设立的规定。

根据本条规定,以汇票、本票、支票、债券、存款单、仓单、提单出质的,其权利质权的设立一般分为两种情况:其一,汇票、本票、支票、债券、存款单、仓单、提单有权利凭证的,自权利凭证交付质权人时,权利质权设立。其二,汇票、本票、支票、债券、存款单、仓单、提单没有权利凭证的,质权自办理出质登记时设立。当然,如果法律另有规定的,则依照其规定。

第四百四十二条 汇票、本票、支票、债券、存款单、仓单、提单的兑现日期或者提货日期先于主债权到期的,质权人可以兑现或者提货,并与出质人协议将兑现的价款或者提取的货物提前清偿债务或者提存。

释 义

本条是关于以汇票、本票、支票、债券、存款单、仓单、提单出质的权利质权行使的规定。

兑现日期是指汇票、本票、支票、债券、存款单上记载的权利得以实现的日期。提货日期是指仓单、提单上记载的交付物品的日期。汇票、本票、支票、债券、存款单、仓单、提单的兑现日期或者提货日期届至,就表明其他相关债务人(例如,汇票、支票的付款人等)清偿债务的期限届至。本条规定,当汇票、本票、支票、债券、存款单、仓单、提单出质并且其兑现日期或者提货日期先于主债权到期的,质权人可以不经过出质人同意,将汇票、本票、支票、债券、存款单兑现或者提取仓单、提单所载的货物。但是,质权人在兑现款项或者提取货物后,应当与出质人协议将兑现的价款或者提取的货物提前清偿债务或者提存。

如果汇票、本票、支票、债券、存款单、仓单、提单的兑现日期或者提货日期后于主债权到期的,而被担保的主债权又未获得清偿,质权人则无权要求提前兑现或提存。因为如果允许质权人提前兑现或提存,实际上是要求其他相关债务人（例如，汇票、支票的付款人等）提前清偿其自身的债务。这对其他相关债务人来说是不公平的。

第四百四十三条 以基金份额、股权出质的，质权自办理出质登记时设立。

基金份额、股权出质后，不得转让，但是出质人与质权人协商同意的除外。出质人转让基金份额、股权取得的价款，应当向质权人提前清偿债务或者提存。

释 义

本条是关于以基金份额、股权出质的权利质权的设立以及出质人转让基金份额、股权的限制的规定。

以基金份额、股权出质的，质权人的质权自办理出质登记时设立。若出质人以基金份额、证券登记结算机构登记的股权出质，质权自证券登记结算机构办理出质登记时设立。证券登记结算机构是为证券交易提供集中登记、存管与结算服务，不以营利为目的的法人。若出质人以其他股权出质的，质权自向市场监督管理机构办理出质登记时设立。

基金份额、股权出质后，原则上不得转让，但如果出质人与质权人协商同意的，出质人有权转让基金份额、股权。由于基金份额、股权已经出质，成为债权的担保，因此，出质人的权利应受到限制，不得自由转让基金份额、股权，否则将对质权人不利。但出质人与质权人协商一致，同意出质人转让基金份额、股权的，应当允许。由于基金份额、股权的转让是在债务清偿期届至前进行的，质权人尚不能行使债权请求权，所以，出质人转让基金份额、股权取得的价款，应当向质权人提前清偿债务或者提存。

第四百四十四条 以注册商标专用权、专利权、著作权等知识产权中的财产权出质的，质权自办理出质登记时设立。

知识产权中的财产权出质后，出质人不得转让或者许可他人使用，但是出质人与质权人协商同意的除外。出质人转让或者许可他人使用出质的知识产权中的财产权所得的价款，应当向质权人提前清偿债务或者提存。

释 义

本条是关于以注册商标专用权、专利权、著作权等知识产权中的财产权出质的权利质权的设立以及出质人处分权的限制的规定。

以注册商标专用权、专利权、著作权等知识产权中的财产权出质的,质权自办理出质登记时设立。登记机关是注册商标专用权、专利权、著作权等知识产权主管部门。

知识产权中的财产权出质后,出质人仍然为知识产权的权利主体,但其转让或者许可他人使用的权利受到限制。如果允许出质人自由转让或者许可他人使用知识产权,将使出质的知识产权中的财产权价值减少,从而损害质权人的利益。因此,本条第 2 款规定,知识产权中的财产权出质后,出质人不得转让或者许可他人使用,但是出质人与质权人协商同意的除外。出质人转让或者许可他人使用出质的知识产权中的财产权所得的价款,仍归属于出质人所有。但由于出质人已经将知识产权中的财产权出质,作为债务的担保,出质人不得任意处分该价款,应当向质权人提前清偿债务或者提存。如果出质人提前清偿债务的,质权归于消灭。如果出质人将转让或者许可他人使用出质的知识产权中的财产权所得的价款提存的,质权继续存在于提存的价款上。

第四百四十五条 以应收账款出质的,质权自办理出质登记时设立。

应收账款出质后,不得转让,但是出质人与质权人协商同意的除外。出质人转让应收账款所得的价款,应当向质权人提前清偿债务或者提存。

释 义

本条是关于以应收账款出质的权利质权设立以及出质人转让应收账款的限制的规定。

以应收账款出质的,质权自向登记机构办理出质登记时设立。依据中国人民银行发布的《应收账款质押登记办法》的规定,中国人民银行征信中心是应收账款质押的登记机构。中国人民银行征信中心建立基于互联网的登记公示系统,办理应收账款质押登记,并为社会公众提供查询服务。应收账款质押登记由质权人办理。质权人办理质押登记的,应当与出质人就登记内容达成一致。质权人也可以委托他人办理登记。登记内容包括质权人和出质人的基本信息、应收账款的描述、登记期限。出质人或质权人为单位的,应当填写单位的法定注册名称、住所、法定代表人或负责人姓名、组织机构代码或金融机构编码、工商注册号、法人和其他组织统一社会信用代码、全球法人机构识别编码等机构代码或编码。出质人或质权人为个人的,应当填写有效身份证件号码、有效身份证件载明的地址等信息。质权人可以与出质人约定将主债权金额等项目作为登记内容。

应收账款出质后,出质人原则上不得转让应收账款。由于应收账款已经出质,成为债权的担保,若出质人自由转让应收账款,将损害债权人的利益。但出质人与质权人协商同意的,出质人可以转让应收账款。因为债务的清偿期尚未届至,出质人转让应收账款所得的价款,应当向质权人提前清偿债务或者提存。

第四百四十六条 权利质权除适用本节规定外,适用本章第一节的有关规定。

释 义

本条是关于权利质权适用动产质权有关规定的规定。

权利质权与动产质权具有相同的性质,都是为了担保债权的清偿,就债务人或者第三人的权利或者动产而设定的质权。因此,二者可以适用共同的规定。本条规定,权利质权除适用本节的规定之外,可以适用动产质权的有关规定。这些规定包括质押合同的一般条款、流质的禁止、质权人的义务、质权的实现方式、最高额质权的设立等等。

第十九章　留置权

本章导言

　　本章是对"留置权"的规定。该章规定了留置权的含义、留置权的产生条件、留置权的效力、留置权的实现以及消灭等内容。

　　第四百四十七条　债务人不履行到期债务,债权人可以留置已经合法占有的债务人的动产,并有权就该动产优先受偿。
　　前款规定的债权人为留置权人,占有的动产为留置财产。

释　义

　　本条是关于留置权含义的规定。
　　留置权是指债务人不履行到期债务时,债权人对其占有的债务人的动产予以留置,并以该动产折价或者以拍卖、变卖该动产的价款优先受偿的权利。留置权具有以下特征:
　　1.留置权是一种担保物权。只要债权人合法占有了债务人的动产,且债务人不履行到期债务,债权人对占有的债务人的动产便当然取得了留置权。
　　2.债权受清偿之前,债权人有权留置他人的动产。所谓留置,就是扣留并占有他人的动产。法律之所以赋予债权人在自己的债权受清偿之前留置他人的动产的权利,目的在于对债务人形成压力,促使其及时清偿债务。
　　3.债权人留置他人的动产应当具备一定的条件。债权人留置他人的动产应具备债权已到清偿期;债权的发生与该动产处于同一法律关系,但企业之间留置的除外。例如,甲去乙处修理汽车,乙将汽车修理好之后甲未付修理款,则债权人乙有权留置该辆汽车。

第四百四十八条　债权人留置的动产,应当与债权属于同一法律关系,但是企业之间留置的除外。

释　义

本条是关于留置财产与债权关系的规定。

留置权的主要作用在于,留置债务人的动产以促使债务人履行到期债务,从而使债权人的债权得以实现。但留置权人不得随意留置债务人的财产,否则对债务人是不公平的。因此,只有在留置的动产与债权属于同一法律关系,债权人才能予以留置。具体而言:(1)留置的动产必须是某一法律关系的标的物或者因该法律关系而占有的标的物,债权人的债权也必须因同一法律关系而产生。例如,刘某将自己的行李存放在火车站小件寄存处,后刘某取行李时认为寄存费过高而拒绝支付,寄存处可留置该行李。本案例中,行李与寄存处的债权属于保管合同法律关系。(2)债权与留置的动产属于同一法律关系,该法律关系的发生不以民事法律行为为必要,因事实行为或者事件发生的法律关系也同样适用留置权的规定。例如,因拾得遗失物而产生的法律关系中,债权人可以对拾得物取得留置权。(3)债权与留置的动产仅属于同一法律关系即可,债权是否因留置的动产而产生在所不问。例如,委托关系中的委托费用与委托事项牵涉的标的物之间无直接的关联关系,债权人可留置标的物。

但是,企业之间商事交易频繁,讲求交易的效率,如果严格遵循留置动产与债权属于同一法律关系,则不利于保障交易的效率和安全。为此,本条规定,企业之间留置的,不要求留置的动产与债权属于同一法律关系。例如,甲企业为乙企业运输一批钢材,约定收货时支付运输费。乙企业收货后以资金周转紧张为由未依约付运输费,甲企业交涉未果。三天后甲企业发现其仓库里还有为乙企业保管的一批铜材,于是在乙企业提前来取铜材时说因乙企业未支付钢材运输费而留置铜材。在本案例中,由于企业之间可以留置与债权不属于同一法律关系的动产,因此,甲企业有权行使留置权。

值得注意的是,本条"但书"所规定的商事留置权,以"企业之间"为限。有限责任公司、股份有限公司、国有企业、合伙企业、个人独资企业等,均可成为商事留置权的主体。但个体工商户、农村承包经营户、事业单位、社会团体、自然人等均不能成为商事留置权的主体。

第四百四十九条 法律规定或者当事人约定不得留置的动产,不得留置。

释 义

本条是关于留置权适用范围的规定。

法律规定不得留置的动产主要有:(1)因侵权行为而占有的动产。债权人占有他人的动产必须是合法占有的动产。例如,因盗窃、抢夺等行为而取得占有的动产,不得留置。(2)动产的留置,如违反公共秩序或者善良风俗,不得成立留置权。债权人留置的他人动产必须符合公序良俗原则。例如,债务人的毕业证、户口簿、技工的工具、必需的炊事餐具等,不得成为留置的动产。

若当事人约定不得留置动产,则按照合同自由的原则,当事人的约定发生法律效力。债权人依据合同不得留置债务人的动产。例如,运输合同的当事人在合同中约定排除留置权,则在托运人未向承运人支付报酬时,承运人不得留置运输的动产,只能追究托运人的违约责任。

第四百五十条 留置财产为可分物的,留置财产的价值应当相当于债务的金额。

释 义

本条是关于留置财产为可分物的特别规定。

可分物是指可以分割且分割后不影响其经济价值或者用途的物。如果债权人占有的动产为可分物,则债权人留置动产的价值应当相当于债务的金额,而非占有物的全部。例如,甲公司将20台价值共计20万元的电脑存放在乙的仓库,约定存放期为3个月,保管费1万元。存放3个月期满后,甲公司因资金周转困难,要求乙允许其先将20台电脑提走,一周内付清保管费。乙不同意,并将20台电脑全部扣留。本案中,甲公司仅欠乙1万元保管费,乙留置其中的1台电脑即可,不能对20台电脑进行留置。

如果债权人留置的财产是不可分物,则不受本条规定的限制。留置权人在债权未获全部清偿时,可就留置的财产的全部行使留置权。例如,如果债权人留置的财产为一台机器设备,因该财产为不可分物,债权人可将其全部留置。

第四百五十一条 留置权人负有妥善保管留置财产的义务;因保管不善致使留置财产毁损、灭失的,应当承担赔偿责任。

释 义

本条是关于留置权人保管义务的规定。

留置权人在占有留置财产的同时,负有妥善保管留置财产的义务。所谓妥善保管,是指留置权人应根据留置财产的性质、保管的场合及保管的技术规程要求,采取适当的保管措施,维持留置财产的完好状态,保障其数量与质量。由于留置权人保管不善造成留置财产毁损、灭失的,留置权人应当对债务人承担赔偿责任。但是,留置财产因不可抗力或者意外事故遭受的损失,留置权人不承担赔偿责任,而仍由债务人负责。

第四百五十二条 留置权人有权收取留置财产的孳息。前款规定的孳息应当先充抵收取孳息的费用。

释 义

本条是关于留置权人收取孳息的权利的规定。

留置权人在占有留置财产期间,享有收取留置财产的孳息的权利。留置财产的孳息不仅包括天然孳息,而且包括法定孳息。留置权人收取留置财产的孳息并不意味着留置权人取得留置财产的孳息的所有权,而只能以收取的孳息优先清偿债务。如果留置财产的孳息为金钱,则留置权人可直接用于抵偿债权。如果留置财产的孳息为非金钱,则应依留置权的实现方式(折价、拍卖或者变卖)以其价款优先受偿。留置权人收取的留置财产的孳息应当先充抵收取孳息的费用。

第四百五十三条 留置权人与债务人应当约定留置财产后的债务履行期限;没有约定或者约定不明确的,留置权人应当给债务人六十日以上履行债务的期限,但是鲜活易腐等不易保管的动产除外。债务人逾期未履行的,留置权人可以与债务人协议以留置财产折价,也可以就拍卖、变卖留置财产所得的价款优先受偿。

留置财产折价或者变卖的,应当参照市场价格。

释 义

本条是关于留置权实现条件和方式的规定。

留置权的实现条件如下:(1)通知债务人在宽限期内履行义务。留置权人在拍卖、变卖留置财产清偿其债权之前,应当通知债务人履行债务。留置权人对债务人的通知具有催告的性质,其内容包括:告知债务人履行债务的宽限期;催告债务人应于宽限期内履行债务。催告的目的不仅是通知债务人,更重要的是给予债务人一定的期限。本条规定,留置权人与债务人应当约定留置财产后的债务履行期限;没有约定或者约定不明确的,留置权人应当给债务人六十日以上履行债务的期限,但是鲜活易腐等不易保管的动产除外。即留置权人留置财产后,可以与债务人协商确定一个债务履行期限。如果留置权人与债务人没有约定或者约定不明确的,留置权人给予债务人履行债务的宽限期不得少于六十日,除非留置财产为水果、海鲜等鲜活易于腐烂等不容易保管的动产。这些鲜活易腐的动产保管成本较高,且容易失去价值,如果期限过长,不利于留置权人和债务人利益的保护。因此,留置权人给予债务人履行债务的宽限期可以少于六十日。值得注意的是,这六十日的宽限期从何时开始起算?本条规定"留置权人应当给债务人六十日以上履行债务的期限",该期限应根据法律的规定合理确定。由于在债务履行期届满后,留置权方才成立,因此,对于这六十日宽限期的起算时间应以留置权成立之日为准,除非留置权人与债务人之间对这六十日宽限期的起算时间另有约定。(2)债务人在宽限期内仍不履行债务。如果债务人在宽限期内履行了债务,则留置权归于消灭。当债务人在宽限期内仍不履行债务时,留置权人可以实现留置权。

留置权实现的方式有以下三种:(1)折价。折价是由留置权人与债务人协商确定留置财产的价值,由留置权人取得留置财产的所有权,从而使债的关系归于消灭。(2)拍卖。拍卖是依拍卖程序,在特定场所以公开竞价的方式出卖留置财产。留置权人以拍卖留置财产所得的价款优先受偿。(3)变卖。变卖是留置权人将留置财产出卖给他人。留置权人有权就变卖留置财产所得的价款优先受偿。无论留置财产是折价或者变卖,都应当参照市场价格,不能随意降低该留置财产的价格。留置财产折价或变卖、拍卖后,其价值超过债权的部分,归债务人所有。值得注意的是,留置权人拍卖、变卖留置财产,不需要与留置财产的所有权人协商,只要实现留置权的条件具备,留置权人就有权拍卖、变卖留置财产,留置财产的所有权人也不得妨碍留置权人行使留置权。

第四百五十四条 债务人可以请求留置权人在债务履行期限届满后行使留置权;留置权人不行使的,债务人可以请求人民法院拍卖、变卖留置财产。

释 义

本条是关于债务人请求留置权人行使留置权的规定。

在债务履行期届满后,债务人自己认为不能履行债务时,可以请求留置权人行使留置权。债务人请求留置权人行使留置权有利于及时消灭债权债务关系,同时,也有利于发挥留置财产的价值,实现"物尽其用"的原则。特别是在留置财产属于容易贬值或者自然损耗较大的情形下,留置权人及时行使留置权,可以使留置财产的价值最大化。这对留置权人和债务人而言都是有利的。本条对债务人"请求"的方式未作规定,债务人可以自行选择,发函、传真、电话、电子邮件等方式均可。由于本条将债务人请求留置权人行使留置权作为债务人请求人民法院拍卖、变卖留置财产的前提,所以,债务人"请求"的方式应当能够被证明。

如果留置权人不行使留置权,债务人可以请求人民法院拍卖、变卖留置财产,并以拍卖、变卖留置财产所得的价款优先偿还债务。人民法院收到债务人的申请后,按照非诉讼执行程序予以处理。

第四百五十五条 留置财产折价或者拍卖、变卖后,其价款超过债权数额的部分归债务人所有,不足部分由债务人清偿。

释 义

本条是关于留置财产变价清偿债务后的归属的规定。

留置权人可以依照本法第 453 条的规定行使留置权,将留置财产折价或者拍卖、变卖,并用所得的价款优先受偿。如果留置财产折价或者拍卖、变卖后,其价款超过了债权数额的,该超过的部分应当归属于债务人。如果留置财产折价或者拍卖、变卖后,其价款不足以清偿留置权人的债权的,应由债务人对债权人予以补足。

第四百五十六条 同一动产上已经设立抵押权或者质权,该动产又被留置的,留置权人优先受偿。

释 义

本条是关于留置权与抵押权、质权并存的规定。

在动产上,可以设立抵押权或者质权,也可以设立留置权。如果同一动产上已设了抵押权或者质权,该动产又被留置的,则在同一动产上就会出现留置权与抵押权并存,或者留置权与质权并存的情形。依据本条的规定,在同一动产上,无论留置权设立于抵押权或者质权之前,还是留置权设立于抵押权或者质权之后,留置权的效力都优先于抵押权或者质权。也就是说,留置权人有权就留置的动产优先受偿。例如,甲向乙借款 10 万元,以自己的一辆小汽车抵押并办理了抵押登记,之后又用同一车辆设定质押向丙借款 10 万元,并办理质押登记。因车辆故障,丙将该车送到丁处维修,欠丁维修费 5 万元未支付。丁向丙多次催要费用未果后对该车行使了留置权。本案中,丁基于修车合同占有车辆,并基于维修行为就修理费对丙享有了债权,丙未按时支付修车费,丁有权留置车辆并优先受偿。

本条之所以规定留置权的效力优先于抵押权或者质权,主要理由如下:(1)留置权是法定担保物权,而抵押权、质权是约定担保物权。按照法定担保物权优先于约定担保物权的原则,留置权的效力优先于抵押权、质权。(2)留置权人在对留置财产进行加工或者服务时,已经加入了他的劳动价值,这种劳动价值优先于抵押权、质权所担保的债权价值。(3)就法律风险成本而言,留置权人与抵押权人、质权人都要承担因担保物被分割、毁损或灭失而导致其担保权益受损的风险,但是两者的法律救济手段并不相同。抵押权、质权具有不可分性和物上代位性,使抵押权、质权可以在抵押物、质物的某一部分或者变形物上存在,并且是整体存在。而留置权却没有不可分性和物上代位性的救济,其风险成本大于抵押权、质权的风险成本,为弥补留置权法律救济手段的不足,应当赋予其优先地位。[1] (4)因债权人占有留置财产,基于占有所产生的公示效力,留置权具有对抗第三人的效力,可以对抗包括留置财产的所有权人、抵押权人、质权人在内的第三人。[2]

第四百五十七条 留置权人对留置财产丧失占有或者留置权人接受债务人另行提供担保的,留置权消灭。

释 义

本条是关于留置权消灭特殊原因的规定。

根据本条规定,留置权在如下两种特殊情形下消灭:

1. 留置权人对留置财产丧失占有。占有留置财产是留置权成立和存续的要件。因此,留置权人丧失对留置财产的占有,就成为留置权消灭的原因。留置权人对留置财产占有的丧失,可分为两种情形:一种情形是留置权人将留置财产返还给财产所有人;另一种情形是留置财产被他人非法占有。在前一种情形下,留置权人主动、自愿放弃了对留置财产的占有,留置权人对该留置财产不再享有优先受偿权。在后一种情形下,如留置财产被他人抢夺或非法侵占时,留置权人有权请求抢夺人或非法侵占人返还留置财产。留置财产返还后,留置权继续存在。如果留置权人不能行使占有返还请求权恢复对留置财

---

[1] 参见马俊驹、李茂年、欧阳琛:《动产上担保物权并存之效力顺序》,《江西社会科学》2004年第1期。

[2] 参见曹士兵:《中国担保制度与担保方法》,中国法制出版社2008年版,第357页。

产的占有,留置权应消灭。此外,如果留置权人将留置财产出租、出借、委托第三人保管,均视为留置权人间接占有留置财产,留置权并不消灭。但如果未经留置财产所有权人同意,对由此给留置财产造成损失的,留置权人应承担赔偿责任。

2. 留置权人接受债务人另行提供担保。留置权的目的在于通过留置权人合法占有债务人的动产,促使其及时履行债务,以保护债权人的利益。债务人另行担保的,债权人的债权受偿就有了充分的保障,原留置财产上的留置权应归于消灭。例如,债权人同意第三人为债务人履行债务提供保证的,自保证合同签订后,留置权消灭。又如,债权人接受债务人以其他动产提供质押的,自债权人接受动产质物时,留置权消灭。需要注意的是,如果债务人另行提供担保,留置权人不接受的,留置权不消灭。

此外,由于留置财产处于留置权人的占有之下,债务人无法对留置财产进行使用和收益,这不利于发挥物的使用价值。因此,本条规定,如果留置权人接受债务人另行提供的担保,则留置权消灭,留置财产应返还给债务人。

第五分编

占　有

第二十章　占　有

▌本章导言　▶

　　本章是对"占有"的规定。该章规定了有权占有的法律适用、恶意占有人的赔偿责任、占有的效力、占有的保护以及占有的消灭等内容。

　　第四百五十八条　基于合同关系等产生的占有,有关不动产或者动产的使用、收益、违约责任等,按照合同约定;合同没有约定或者约定不明确的,依照有关法律规定。

释　义

　　本条是关于有权占有法律适用的规定。

　　根据占有人是否有权占有某物,占有可分为有权占有与无权占有。有权占有是指基于法律规定或者合同的约定而享有对物的占有的权利。无权占有是指无本权的占有,如盗窃者对赃物的占有、承租人在租赁期届满后对租赁物的占有等。基于合同关系等产生的占有,有关不动产或者动产的使用、收益、违约责任等,按照合同约定。这体现了对当事人意愿的尊重,是意思自治原则在合同关系中的表现。关于占有的不动产或者动产的使用、收益、违约责任等事项,如果合同没有约定或者约定不明确的,则依照有关法律的规定。

　　占有是一种人对物的控制与支配的事实状态。它可因对物享有所有权、用益物权、担保物权、债权或其他权利而发生,也可因某种缺乏权利依据的行为以及单纯的自然事实而发生。占有制度的设立,有利于保护现实存在的占有关系,维护社会经济秩序。另外,占有制度的设立,还有利于维护交易安全。除非有相反的证据证明,动产占有人在法律上推定为权利人,占有人与他人就

其占有的动产进行交易,他人基于对动产占有的信赖而完成了交易,该交易应
受到保护。

第四百五十九条 占有人因使用占有的不动产或者动产,致
使该不动产或者动产受到损害的,恶意占有人应当承担赔偿
责任。

释 义

本条是关于无权占有不动产或者动产致其损害,恶意占有人应当承担赔
偿责任的规定。

依据占有人是否有权占有某项动产或不动产为标准,可将占有分为有权
占有与无权占有。前者是基于法律的规定或合同的约定而享有对某项动产或
不动产进行占有的权利。例如,因保管合同、租赁合同而取得的对物的占有。
这种对某项动产或不动产进行占有的权利,又称为本权。本权主要包括依法
律规定取得的所有权、用益物权、担保物权等,以及依合同取得的债权等。后
者是指无本权的占有,例如盗窃者对盗窃物的占有、承租人在租赁期届满后对
租赁物的占有等。

在有权占有的情形下,当事人通常会对使用占有的不动产或者动产受到
损害时的赔偿责任进行约定。如果占有人违反约定,致使占有的不动产或者
动产遭受损害的,应当承担违约责任。在当事人未对使用占有的不动产或者
动产受到损害时的赔偿责任加以约定的情形下,如果占有人对不动产或者动
产的损害具有过错,则按照侵权责任法的规定处理。可见,在有权占有的情形
下,占有人使用占有不动产或者动产而使该不动产或者动产受到损害的,其责
任的确定与承担较为明确。

无权占有又可分为善意占有与恶意占有。善意占有是指占有人不知道或
不应当知道其不具有占有的权利而仍然占有。例如,不知道他人在市场上出
售的财产是其无权处分的财产,而以合理的价格购买了该财产并对该财产进
行了占有。恶意占有是指占有人明知其无占有的权利或者对其有无占有的权
利有怀疑而仍然占有。例如,对于盗赃物,买受人明知出卖人无所有权而仍然
购买并占有。当恶意占有人因使用其占有的不动产或者动产,致使该不动产

或者动产受到损害的,恶意占有人则应承担赔偿责任。本条的这一规定旨在保护物的权利人的权益,不动产或者动产的权利人对占有物所受的损害,可以请求恶意占有人予以赔偿。

第四百六十条　不动产或者动产被占有人占有的,权利人可以请求返还原物及其孳息;但是,应当支付善意占有人因维护该不动产或者动产支出的必要费用。

释　义

本条是关于权利人的返还请求权和占有人的费用求偿权的规定。

不动产或者动产被占有人有权占有的,权利人不得请求返还原物及其孳息。例如,在借用他人物品的情形下,借用人在借用期间对物品的占有即为有权占有。不动产或者动产被占有人无权占有的,无论占有人是善意占有还是恶意占有,该不动产或者动产的权利人都可以请求占有人返还原物及其孳息。适用返还原物及其孳息这种保护方法,其前提是必须有原物及其孳息存在。如果原物及其孳息已经灭失,权利人只能请求占有人赔偿损失。

善意占有人就占有物支出的必要费用,在权利人请求返还原物时有权请求偿还,这是善意占有人的费用求偿权。这里的必要费用,是指为保存占有物、管理占有物和维持占有物的现状而支出的费用,包括占有物的饲养费、维护费、修缮费和税费等。而必要费用的计算,则应以善意占有人实际支出的金额为准。

第四百六十一条　占有的不动产或者动产毁损、灭失,该不动产或者动产的权利人请求赔偿的,占有人应当将因毁损、灭失取得的保险金、赔偿金或者补偿金等返还给权利人;权利人的损害未得到足够弥补的,恶意占有人还应当赔偿损失。

释　义

本条是关于占有的不动产或者动产毁损灭失后的责任承担的规定。

若占有的不动产或者动产毁损、灭失,该不动产或者动产的权利人有权请求占有人赔偿,占有人应当将因毁损、灭失取得的保险金、赔偿金或者补偿金等返还给权利人。这是对善意占有人的有限赔偿责任的规定。对此,应注意以下几点:(1)善意占有人有限赔偿责任的主体,须为善意占有人,恶意占有人不适用。(2)占有物的毁损、灭失须有可归责于占有人的事由。所谓"可归责于占有人的事由",指占有人对于占有物的毁损、灭失主观上有故意、过失。因此,如果占有物的毁损、灭失因不可抗力引起的,善意占有人不承担赔偿责任。(3)仅限于因毁损、灭失所受的利益范围内,承担赔偿责任。如果善意占有人没有获得任何利益,则其不承担损害赔偿责任。法律之所以这样规定,是为了减轻善意占有人的赔偿责任。①

恶意占有人占有他人的不动产或者动产,缺乏法律上的根据,并无予以保护的必要。因此,对恶意占有人应课以较重的责任。本条规定,占有的不动产或者动产毁损、灭失的,恶意占有人除了应当将因毁损、灭失取得的保险金、赔偿金或者补偿金等返还给权利人之外,对权利人的损害未得到足够弥补的部分,还应当承担赔偿损失的责任。

第四百六十二条 占有的不动产或者动产被侵占的,占有人有权请求返还原物;对妨害占有的行为,占有人有权请求排除妨害或者消除危险;因侵占或者妨害造成损害的,占有人有权依法请求损害赔偿。

占有人返还原物的请求权,自侵占发生之日起一年内未行使的,该请求权消灭。

释 义

本条是关于占有保护的规定。

占有人占有的不动产或者动产被侵占的,可以请求返还原物;占有被妨害时,可以请求除去其妨害;占有有被妨害之虞时,可以请求防止其妨害。此三者合称为"占有保护请求权"。占有作为一种事实状态,体现了财产秩序,占

---

① 参见梁慧星、陈华彬:《物权法》(第四版),法律出版社 2007 年版,第 410 页。

有的现状也构成了一种社会生活秩序。法律之所以保护占有,并不一定是为了寻求对真正权利人的保护,而是为了维护社会财产秩序和生活秩序的稳定。①

占有物返还请求权,是指占有人的占有被侵占的,占有人有权请求侵占人及其承继人返还占有物的权利。占有被侵占,是指占有人完全丧失或部分丧失对物的占有。例如,占有的动产被盗窃、被抢夺等均属于占有被侵占。如果占有人基于自己的意思转移对物的占有,则无权行使占有物返还请求权。本条第2款规定,占有人返还原物的请求权,自侵占发生之日起一年内没有行使的,该请求权归于消灭。此一年期间,在性质上为除斥期间。

排除占有妨害请求权,是指占有人在其占有受到他人妨害时,有权请求他人除去妨害。妨害是指采用侵占以外的方法而妨碍占有人对占有物的管领和控制。例如,占有人所占有的房屋的一部分被邻居用来堆放杂物,就属于对占有的妨害。

占有妨害防止请求权,是指占有人的占有可能遭受他人的妨害时,占有人请求他人采取一定的措施以防止发生妨害占有的后果。至于是否存在妨害的可能或者妨害的危险,应根据一般的社会观念和当时的周围环境加以判断。例如,在他人的房屋旁边挖洞,确有可能危及房屋安全的,房屋的占有人可行使占有妨害防止请求权。

占有虽然不属于一种权利,但为法律所保护的财产利益,因此,任何人不得侵害占有。本条规定,因侵占或者妨害造成损害的,占有人有权请求损害赔偿。这里所称的"因侵占或者妨害造成损害",应理解为对占有利益的损害,与本法第459条、第461条所规范的占有物上的损害赔偿责任存在差异。而且,本条规定的可以行使损害赔偿请求权保护占有的主体,仅限于有权占有人和善意的无权占有人,恶意占有人不享有此项权利。占有人可能发生的损害包括占有人不能使用、收益占有物而产生的损害,占有物被他人侵占并造成毁损灭失时占有人对权利人应负赔偿责任而产生的损害等。

---

① 参见王利明:《物权法教程》,中国政法大学出版社2003年版,第508页。

责任编辑：李媛媛
封面设计：林芝玉
版式设计：顾杰珍
责任校对：杜凤侠

图书在版编目（CIP）数据

《中华人民共和国民法典·物权编》释义/杨立新,郭明瑞 主编;
　丁文,文杰 编著. —北京:人民出版社,2020.6
ISBN 978－7－01－022156－4

Ⅰ.①中…　Ⅱ.①杨…②郭…③丁…④文…　Ⅲ.①物权法-法律解释-
中国　Ⅳ.①D923.25

中国版本图书馆 CIP 数据核字（2020）第 099373 号

《中华人民共和国民法典·物权编》释义
ZHONGHUARENMINGONGHEGUO MINFADIAN WUQUANBIAN SHIYI

杨立新　郭明瑞　　主编

丁文　文杰　　编著

人民出版社 出版发行
（100706　北京市东城区隆福寺街 99 号）

北京盛通印刷股份有限公司印刷　新华书店经销

2020 年 6 月第 1 版　2020 年 6 月北京第 1 次印刷
开本:710 毫米×1000 毫米 1/16　印张:17.75
字数:300 千字

ISBN 978－7－01－022156－4　定价:57.00 元

邮购地址 100706　北京市东城区隆福寺街 99 号
人民东方图书销售中心　电话（010）65250042　65289539